刑事司法研究系列·第五卷

贪污贿赂犯罪量刑规范化研究

TANWUHUILUFANZUI
LIANGXINGGUIFANHUAYANJIU

本书获浙江工业大学研究生教材建设项目资助（项目编号20210112）

张兆松　著

中国民主法制出版社

图书在版编目（CIP）数据

贪污贿赂犯罪量刑规范化研究 / 张兆松著 . —北京：
中国民主法制出版社，2023.6

（刑事司法研究系列）

ISBN 978-7-5162-3081-7

Ⅰ.①贪…　Ⅱ.①张…　Ⅲ.①贪污罪—量刑—研究—
中国　②受贿罪—量刑—研究—中国　Ⅳ.①D924.392.4

中国国家版本馆 CIP 数据核字（2023）第 013953 号

图书出品人：刘海涛
责 任 编 辑：逯卫光　孔祥时

书名/贪污贿赂犯罪量刑规范化研究
作者/张兆松　著

出版·发行/中国民主法制出版社
地址/北京市丰台区右安门外玉林里 7 号（100069）
电话/（010）63055259（总编室）　63058068　63057714（营销中心）
传真/（010）63055259
http：// www.npcpub.com
E-mail：mzfz@npcpub.com
经销/新华书店
开本/16 开　787 毫米×960 毫米
印张/16　**字数**/202 千字
版本/2024 年 1 月第 1 版　2024 年 1 月第 1 次印刷
印刷/三河市宏图印务有限公司

书号/ISBN 978-7-5162-3081-7
定价/68.00 元

作者简介

张兆松，男，浙江金华人，1985 年毕业于华东政法学院。曾在检察机关工作十六年，先后任助理检察员、检察员、检察委员会委员、审查批捕处处长、监所检察处处长。现为浙江工业大学法学院教授，浙江靖霖律师事务所律师。兼任中国检察学会理事、中国廉政法制研究会理事、教育部人文社会科学项目评审专家，等等。曾获得浙江省衢州市首届"十佳检察官""衢州市劳动模范""浙江省优秀中青年法学专家"等称号。

主要研究兴趣是刑法学、刑事诉讼法学、犯罪学、司法制度。曾在《法律科学》《法商研究》《中国刑事法杂志》《法治研究》《人民检察》等刊物上发表论文 160 余篇。

代表作有：

《刑事检察理论研究新视野》，中国检察出版社 2005 年版；

《渎职犯罪的理论与实践》，中国检察出版社 2007 年版；

《刑事司法公正的制度选择》，法律出版社 2008 年版；

《检察学教程》（主编），浙江大学出版社 2009 年版；

《职务犯罪侦查权研究》，浙江大学出版社 2011 年版；

《中国检察权监督制约机制研究》，清华大学出版社 2014 年版；

《逮捕权研究》，浙江大学出版社 2017 年版。

《刑事诉讼法专题研究》（主编），浙江大学出版社 2019 年版。

内容提要

本书的核心内容共有五个部分。第一部分是阐述我国贪贿犯罪量刑标准的立法沿革及其进展。第二部分是从实体法和程序法两个层面论述我国现行贪贿犯罪量刑规范化的进步及其不足之处。第三部分是从实体法、程序法和司法三个方面分析量刑失范的原因及其危害。第四部分是从实体法、程序法和公正司法三个方面提出贪贿犯罪量刑规范化之完善对策。第五部分专门论述当前贪贿犯罪认罪认罚从宽制度实施中量刑存在的问题、原因，并提出了相关对策建议。

一、 我国现行贪贿犯罪量刑规范化的现状及不足

1. 《中华人民共和国刑法修正案（九）》之前，贪贿犯罪量刑呈现"两头大、中间少"的特点，即轻刑率高，重刑率高。而刑法修正案（九）之后，贪贿犯罪量刑特点发生了重大变化，贪贿犯罪量刑分布呈"陀螺"状，即"中间粗、两头细"的特点，主要表现在："轻刑化"现象有所缓解（仅从数据看），"重刑化"现象得到克服，量刑结构趋于合理，罚金刑的适用得到重视。

2. 贪贿犯罪量刑失衡、宽严失度带来的后果是量刑不公，其危害后果表现在：贪贿犯罪无论是主刑还是附加刑都存在着量刑失衡，同罪不同罚的现象，违背了公平正义的法律价值；损害司法权威，导致执法公信力的缺失，增加社会反腐败成本；影响刑罚威慑效果，贪官轻判，让贪官在刑罚上占到便宜，加重了犯罪分子的侥幸心理，降低了贪官的犯罪成本和对法律的敬畏感，难以起到威慑的作用；不利于对罪犯的改造，罪轻的人被

判处重刑将会对法律产生质疑甚至对抗情绪，而罪重的人被判处轻刑则会让其蔑视法律，助长侥幸心理，影响打击效果，不利于犯罪预防和改造。

3. 最高人民检察院《关于办理贪污贿赂刑事案件适用法律若干问题的解释》（以下简称《解释》）对贪污罪、受贿罪规定了从重情形，但是从重情节对贪贿犯罪影响较小。除为他人谋取职务提拔、调整的外，其他从重情形适用率都很低。前五种情形（贪污救灾、抢险、防汛、优抚、扶贫、移民、救济、防疫、社会捐助等特定款物的；曾因贪污、受贿、挪用公款受过党纪、行政处分的；曾因故意犯罪受过刑事追究的；赃款赃物用于非法活动的；拒不交待赃款赃物去向或者拒不配合追缴工作，致使无法追缴的）发生概率本身比较小。第六种情形（造成恶劣影响或者其他严重后果的）原则、抽象，难以判断认定。第七种情形（多次索贿的），不仅要"索贿"，而且要"多次"才能"从重"，大大降低适用概率。第八种情形（为他人谋取不正当利益，致使公共财产、国家和人民利益遭受损失的），往往又与《解释》第 17 条规定相竞合，一般不能再作为"从重"情节适用。与之相对的是，从宽情节对受贿犯罪量刑影响明显。司法审判机关对于被告人全额退赃的，一般认为其积极退赃，适用从宽量刑情节；对于认罪认罚的，一般也都认定为具有坦白这一量刑从宽情节。

4. 随着量刑规范化改革的启动，量刑程序问题被纳入改革视野。2010 年最高人民法院颁布《人民法院量刑指导意见（试行）》后，"两院三部"也同时颁布《关于规范量刑程序若干问题的意见（试行）》。在试行中对量刑指导意见的执行，各级法院非常重视，最高人民法院分别在 2013 年、2017 年和 2021 年三次作了修订。但对量刑规范化改革重视不够，2012 年刑事诉讼法修正也仅一个条文涉及量刑程序问题。随着认罪认罚从宽制度的试行，量刑程序的重要性更加突出。2018 年刑事诉讼法修正后，为深入推进以审判为中心的刑事诉讼制度改革，落实认罪认罚从宽制度，进一步规范量刑程序，确保量刑公开公正，2020 年 11 月 5 日，"两院三部"颁布的《关于规范量刑程序若干问题的意见》在原试行意见的基础上，增加了十条规定，从更高水平上推进了量刑规范化。

5. 废除贪贿犯罪的死刑，宜从贪污罪开始，并为下一步废除受贿罪的死刑提供实践经验和民意基础。目前保留受贿罪的死刑仍有必要。受贿罪的社会危害性重于贪污罪。受贿罪保护的法益是国家工作人员职务行为的不可收买性。公职人员的"权钱交易"行为，腐蚀国家政权，动摇国家根基，为广大民众所痛恨。暂时保留受贿罪的死刑和终身监禁。通过这种终身监禁的适用，使死刑在受贿犯罪中事实上逐渐得到废除，并为在适当的时候从立法上彻底废除贪贿犯罪死刑奠定基础。

6. 以数额为中心的贿赂犯罪评价模式无法全面评价受贿、行贿行为的社会危害性，诸多弊端彰显情节地位提升的重要性。将"情节"确立为贿赂犯罪定罪量刑的核心标准，把"数额"作为诸多"情节"中的一种，从而使"数额"具有依附性，提升非数额情节在定罪处罚中的地位和作用。构建以情节为中心的受贿罪定罪量刑体系，则能够推动司法人员理性看待数额在受贿犯罪中的权重，有利于推进司法实践中对非数额情节的重视以及受贿罪行为手段、职权特点、行为后果等情节要素在全面评价受贿罪社会危害性中的作用，从而有效避免数额中心论带来的判断刚性、僵化问题。贪污罪仍可采用现行的"数额＋情节"的定罪量刑模式，而受贿罪应采用"情节"模式。

7. 现行贪污、受贿罪"数额较大""数额巨大""数额特别巨大"的标准不具有合法性、合理性和正当性：背离中央惩治腐败的基本立场和刑事政策；背离法律面前人人平等的宪法原则和刑法原则；提高数额标准的依据不科学，背离国情民意；违背优秀的中华法制传统；违背世界普适的腐败犯罪治理路径的选择；贪贿犯罪的"非犯罪化"和"轻刑化"现象将更为严重。

8. 受贿且渎职行为是一罪还是数罪，立法应当作出统一规定。从刑事立法情况看，从一重处断条款不断增加。从职务犯罪刑法修正案规定看，越来越多地对牵连犯规定了按一罪处罚。司法腐败是最严重的腐败，司法人员收受贿赂而枉法裁判是危害最严重的腐败行为，立法尚且规定按一罪处罚，对其他人员因受贿而进行违法活动构成其他罪的，司法中没有理由对之数罪并罚。特别是经过刑法修正案（九）和刑法修正案（十一）两次刑法修正，从一重处断条款从原来的 3 处增至 19 处。建议立法应当明确规定：实施渎职犯罪并收受贿赂的按一重罪处罚。同时建议对类似司法解释"两高"应当进行清理，以统一法律适用标准。

9. 职务犯罪不同于普通刑事犯罪，职务犯罪的主体是特殊主体，是国家工作人员或者国家机关工作人员，其涉及的主要是贪贿犯罪和渎职犯罪，因此自愿性和主动性的界定理当更加严格。凡是经传讯或将纪检监察部门调查期间交代罪行的一概以自首论的观点和做法都是错误的。如在办案机关电话通知要求行为人接受调查谈话后，行为人到办案机关指定的地点接受调查谈话的，虽然能够体现一定的自愿性，但是不能体现主动性。因此，职务犯罪中电话通知不能算是自动投案，不能认定为自首。

10. 贪贿犯罪量刑存在轻重两极化现象，即贪贿犯罪量刑"两极化"是指认罪认罚"从宽"过度，而不认罪认罚"从严"过度的现象。这一现象的存在说明一些司法人员对宽严相济刑事政策理解有误。目前，严格意义上的司法解释中已难觅不认罪要从重处罚的明确规定。2010 年以来，最高法先后制定实施的《关于常见犯罪的量刑指导意见》均没有把不认罪、认罚作为"从严""从重"的情节，不认罪从严、从重，目前已得不到立法上的明确支持。

二、 完善贪贿犯罪量刑规范化之建议

1. 贪污罪、受贿罪存在重大差异，应当分别设置法定刑。1980 至 1990 年代，贪贿犯罪中主要是贪污案件，随着财务制度的健全特别是国家发票管理制度的完善，贪污数量不断减少。2006 年检察机关立案侦查的贿赂案件数首次超过贪污案件，2009 年检察机关立案侦查的贿赂犯罪人数超过贪污犯罪人数。目前贿赂犯罪已占贪贿犯罪案件近八成。自 1979 年刑法实施以来，我国无一例省部级以上官员因贪污犯罪被判处死刑立即执行。2011 年至今我国已无贪污罪犯执行过死刑。我国应当先废除贪污罪的死刑，暂时保留受贿罪的死刑和终身监禁，终身监禁只适用于受贿犯罪，并成为死刑替代措施。

2. 废除没收财产刑。没收财产刑不符合市场经济的要求。随着市场经济的发展，人们越来越认识到财产及财产权的重要性。只有国民财产的极大丰富，才能使我国走向繁荣昌盛。因此对于公民个人所有的财产，国家应予以充分尊重。公共财产神圣不可侵犯、私人财产也不例外。现代刑罚理论认为，刑罚的目的不是单纯地惩罚已然犯罪，而是为了改造和教育犯罪人，使其重返社会。从功利角度看，没收财产显然不利于罪犯的教育改造。由于犯罪人的财产被没收，在短时间内难以获得必要的生活资料，生活窘迫。没收财产在数额上无限制，在适用时会因经济状况不同而导致实质上的不平等，从而会增加犯罪人的反社会情绪。罚金刑与没收财产刑的本质和适用对象是相同的，用罚金替代没收财产，丝毫不影响财产刑的执

行。为了保证执法的公正性，真正发挥财产刑的威慑力，建议将罚金刑与没收财产刑合并为罚金刑。

3. 增设资格刑，即在贪贿犯罪一章中应当单设剥夺资格刑的条款。对贪污、受贿的犯罪人在判处自由刑或者罚金刑以外，应当附加或者独立适用剥夺政治权利，抑或"必并科"禁止从事相关职业。不仅如此，在禁止从事相关职业的 3 年至 5 年的期限之外，增加一定条件下"终身禁止"的规定。另外，对大多数行贿者而言，其本身就属于非公体制人员，对其剥夺政治权利并没有实质意义，应当将行贿黑名单制度上升为资格刑的内容。

4. 完善行贿罪的法定刑，将刑法第 390 条第 1 款修改为："对犯行贿罪，情节较重的，处三年以下有期徒刑或者拘役，并处罚金；情节严重的，处三年以上十年以下有期徒刑，并处罚金；情节特别严重的，处十年以上有期徒刑或者无期徒刑，并处罚金。"这样就大体形成行贿、受贿同等惩处的刑罚设置格局。这一法定刑的调整不仅使行贿罪、受贿罪的法定刑更加协调，而且有利于控制行贿罪缓刑的适用。

5. 为了保证刑事执法的公正性，立法应当对罪数处罚标准、减轻处罚标准、以及缓刑、免刑条件作出更加明确、具体和科学的规定。特别是随着刑法修正案（九）和《解释》的颁布，原来"两高"关于缓刑、免刑的司法解释已失去效力，"两高"应当及时出台新的严格适用缓刑、免刑的司法解释。尤其是要对不能适用缓刑、免刑的情形作出列举性规定。

6. 强化情节在受贿犯罪定罪量刑中的作用，需要不断提升情节的作用。扩大从重处罚情节范围，主要包括即将索贿的、多次受贿的、违背职责的、具备特定身份的、为他人谋取职务提拔、调整的、致使公共财产、国家和人民利益遭受损失的范围。同时，合理限制从宽情节的适用。

7. 构建贪贿犯罪独立量刑程序。贪贿犯罪诉讼是惩治腐败的重要环节，监察体制改革为贪贿犯罪独立量刑程序的设计奠定体制架构，认罪认罚从宽制度的确立为贪贿犯罪独立量刑程序的设计提供了可能。从近年司法实践看，相对独立的量刑程序没有实现改革目的，量刑辩护难的问题没有得到缓解，诉讼效率问题不应当是采纳相对独立量刑程序的借口。所以，对于不认罪认罚的贪贿犯罪案件，必须建立独立的量刑程序，才能有效解决贪贿犯罪量刑中的难题。

8. 加强贪贿犯罪量刑辩护。明确规定贪贿犯罪调查案件的律师辩护权，充分保障审查起诉阶段和审判阶段律师的量刑辩护权。特别是随着检察机关量刑建议权的确立，辩护人的量刑辩护权的行使已由原来的审判阶段提前到审查起诉阶段。为了充分维护委托人的合法权益，在审查起诉阶段辩护人就应积极行使量刑辩护权，以保证检察机关提出的量刑建议具有合法性、合理性和正当性。

9. 公正司法，确保贪贿犯罪刑事政策得到实现。重塑司法理念；准确把握贪贿犯罪刑事政策；强化司法责任制，旨在严格防范"人情文化"对量刑的不当影响；加快出台贪贿犯罪量刑指导意见，实现量刑幅度明确化；及时出台指导性案例，建立完善类案同判机制；推进和完善贪贿犯罪量刑辅助系统的智能化；加强量刑说理。

10. 贪贿犯罪适用认罪认罚制度完善之路径。具体包括：统一认罪认罚从宽适用标准；坚持认罪认罚从宽、不认罪认罚不从重的原则；建立控辩协商机制，保障认罪认罚的合法性、自愿性；发挥检察机关的主导作用，加强对监察调查权的制约；坚持以审判为中心，充分保障被告人的上诉权。

目 录

内容提要   / 001

第一章 绪论   / 001

  第一节 课题研究背景   / 001

  第二节 课题研究意义   / 005

  第三节 课题研究现状   / 007

  第四节 课题研究的基本思路、方法和创新之处   / 019

第二章 贪贿犯罪量刑标准的立法沿革及其进展   / 024

  第一节 前三十年的贪贿犯罪量刑立法   / 024

  第二节 1979 年至 1987 年的贪贿犯罪量刑立法   / 027

  第三节 1988 年至 1996 年的贪贿犯罪量刑立法   / 029

  第四节 1997 年至 2014 年的贪贿犯罪量刑规范化的立法   / 031

  第五节 2015 年至今的贪贿犯罪量刑规范化改革的进展   / 033

第三章 贪贿犯罪量刑规范化的进步及其不足   / 045

  第一节 贪贿犯罪量刑规范化之进步   / 045

  第二节 贪贿犯罪量刑规范化之不足   / 053

第四章 贪贿犯罪量刑失范的原因   / 069

  第一节 贪贿犯罪量刑失范的实体法原因   / 069

  第二节 贪贿犯罪量刑失范的程序法原因   / 091

  第三节 贪贿犯罪量刑失范的司法原因   / 097

第五章 贪污贿赂犯罪量刑规范化比较研究   / 103

  第一节 英美法系国家贪污贿赂犯罪量刑标准   / 103

  第二节 大陆法系国家贪污贿赂犯罪量刑标准   / 110

第三节　我国香港、澳门特区及台湾地区贪污贿赂犯罪
量刑标准　　　　　　　　　　　　　　　　／ 120

第四节　域外贪污贿赂犯罪量刑标准的借鉴和启示　／ 125

第六章　贪贿犯罪量刑规范化之完善　　　　　　　　　／ 130

第一节　贪贿犯罪量刑规范化之实体法的完善　　　／ 130

第二节　贪贿犯罪量刑规范化之程序法完善　　　　／ 156

第三节　公正司法，确保贪贿犯罪刑事政策得到实现　／ 170

第七章　贪贿犯罪认罪认罚从宽制度研究　　　　　　　／ 180

第一节　贪贿犯罪适用认罪认罚从宽制度的现状　　／ 180

第二节　贪贿犯罪适用认罪认罚存在问题的原因　　／ 183

第三节　贪贿犯罪适用认罪认罚制度之完善　　　　／ 189

参考文献　　　　　　　　　　　　　　　　　　　　　／ 203

附录一　"受贿行贿一起查" 视野下行贿罪的立法完善
——《中华人民共和国刑法修正案（十二）（草案)》
对贿赂犯罪的修改述评　　　　　　　　　　／ 211

附录二　贪污罪、 受贿罪、 行贿罪量刑标准 （立法）
专家建议稿　　　　　　　　　　　　　　　／ 229

附录三　贪污罪、 受贿罪、 行贿罪量刑标准 （司法解释）
专家建议稿　　　　　　　　　　　　　　　／ 231

附录四　贪污罪、 受贿罪、 行贿罪量刑指导意见
专家建议稿　　　　　　　　　　　　　　　／ 233

附录五　《贪污贿赂犯罪量刑规范化研究》
阶段性成果　　　　　　　　　　　　　　　／ 235

后记　　　　　　　　　　　　　　　　　　　　　　　／ 239

第一章 绪 论

第一节 课题研究背景

贪污贿赂犯罪是最严重的腐败犯罪表现。近年来，贪贿犯罪大案、要案频发，社会危害严重，影响恶劣，党和国家高度重视对贪贿犯罪的惩治。一些贪贿犯罪案件的处理，引起社会各界的广泛关注。长期以来，尤其是步入21世纪后，我国贪贿犯罪的司法实践中一直面临着轻刑化和量刑失衡的困境。贪贿犯罪量刑规范化问题至今没有得到解决，同案不同判、重罪轻判、轻罪重判等司法不公现象，直接影响反腐败的效果和司法的公平正义。在这一背景下，无论贪贿犯罪刑事规范，抑或与之接轨的"两高"司法解释，均历经重大的制度更迭。在此背景下展开实证分析，从中窥探、检视当前贪贿犯罪量刑的总体特点，并在肯定法律实施给贪贿犯罪量刑规范化带来进步性的同时，旨在进一步揭示贪贿犯罪量刑存在的问题和缺陷，从而为推进我国贪贿犯罪量刑的科学化、规范化奠定扎实的实践基础。

一、 政策背景： 检视新时代下腐败治理模式成效

党的十八大以来，以习近平同志为核心的党中央，正视严峻复杂的腐败形势，以强烈的历史责任感、深沉的使命忧患感，坚持反腐败无禁区、全覆盖、零容忍，"打虎""拍蝇""猎狐"多管齐下，坚决遏制腐败蔓延势头，通过不懈努力，夺取了反腐败斗争压倒性胜利。十八大后反腐新常态的表现：惩治腐败犯罪取得重大进展，"不敢腐"态势初步形成（腐败犯罪案件查处总量创新高，查处要案获得重大突破，反腐败国际追逃追赃

取得重大进展）；反腐败体制、机制改革有效推进；反腐模式初步转型、"制度反腐"有效推进；"惩治与预防"并重，腐败犯罪预防日益重视。① 党的十八大之后，虽然反腐败取得了举世瞩目的成就，但是"当前，反腐败斗争形势依然严峻复杂，巩固压倒性态势、夺取压倒性胜利的决心必须坚如磐石。要坚持无禁区、全覆盖、零容忍，坚持重遏制、强高压、长震慑，坚持受贿行贿一起查"。② 2018 年 12 月，十九届中央政治局研究反腐败形势时重申"反腐败形势依然严峻复杂，全面从严治党依然任重道远"。习近平总书记在十九届中央纪委三次全会上强调，"要深化标本兼治，夯实治本基础，一体推进不敢腐、不能腐、不想腐"。刑法是反腐败斗争最强有力的保障，是惩治贪腐分子的利器。在新的时代背景下，贪贿犯罪量刑是否充分体现了中央新的反腐败策略，能否实现预防犯罪的目的，需要秉承严谨、科学的态度作出深入的研究和探讨。

二、 立法背景： 检验《中华人民共和国刑法修正案（九）》 立法效果

新中国成立 70 多年来，我国一直重视贪贿犯罪立法，始终强调从严惩处贪贿犯罪。从新中国成立初期的《中华人民共和国惩治贪污条例》，到"79 刑法"的 3 个条文，1988 年单独制定《全国人民代表大会常务委员会关于惩治贪污罪贿赂罪的补充规定》，直到"97 刑法"单设"贪污贿赂罪"专章，贪贿犯罪立法不断完善。党的十八大后，以习近平同志为核心的党中央大力反腐，贪贿犯罪呈现新特点、新态势。原有的一些立法规定已难以适应惩治贪贿犯罪的需要。第十二届全国人大常委会 2015 年 8 月 29 日通过《中华人民共和国刑法修正案（九）》（以下简称《刑九》）。《刑九》对贪贿犯罪作出了全面的修改和完善，修改的主要内容有"贪贿犯罪由单纯的'数额'标准修改为'数额或者情节'标准；修改贪贿犯罪量刑幅度；废除贪贿犯罪的交叉刑；废除贪贿犯罪中绝对确定的法定刑；

---

① 张兆松：《论当代中国"法治反腐"的路径选择》，载钱小平主编：《法治反腐的路径、模式与机制研究》，东南大学出版社 2017 年版，第 3—23 页。

② 习近平：《决胜全面建成小康社会，夺取新时代中国特色社会主义伟大胜利——在中国共产党第十九次全国代表大会上的报告》，《人民日报》2017 年 10 月 28 日，第 1 版。

进一步扩大坦白从宽的适用范围；加大对行贿犯罪的惩治力度；增设对有影响力的人行贿罪；扩大对财产刑的适用；对贪贿犯罪增设死缓期满后适用终身监禁"等。[①] 《刑九》颁布后，最高人民法院、最高人民检察院2016年4月18日制定的《关于办理贪污贿赂刑事案件适用法律若干问题的解释》（以下简称《解释》）进一步明确了贪贿犯罪量刑的标准。然而，自《刑九》和《解释》实施后，量刑不均衡的现象是否有所改善？宽严相济刑事政策执行得如何？刑法规范中新的"数额＋情节"的模式在司法实践中是否实现制度初衷？等等，都需要进行实证研究得出较为可靠的结论，借此为贪贿犯罪量刑的完善之路添砖加瓦。

三、 理论背景： 拓宽量刑理论研究

定罪与量刑是我国刑事司法中的两大基本活动。定罪是法院根据犯罪构成要件，依法对被告人确定罪名的审判活动，量刑则是法院依法裁量决定对被告人适用刑罚的审判活动。在刑事法理论研究上，长期以来，我国学界存在着"重定罪、轻量刑"的偏向，量刑方面的理论成果远远少于定罪方面的理论成果。步入21世纪后，量刑和定罪同等重要这一学术观点在学界和司法界形成了共识，定罪与量刑并重的理念开始得以确立。2009年中央将量刑规范化确定为重大司法改革项目，最高法院也将量刑规范化确定为《人民法院第三个五年改革纲要（2009—2013）》的重要内容。量刑规范化改革拉开序幕。

随着量刑规范化的推进，量刑问题理论研究成为刑法学研究中的热点问题之一。据统计：在中国知网中输入关键词"量刑"，1980年1月1日至2009年12月31日，涉及的论文只有836篇，而2010年1月1日至2019年12月31日涉及的论文有1637篇，近10年是前20年的近一倍。如果输入关键词"量刑规范"，1980年1月1日至2009年12月31日，涉及的论文只有8篇，而2010年1月1日至2019年12月31日涉及的论文有56篇，近10年是前20年的7倍。但即便如此量刑问题的研究仍不尽如人意，特别是贪贿犯罪的量刑规范化，仍然是量刑规范化的薄弱环节，亟待

---

① 张兆松：《论〈刑法修正案（九）〉对贪污贿赂犯罪的十大重大修改和完善》，《法治研究》2016年第2期。

强化理论研究。本课题研究不仅有助于修正目前以定罪为中心构建起来的刑事法基本理论，而且有利于拓展与量刑规范化相关的诸如量刑的基本原则、基本方法、常见量刑情节的适用等问题的研究。

四、 实践背景： 提升贪贿犯罪量刑的公信力

制度的生命力在执行。天下之事，不难于立法，而难在法之必行。法律的生命在于实施。立法如林、执法如零，终将使法律制度失去其存在的意义，成为一纸空文，法治就会成为一句空话。制度一经公布，必须严格遵守，要坚持制度面前人人平等、执行制度没有例外，坚决维护制度的权威性和严肃性，坚决纠正有令不行、有禁不止的违法行为。步入 21 世纪以后，我国刑事司法实践中贪污贿赂犯罪量刑失衡化和轻刑化现象日益严重，广大民众反映十分强烈。党的十八大以来，习近平总书记强调："坚持以零容忍态度惩治腐败""努力让人民群众在每一个司法案件中感受到公平正义"。但究竟如何贯彻落实这些决策、通过何种方式回应民众对司法反腐败的需求与愿望，是近年来我国司法实践中一直未能有效解决的实践难题。

"研究贪污贿赂犯罪量刑问题，其核心仍然是贪污贿赂犯罪的量刑失衡。"[1] 为了纠正贪贿犯罪的"轻刑化"和量刑不平衡现象，早在 2006 年召开的第五次全国刑事审判工作会议上，最高法就提出要抓紧制定贪污、贿赂、挪用公款犯罪量刑指导意见。[2] 中共中央印发《建立健全惩治和预防腐败体系 2008—2012 年工作规划》强调"完善法律统一适用制度，规范司法人员自由裁量权行使"。量刑规范化是中央最高司法机关着力推进的改革内容。但所有上述文件均不含有贪贿犯罪案件的量刑规范化的内容。这意味着这么多年过去，虽然量刑规范化取得了重大突破，但贪贿犯罪量刑规范化却没有取得任何进展。2021 年，《最高人民法院关于常见犯罪的量刑指导意见（二）（试行）》明确了 23 种常见犯罪的量刑标准和 14 种法定、酌定量刑情节对基准刑的调节比例，但这些罪名均不包含贪贿犯罪，同案不同判、重罪轻判、轻罪重判等司法不公现象，直接影响反腐败的效果和司法的公平正义。如何推进贪贿犯罪量刑规范化，尽早出台《贪贿犯罪量刑指导意见》，

---

① 刘仁文主编：《贪污贿赂犯罪的刑法规制》，社会科学文献出版社 2015 年版，第 156—157 页。
② 鲁生：《同罪同罚：公平正义的必然要求》，《法制日报》2006 年 11 月 14 日，第 5 版。

以满足民众对公平正义和反腐败的期待与要求，成为当今刑事司法领域亟待破解的难题。对贪贿犯罪量刑规范化问题开展系统研究，能够为司法反腐、提高司法公信力的具体实践提供智力支持和规范指引。

第二节　课题研究意义

贪贿犯罪作为腐败犯罪的主要表现，一直受到国人的关注。伴随着量刑问题的突出，贪贿犯罪量刑公正受到人们的重视。社会贪腐愈演愈烈，刑罚为什么却越来越轻？同罪不同罚、同罚不同罪、罪刑不相适应，何以体现司法公正？如何提高司法权威？在这样的背景下，最高司法机关理当回应社会期待，也为我们深入进行本课题研究提供现实基础。

一、　实现贪贿犯罪量刑公正，　着力推进法治反腐

新中国成立后，我国通过不间断的"运动反腐"成为当时世界上最清廉的国家之一。但这种"运动反腐"严重影响经济建设、破坏党内关系。改革开放后，步入"权力反腐"时代。权力反腐主要是依靠最高领导者的权力来强力推进反腐斗争。这种反腐模式能较好地应对一些腐败的当务之急，但也会因领导人注意力的转移而转移，所以它不是一种常态的反腐模式。许多国家反腐败的成功经验证明，合适的反腐载体是"制度反腐"。"建立科学有效的反腐败制度体系，是运用法治思维和法治方式反腐败、提高全面依法治国背景下反腐败效能的当务之急。"[1] 根治腐败毒瘤，只有实行法治，依靠严谨的法律和有效的制度，才是解决腐败问题的根本途径。进入"制度反腐"的新时代，既要查办大要案，更要着力推进反腐举措的规范化。一体推进"不敢腐、不能腐、不想腐"，不仅是反腐败斗争的基本方针，也是新时代全面从严治党的重要方略。而"不敢"是前提，只有通过惩治和威慑，解决腐败成本问题，才能为"不能""不想"创造条件。

党的十八届四中全会通过的《中共中央关于全面推进依法治国若干重大问题的决定》指出："公正是法治的生命线。司法公正对社会公正具有

---

[1]　张文显：《以法治思维和法治方式反对腐败》，《新华文摘》2020 年第 3 期。

重要引领作用，司法不公对社会公正具有致命破坏作用。必须完善司法管理体制和司法权力运行机制，规范司法行为，加强对司法活动的监督，努力让人民群众在每一个司法案件中感受到公平正义。"贪贿犯罪量刑规范化是整个法治反腐系统的重要子项，是实现"不敢腐"的重要环节之一。刑罚的目的在于预防犯罪，包括一般预防和特殊预防。特殊预防是指防止犯罪人再犯罪。一般认为，特殊预防目的，是通过刑罚的法益保护、威慑与再社会化功能实现的。特殊预防功能的实现是有条件的。只有行为人认识到腐败犯罪刑事责任的不可避免性和罪有应得，特殊预防效果才能实现。只有通过对贪贿犯罪人公正适用刑罚，才能对潜在的犯罪者形成震慑、警示作用，否则就无法实现刑罚预防犯罪的功能。只有正视和认真解决这些反腐中的法治重点、难点问题，才能不断推动党和国家的反腐败斗争法治化，最终实现"不敢腐"的目的。

二、 完善贪贿犯罪立法， 促进立法科学化

新中国成立 70 多年来，特别是改革开放 40 多年来，为了适应惩治贪贿犯罪的需要，党和国家高度重视贪贿犯罪立法，经历了 3 次大修，5 次小修，但仍然没有改变"厉而不严"的立法模式，贪贿犯罪法网不严密的问题至今没有得到实质性的改变，尤其是《刑九》虽然对贪贿犯罪作了比较系统的修改，但从修改内容看，仍然是"严有限、宽失度"。[1] 我国贪贿犯罪立法存在的问题：犯罪构成要件过于苛刻，贪贿犯罪法网不严密；"二元化"罪名模式不合理；存在特权立法，对贪贿犯罪"网开一面"；终身监禁性质不明，存在贪贿犯罪重刑化现象；立法的严密性、系统性、科学性不足，存在"顾此失彼"现象等。尤其是如何解决贪贿犯罪量刑不均衡的问题，还需要作深入研究，以进一步完善贪贿犯罪立法。

三、 促进严格司法， 提升贪贿犯罪量刑公信力

在司法实践中，我国一直存在着职务犯罪轻刑化和量刑失衡问题。"从

---

[1] 孙国祥：《贪污贿赂犯罪刑法修正的得与失》，《东南大学学报（哲学社会科学版）》2016 年第 3 期；张开骏：《刑法修正得失与修正模式完善——基于〈刑法修正案（九）〉的梳理》，《东方法学》2016 年第 5 期；等等。

2001 年至 2005 年，职务犯罪免予刑事处罚、适用缓刑的比例从 51.38% 升至 66.48%。其中，2003 年至 2005 年职务犯罪年均缓刑率为 51.5%，而同期普通刑事案件的年均缓刑率只有 19.4%。"① 2009 年 5 月至 2010 年 1 月，最高检组织开展的全国检察机关刑事审判法律监督专项检查活动发现，"2005 年至 2009 年 6 月，全国被判决有罪的职务犯罪被告人中，判处免刑和缓刑的共占 69.7%。"② 司法是社会正义的最后一道防线，司法权威是依靠公正审判包括公正量刑实现的。贪贿犯罪的轻刑化和重罪轻判、轻罪重判等量刑失衡现象，直接损害司法公正、消解中央强力反腐的积极效果，影响广大民众对腐败行为的认知。特别是 2016 年之后随着《刑九》和《解释》的生效，我国开展了认罪认罚从宽制度的试点和全面实施，贪贿犯罪量刑呈现新的特点，审判实践中长期存在的"从轻情节评价过度""从重情节评价不足""法官自由裁量权过大"等问题仍然没有得到有效解决，直接影响了司法公信力。

第三节　课题研究现状

长期以来，我国刑事司法中"重定罪、轻量刑"问题突出，同时刑事法学研究中也存在着"重定罪研究轻量刑研究"的现象。笔者在中国知网"高级检索"中以主题词"量刑""量刑规范化""贪污罪量刑""受贿罪量刑"进行检索，大体上可以对量刑及贪贿犯罪量刑的研究现状有一个基本的判断（参见表一）。在 2000 年之前，研究受贿罪量刑的论文 20 世纪 80 年代只有 2 篇，③ 90 年代只有 3 篇；贪污罪量刑一共只有 2 篇，实际上只有 1 篇。④ 步入 21 世纪后，量刑问题逐渐得到重视，特别是 2010 年"两高"推进量刑规范化改革后，量刑问题成为刑事法学研究的重点之一。伴随着贪贿犯罪量刑轻刑化和量刑失衡问题的日益严重，学界和司法界加

① 王治国：《职务犯罪轻刑化倾向必须引起重视》，《检察日报》2006 年 7 月 25 日，第 5 版。
② 徐日丹：《最高检规定解决职务犯罪适用缓刑偏多问题》，《检察日报》2010 年 11 月 19 日，第 1 版。
③ 单民：《论贿赂罪的处罚》，《检察理论研究》（中国刑事法杂志）1996 年第 2 期；刘生荣、胡云腾：《论受贿罪的定罪与量刑》，《中国法学》1999 年第 1 期。
④ 孙谦、陈凤超：《论贪污罪》，《中国刑事法杂志》1998 年第 3 期；穆丽霞：《贪污罪与盗窃罪量刑比较研究》，《中国石油大学学报（社会科学版）》1997 年第 4 期。

强了对贪贿犯罪量刑问题的研究。笔者以《刑九》颁布实施为界限，对贪贿犯罪量刑研究加以综述。

一、四十年来贪贿犯罪量刑研究概况

（一）2015 年之前，贪贿犯罪量刑研究概况

表1 贪贿犯罪量刑研究概况

年份 主题词	1979—1999 （篇）	2000—2009 （篇）	2010—2020（篇）	
			2010—2015	2016—2020
量　刑	633	2947	6502	7323
量刑规范化	0	40	550	282
贪污罪量刑	2	36	47	228
受贿罪量刑	5	47	97	458
行贿罪量刑	5	17	58	122

2000 年之前，几乎没有专门研究贪贿犯罪量刑问题的。步入 21 世纪后，随着广大民众对贪贿犯罪量刑轻刑化和量刑失衡问题的热议，学界和司法界开始加强了对这个领域的关注，发表了不少有价值的研究成果，推动了立法和司法的发展。

1. 贪贿犯罪量刑存在的主要问题

（1）轻刑化现象严重。2009 年 5 月至 2010 年 1 月，最高检组织开展的全国检察机关刑事审判法律监督专项检查活动发现，"2005 年至 2009 年 6 月，全国被判决有罪的职务犯罪被告人中，判处免刑和缓刑的共占 69.7%"。[①] 如 2005 年 1 月至 2008 年 12 月的 4 年间，河北承德县人民检察院"共立案查处贪污贿赂案件 23 件 36 人，其中涉嫌贪污罪 16 人、受贿罪 5 人、挪用公款罪 8 人、单位受贿罪 3 人、私分国有资产罪 3 人、行贿罪 1 人。起诉至法院被判处缓刑 32 人，占 89%；判处免予刑事处罚 1 人，占 3%；一审被判处实刑仅 3 人，占 8%；一审判处实刑二审改判缓刑 2 人，

---

① 徐日丹：《最高检规定解决职务犯罪适用缓刑偏多问题》，《检察日报》2010 年 11 月 19 日，第 1 版。

实际上四年期间只有 1 人被判处实刑"。[1] 河南省伊川县检察院 1999 年至 2008 年的 10 年间，贪贿犯罪"立案 99 件 116 人，判决 69 件 82 人，均为有罪判决，撤案 20 件 21 人，不起诉 12 件 12 人"，"10 年间所办案件判决 69 件 82 人，其中判处缓刑 50 件 60 人，免予刑事处罚 7 件 8 人，两项件数、人数分别占判决数 83.67%、83.83%。判处实刑 11 件 13 人，件数、人数分别占判决数的 15.94%、15.85%。适用缓刑和免予刑事处罚人数是判处实刑人数的 5.2 倍"。[2] 景景博士专门收集了 2008—2013 年华北、东北等六大地区的 640 份有效裁判文书为研究样本，考察受贿罪监禁刑分布、死刑适用、缓免刑适用、从轻减轻处罚情况，发现存在量刑轻刑化问题，主要体现在重刑案件呈逐渐下降趋势，死刑适用少，缓免刑适用比率高，从轻减轻处罚情况较多。[3]

（2）量刑失衡。2006 年，云南玉溪市人民检察院检察官宋云苍通过 2002 年至 2005 年 7 月间的 761 件有效案例进行分析，发现我国贪污、受贿案件的量刑中存在的问题表现在：一是不均衡是绝对的、占主导的，均衡是相对的，占极少数的；二是存在贪污受贿数额大的量刑轻，贪污受贿数额小量刑反而重的情况，这一现象违反罪责刑相适应原则和量刑规律、常识；三是贪污受贿数额相同或差别不大，量刑情况却差别较大的情况；四是没有严格遵循法律的规定，有一部分案件突破了法律界限；五是人们无法预测贪污受贿多少会被判处无期、死刑或者死缓。[4] 孙国祥教授认为，贪污贿赂犯罪量刑失衡主要表现在：贪污受贿的起刑数额标准一再被突破，导致罪刑失衡；法定、酌定从宽量刑情节的从宽幅度最大化，形成宽大无边；贪污贿赂犯罪人的缓刑适用率畸高，刑罚威慑效应降低；贪污受贿犯罪的死刑的适用越来越少，实际已被虚置；相对不起诉率高，构罪不诉制度几乎被贪官独享。[5] 江苏高院 2010 年关于职务犯罪案件量刑情况的调查报告显示：自由刑适用方面存在的问题：一是同罪不同罚，即罪行相当，判处的刑罚不同；二是同罚不同罪，即被判处相同刑罚，但罪行不相同；三是罪刑不相适

① 陈若娟：《承德县贪污贿赂案件实刑判决调查》，《中国刑事法杂志》2010 年第 5 期。
② 张建刚：《一个基层检察院十年反贪调查》，《检察日报》2009 年 5 月 7 日，第 3 版。
③ 景景：《受贿罪量刑均衡问题研究》，人民法院出版社 2015 年版，第 57 页。
④ 宋云苍：《贪污受贿案件量刑均衡问题研究》，载陈兴良主编：《刑事法评论》（第 19 卷），北京大学出版社 2006 年版，第 372—379 页。
⑤ 孙国祥：《宽严皆失：贪污贿赂犯罪的量刑失衡之乱象及纾解》，《甘肃政法学院学报》2009 年第 5 期。

应，即罪刑不相当。在非监禁刑适用方面：一是适用比率偏高；二是地区差异明显；三是适用条件把握不准。① 彭文华、蒋太珂认为："司法实践中，贪污受贿案件存在的问题主要是：量刑不均衡较为普遍，存在严重的违反罪责刑相适应原则和量刑规律、常识的现象，适用无期、死刑或者死缓具有不确定性，部分案件还突破数额界限，数额标准在其中起的作用不大。"②

贪贿犯罪量刑失衡主要表现在：（1）贪贿犯罪与普通犯罪量刑失衡。如2005年至2009年6月广东省职务犯罪63.3%被告人获免刑和缓刑，同期普通刑事犯罪免刑和缓刑的比例是4.8%，前者是后者的13倍。③（2）贪贿犯罪之间量刑失衡。如郑筱萸，国家食品药品监督管理局原局长，受贿600余万元——死刑；陈同海，中石化原总经理，受贿1.9573亿元——死缓。1.9573亿元是600余万元的30倍之多。然而，一样的罪名，30倍之多的受贿额度，陈同海却得以保全性命。④ 2002年至2012年被判处死缓的贪腐高官有27人，其中涉案金额最少的是2003年湖南省邮电管理局原局长兼党组书记张秀发，受贿347万元；最多的是2006年武汉铁路分局原副局长刘志祥，贪污、受贿及来源不明的数额共达4434.4万元。⑤（3）地区之间量刑失衡。褚红丽、魏建基于2014年中国法院公布的受贿罪一审判决文书，实证探讨腐败金额对惩罚力度的影响使用，实证分析发现，"惩罚力度还呈现出地区差异，当腐败金额不断增加时，判刑增加的力度随着人均收入水平的增加而减少，东部地区比中西部地区判决更轻，但惩罚没有显著的城乡差异"。⑥ 林嘉珩对2014年全国31个省、直辖市、自治区单人犯受贿罪的4205份裁判文书，被告共计4205人进行实证研究得出的结论是："从多重比较分析中，可以看出东部地区与其他三个地区之间均存在显著

---

① 江苏省高级人民法院课题组：《职务犯罪案件量刑平衡机制问题研究——江苏高院关于职务犯罪案件量刑情况的调查报告》，《人民法院报》2010年3月25日，第8版。
② 彭文华、蒋太珂：《贪污受贿犯罪量刑定量与自由裁量》，载刘仁文主编：《反腐败的刑事法治保障》，社会科学文献出版社2016年版，第273页。
③ 赵杨、林俊杰：《广东职务犯罪轻判率为普通刑事案13倍》，《南方日报》2010年11月20日，第9版。
④ 韦文洁：《刑事判决自由裁量权再惹争议》，《法治周末》2010年3月18日，第2版。
⑤ 张海林、叶雨岑：《反腐十年之路：11名贪腐高官被判死刑立即执行》，《瞭望东方周刊》2012年11月19日。
⑥ 褚红丽、魏建：《腐败惩罚的边际递减及地区差异：基于腐败金额的实证分析》，《广东财经大学学报》2016年第3期。

的差异。而在中部地区、东北地区、西部地区中，东北地区与中部地区、西部地区均存在显著差异，而中部地区与西部地区的差距不显著。这一分析结果说明，进一步确证受贿罪量刑的地区差异实然存在。"①

（3）从宽情节评价过度，从重情节评价不足。孙国祥教授曾通过对2010年12名省部级高官因受贿而获刑的案例分析后认为："虽然这些高官都因受贿被判处了死缓或者无期徒刑的重刑，但判决理由大都偏颇。在量刑情节的评价中，从宽情节评价过度，从重情节评价明显不足，一些应该予以评价的量刑情节评价缺失，对判处死刑'可不立即执行'的死缓适用理由更是语焉不详，导致受贿犯罪的量刑总体上宽严失据，无法真正贯彻和实现从严惩处腐败的刑事政策。"②

2. 贪贿犯罪量刑失范的原因及危害

从事反贪一线的同志认为，贪污贿赂犯罪案件轻刑化可从立法层面、社会环境层面、司法实践层面、内部考核层面等四个方面考量。③ 兰志伟、郑东认为，法律规定层面：职务犯罪起刑点偏高直接导致了职务犯罪轻刑化酌定情节法定化；司法操作层面：缓刑适用不严格，减轻处罚适用随意，定罪量刑标准失之于宽。④ 孙国祥教授认为，贪污贿赂犯罪量刑失衡的原因：惩治贪污贿赂犯罪立法存在的疏漏和矛盾，导致立法与司法的紧张；应对贪污贿赂犯罪高发态势，人为设置从宽处理的"绿色通道"；根深蒂固的"人治"传统，同案难于同判；法定自首条件被人为放宽，被动型自首认定泛滥；宽严相济刑事政策遭误读，轻刑化的片面影响；数额标准的崇拜造成了刑罚供应过度（过严）与供应不足（过宽）并存的尴尬。⑤ 江苏省高级人民法院课题组认为，贪贿犯罪量刑问题的原因是：（1）立法不完善。一是刑罚确定数额化，二是司法操作性不强。（2）刑事司法理念陈旧。一是重定罪轻量刑，二是重主刑轻附加刑，三是对职务犯罪危害性认识不足，四是对刑罚功能认识不全面。（3）司法能力不强。一是适用法律水平不

---

① 林嘉珩：《受贿罪量刑影响因素实证研究——基于2014年全国4205份判决书的研究》，《刑事法评论》2016年第2期。

② 孙国祥：《受贿罪量刑中的宽严失据问题——基于2010年省部级高官受贿案件的研析》，《法学》2011年第8期。

③ 张建刚：《一个基层检察院十年反贪调查》，《检察日报》2009年5月7日，第3版。

④ 兰志伟、郑东：《职务犯罪轻刑化问题研究》，《河北法学》2011年第12期。

⑤ 孙国祥：《宽严皆失：贪污贿赂犯罪的量刑失衡之乱象及纾解》，《甘肃政法学院学报》2009年第5期。

高，案件定性不准，量刑情节认定不当，影响量刑。二是审判经验不足。三是自由裁量不适度。（4）案外因素的不当干扰。一是有关部门的不当干扰，二是人情关系的不当干扰，三是自身利益的不当干扰。（5）理论研究与司法实践存在距离。① 最高法针对职务犯罪适用缓免刑频率比较高的情况，经调研认为主要有以下原因：一是有些办案人员在思想认识上存在偏差。二是对基层法院来说，起诉审判的很多案件数额较小，法律规定，只要不再危害社会，涉案金额 3 万元以下就具备判处缓免刑的条件。三是司法实践中的一些办案人员对法定的从轻处罚的条件理解得不够准确。四是客观上对适用缓免刑的标准有待规范。② 王刚博士认为，贪贿犯罪量刑偏轻现象产生的原因：刑不上大夫法治传统的消极影响、司法人员对宽严相济刑事政策的误读、外界因素对量刑的不当干扰、从宽量刑情节的认定和适用不规范、检察权能发挥不充分。③

关于贪贿犯罪轻刑化及量刑失衡的危害，有的指出："贪官轻判，让贪官在刑罚上占到便宜，这就加重了犯罪分子的侥幸心理，更加降低了贪官的犯罪成本，自然让其难有真实的悔意。同时，容易引起群众对法律和执法的不信任，导致执法公信力的缺失，增加社会反腐败成本。"④

3. 贪贿犯罪量刑规范化的对策

孙国祥教授认为，贪污贿赂犯罪量刑失衡的纾解之道是：对贪污贿赂犯罪从宽量刑情节应严格依法认定；严格控制贪污贿赂犯罪的不起诉和缓刑适用；适当提高贪污贿赂定罪数额；通过司法控制贪污贿赂犯罪的死刑适用；规范从宽量刑情节的从宽幅度；自愿认罪的简化审上升为法定从宽量刑情节；贪污贿赂犯罪的共同犯罪应以个人实际所得作为定罪量刑的依据。⑤ 江苏省高级人民法院课题组认为，规范贪贿犯罪案件量刑的机制如下所述。

---

① 江苏省高级人民法院课题组：《职务犯罪案件量刑平衡机制问题研究——江苏高院关于职务犯罪案件量刑情况的调查报告》，《人民法院报》2010 年 3 月 25 日，第 8 版。
② 崔清新、王雪玮：《加大对职务犯罪打击力度——最高人民法院有关负责人答记者问》，《人民法院报》2011 年 7 月 20 日，第 1 版。
③ 王刚：《我国贪污受贿罪量刑存在的问题和完善建议——以 200 份贪污受贿案件判决书的实证分析为基础》，《湖北社会科学》2016 年第 11 期。
④ 舒炜：《惩处贪官需要"接地气"》，《廉政瞭望》2012 年第 6 期。
⑤ 孙国祥：《宽严皆失：贪污贿赂犯罪的量刑失衡之乱象及纾解》，《甘肃政法学院学报》2009 年第 5 期。

其一，构建量刑的程序性保障。（1）建立量刑调查制度。（2）推行量刑建议制度。（3）建立量刑的法庭调查和辩论制度。（4）确立量刑理由展示制度。

其二，规范法官自由裁量权的行使。（1）慎重处理犯罪数额与量刑的关系。在职务犯罪中，犯罪数额是衡量行为社会危害性的重要标准，是重要的量刑情节，但不是唯一标准和情节。具体量刑时，应当根据刑法有关数额规定，充分考虑其他量刑情节决定应当适用的刑罚。（2）规范量刑要素的适用。（3）财产刑适用的规范化。

其三，严格非监禁刑适用条件审查及把关制度。（1）从严掌握职务犯罪非监禁刑的适用。（2）准确认定"悔罪表现"。（3）完善非监禁刑适用监督机制。（4）缓刑适用的例外。（5）完善缓刑撤销制度。

其四，建立量刑衡平制度。（1）上级法院加强对下级法院职务犯罪案件量刑的衡平指导。（2）强化典型案例对量刑指导制度。[1] 针对贪贿案件量刑片面轻缓化问题，李强、张磊检察官提出，修改完善现行刑法的相关规定；完善相关司法解释，限制自由裁量权；强化过程控制和结果控制等促进刑罚裁量的均衡化。[2]

（二）2016 年至今贪贿犯罪量刑研究概况

2016 年 12 月 14 日，最高法院联合百度百科发布的《2016 网民司法搜索专题报告》显示："贪腐案"是 2016 年网民关注的十大司法案件之一，其中贪官终身监禁、量刑标准、减刑假释问题最受关注。[3] 随着 2015 年 8 月《刑九》颁布和 2016 年 4 月《解释》的实施，贪贿犯罪量刑的研究着眼于《刑九》和《解释》如何严格理解和执行？立法着力解决的量刑问题是否得以消解等。总体而言，研究的重点问题不再泛泛而论，而是聚焦于一些影响贪贿量刑的重大问题上，下面辑其要者的加以概括。

1. 《刑九》颁布后量刑的总体评价

《刑九》颁布后，有的指出，刑法构建起了更符实际、更具弹性、更

---

① 江苏省高级人民法院课题组：《职务犯罪案件量刑平衡机制问题研究——江苏高院关于职务犯罪案件量刑情况的调查报告》，《人民法院报》2010 年 3 月 25 日，第 8 版。
② 李强、张磊：《贪污受贿案件量刑合理化问题探究》，《学术界》2015 年第 10 期。
③ 单玉晓、沈凡：《经济犯罪死刑之辩》，《财新周刊》2016 年第 49 期。

加合理的贪污受贿犯罪定罪量刑标准，这是提高贪腐成本、实现刑罚公正、推进反腐斗争的一个历史性制度变革。① 张旭教授认为，《刑九》对反腐败刑事法治的推进表现在：一是适时调整贪贿犯罪的定罪量刑标准，更有助于刑法效能的发挥；二是全面调整贪贿犯罪的刑罚，使法定刑设置更加科学合理；三是回应反腐败法制建设的需要，创造性地规定了"终身监禁"制度；四是及时总结经验，将特定酌定情节法定化。② 陈兴良教授认为，确定的贪污贿赂犯罪的定罪数额和量刑数额具有相对合理性。对定罪量刑情节的具体化，"在避免单一数额的僵化性的同时，符合我国现阶段的国情需要，也为司法实践提供了可操作性的标准"。③ 刘仁文研究员认为，"从《解释》颁布后近一年的实施情况来看，法律效果和社会效果都比较好"。④ 但也有学者认为，《刑九》对《刑法》有关腐败犯罪的修订，技术上是失败的，策略上是失当的，亮度是黯淡的。⑤ "总体上并没有破除贪污受贿立法本来存在的结构性积弊，重新编织的贪污受贿刑事法网以及调整的惩治力度，不但没有提升刑法对贪污贿赂犯罪的规制能力，反而是'名严实宽'，难以满足反腐败刑法供给的需要。"⑥

2. 受贿罪量刑标准

陈俊秀博士通过 2017 年中国司法实践中 2097 份贪污罪和受贿罪刑事判决书的回归分析发现，"相对于受贿罪而言，法官在刑罚的裁量中倾向于对贪污罪判处更重的刑罚，具体量刑上有索贿情节的受贿罪 > 贪污罪 > 受贿罪，并轨制立法下并发的同罚异害、罪刑不均衡难题，法益侵害、不法内涵、犯罪生成模式、责任程度等实质差异，决定了贪污罪和受贿罪在立法上应采分离制"。⑦

3. 量刑情节问题

王林林博士经考察后发现，犯罪后情节对贪污、受贿犯罪的量刑影响

---

① 阿计：《织密反腐法网》，《民主与法制》2015 年第 28 期。

② 张旭：《也谈〈刑法修正案（九）〉关于贪污贿赂犯罪的修改》，《当代法学》2016 年第 1 期。

③ 陈兴良：《贪污贿赂犯罪司法解释：刑法教义学的阐释》，《法学》2016 年第 5 期。

④ 刘仁文：《贪污受贿定罪量刑的修改与评析》，《江淮论坛》2017 年第 5 期。

⑤ 曾粤兴、贾凌：《〈刑法修正案（九）〉有关腐败犯罪规定评述》，《法治研究》2016 年第 2 期。

⑥ 孙国祥：《贪污贿赂犯罪刑法修正的得与失》，《东南大学学报（哲学社会科学版）》2016 年第 3 期。

⑦ 陈俊秀：《贪污罪和受贿罪法定刑并轨制的法治逻辑悖论——基于 2017 年公布的 2097 份刑事判决书的法律表达》，《北京社会科学》2019 年第 4 期。

明显。在司法实践中，犯罪后情节认定混乱、犯罪后情节从宽幅度的选择、判断无序以及犯罪后情节竞合时重复评价等是造成贪污、受贿犯罪量刑不均衡的重要原因。提出实现量刑公正，应进一步规范贪污、受贿犯罪后情节的适用：准确认定贪污、受贿犯罪后情节；合理确定适用犯罪后情节的从宽幅度；进一步完善贪污、受贿量刑案例指导制度。[①]

4. 数额与情节的关系

对《解释》规定的"最低数额 + 情节"量刑新模式，钱小平博士认为，这一规定，有助于改变数额对情节的支配关系；有助于解决数额在损害评价上的能力不足问题；有助于解决数额与情节竞合的问题。[②] 胡冬阳博士选择了适用《刑九》和《解释》的 50 件刑事案件为研究样本，得出以下结论：一是《刑九》颁布以后，特别是《解释》生效以后，受贿罪判处的刑期呈整体下降趋势。二是情节对被告人刑期的影响不明显。《解释》对贿赂犯罪规定了 8 种从重情形，但是实证发现，从重情节对贿赂犯罪影响较小，与没有从重情节的贿赂犯罪相比差别不明显。[③] 梁云宝博士认为："《刑九》和《解释》所采取的'数额加情节'的标准，与其解释为数额情节二元说，不如解释为情节一元说更为妥当。换言之，'数额加情节的标准'与数额情节二元说不具有必然的等价关系，数额情节二元说会造成一系列冲突和弊端，情节一元说才是我国贪贿犯罪标准实现突破性发展的应然选择。"[④]

5. 量刑地区差异

王剑波博士经实证研究后认为："我国部分地区对受贿罪的量刑存在显著差异。进一步检验发现，这种差异的存在不能完全归结于受贿数额和量刑情节的不同，而是既与各地区对相同受贿数额的危害性评价不同有关，又与各地区对从轻、减轻处罚功能的选择不同有关，还与各地区对从轻、减轻处罚幅度的计算不同有关；且不能排除是由其他因素所导致。研究结论表明，《刑九》和"两高"最新司法解释确立的"数额 + 情节"的弹性定罪量刑标准亦难以消减受贿罪量刑的地区差异"。[⑤]

① 王林林：《贪污、受贿犯罪后情节适用的规范化研究——基于 200 例贪污、受贿判决文本的实证分析》，《法律适用》2016 年第 9 期。

② 钱小平：《贿赂犯罪情节与数额配置关系矫正之辨析》，《法学》2016 年第 11 期。

③ 胡冬阳：《贿赂犯罪"数额 + 情节"模式运行实证研究——以 J 省 2016—2017 年的判决书为研究样本》，《湖北社会科学》2017 年第 10 期。

④ 梁云宝：《回归上的突破：贪贿犯罪数额与情节修正评析》，《政治与法律》2016 年第 11 期。

⑤ 王剑波：《我国受贿罪量刑地区差异问题实证研究》，《中国法学》2016 年第 4 期。

6. 行政级别对量刑的影响

针对公众"高职级别贪官腐败惩罚更轻"的看法，褚红丽、孙圣民、魏建基于 2014 年中国法院公布的受贿罪一审刑事判决书的初步统计，可以发现法官的判决对于低职务级别贪官更仁慈，而对高职务级别贪官更为严厉一些，对高职务级别贪官的惩罚严厉性比例远远高于低职务级别贪官的严厉性比例。① 王剑波博士也认为："对于本文考察的量刑指标而言，不同行政级别和身份性质的受贿犯罪人之间的具体量刑差异并不大，即身份特征对受贿罪整体量刑的真实影响程度有限。"②

7. 死刑和死缓的适用

有的学者认为，"把绝对确定死刑改为相对确定死刑，使司法机关在无期徒刑和死刑之间有选择适用的空间，相比原来的规定，要更加科学"。③ 有的认为，"近年来，在司法实践中，受贿数额已不是认定受贿罪情节是否特别严重的唯一因素。因为此类犯罪情节差罪别很大，单纯考虑数额，难以全面反映具体个案的社会危害性。自首、立功、坦白、悔罪、积极退赃等情节，也成为确定受贿罪是否特别严重、是否适用死刑及是否必须立即执行的重要考量因素"。④ 何家弘、黄健认为，"党的十八大后，死刑缓期执行逐渐取代死刑立即执行，成为惩处受贿行为最严厉的刑罚方式，并在废除受贿死刑进程中发挥着过渡与协调作用。死缓作为附属于死刑的刑罚执行方式，在裁量时应首先满足受贿罪死刑情节，并伴有从轻处罚情形。当下，受贿罪从轻情节的认定具有较为稳定的司法规律，但刑法及相关司法解释对受贿死刑情节的表述不具可操作性。这导致了受贿死缓与其下位刑罚裁量的宽严失据"。⑤ 法学界多数赞同贪腐官员"免死"，因为贪污受贿犯罪属于非暴力的经济犯罪，与死刑所剥夺的生命权不具有对等性，应取消死刑。但也有不少学者认为，中国正处于社会转型期，腐败

---

① 褚红丽、孙圣民、魏建：《职务级别、法律制度设计与腐败惩罚扭曲》，《经济学》2018 年第 3 期。

② 王剑波：《行政级别、身份性质与我国受贿罪的量刑差异》，《政法论坛》2018 年第 1 期。

③ 刘仁文、陈妍茹：《死刑改革的重要进展——以〈刑法修正案（九）〉为视角》，《法学杂志》2017 年第 2 期。

④ 郭芳、董显萍：《贪官贪多少该判死刑》，《中国经济周刊》2015 年第 2 期。

⑤ 何家弘、黄健：《司法证明视角下受贿罪死缓量刑之优化》，《河北大学学报（哲学社会科学版）》2018 年第 2 期。

犯罪多发,马上废止贪贿犯罪的死刑,既不适时也违民意。① 赵秉志教授认为:"在未来中国对严重贪污受贿犯罪的死刑立法控制中,应当考虑将死缓制度作为适用死刑的优先考虑方式;在贪污受贿犯罪定罪量刑标准分立时,应择机先行废止受贿罪的死刑;待时机成熟时,应在立法上及时全面废止贪污受贿犯罪的死刑。"②

8. 终身监禁的适用

终身监禁制度是《刑九》颁布后争议最大的问题。立法审议过程中就有支持和反对两种不同意见。③ 立法通过后,赵秉志教授等认为,终身监禁一方面在一定程度上是加重了对死缓犯的刑罚严厉性,但另一方面又有宽大的精神,是对严重贪污受贿犯罪之处罚融宽严相济于一体的举措。④ 刘艳红教授认为:"面对低死刑适用率,如何强化刑罚对腐败的一般预防作用,成为立法必须破解的难题,终身监禁无疑有效保证了惩治腐败必须保持高压态势的客观要求。"⑤ 魏东教授则认为,终身监禁的创设性修订完全背离了无期徒刑保留论的基本立场,突出违反了作为刑法基本原则的罪刑法定原则、罪责刑相适应原则,经不起刑罚人道主义的正当性拷问,因而理论上应当反思"完全堵塞"犯罪人回归之路的终身监禁的合法性问题。⑥"《刑九》为迎合某些民众的呼吁而对贪污受贿犯罪设置终身监禁刑的做法实际上否定了刑罚的教育改造功能,其在定罪量刑时就完全斩断了罪犯改过自新的后路,不利于鼓励罪犯通过劳动改造,早日重归社会。"⑦ 时延安教授认为:"一般死缓、终身监禁型死缓与死刑立即执行三者之间,在适用范围和条件上存在不同,但适用标准是不清晰的。"⑧ 张亚平教授则认

① 单玉晓、沈凡:《经济犯罪死刑之辩》,《财新周刊》2016年第49期。

② 赵秉志:《论中国贪污受贿犯罪死刑的立法控制及其废止——以〈刑法修正案(九)〉为视角》,《现代法学》2016年第1期。

③ 赵秉志、袁彬:《刑法最新立法争议问题研究》,江苏人民出版社2016年版,第194页。

④ 赵秉志主编:《〈中华人民共和国刑法修正案(九)〉理解与适用》,中国法制出版社2015年版,第330页。

⑤ 刘艳红:《终身监禁的价值、功能与适用——从"白恩培案"谈起》,《人民法院报》2016年10月12日,第2版。

⑥ 魏东:《刑法总则的修改与检讨——以〈刑法修正案(九)〉为重点》,《华东政法大学学报》2016年第2期。

⑦ 刘宪权:《刑事立法应力戒情绪——以〈刑法修正案(九)〉为视角》,《法学评论》2016年第1期。

⑧ 时延安:《死刑立即执行替代措施的实践与反思》,《法律科学(西北政法大学学报)》2017年第2期。

为，司法实践中，"死刑立即执行和死缓的适用条件之间的界限本来就非常模糊，要在两者中间试图再为终身监禁确定独立的适用条件几乎不可能。既然终身监禁是死刑立即执行的替代措施，那么其适用条件也应与死刑立即执行基本相同。对于原本依法应当判处死刑立即执行的犯罪，应以终身监禁替代之"。①

二、 当前贪贿犯罪量刑研究的不足

尽管近年来贪贿犯罪量刑问题得到了应有的重视，发表出版了大量研究成果，学界的一些建议和观点得到了立法机关和司法机关的采纳，特别是《刑九》对贪贿犯罪量刑标准的重大修改，② 符合党的十八大以后我国法治反腐的客观需要。但总体而言，我国贪贿犯罪法网不严密的问题并没有得到实质性的改变。③ 当前的研究还存在以下方面的不足：

一是从研究方法看，大多数研究成果研究方法单一，要么是实证研究方法，要么是规范研究方法，缺乏综合性的研究方法。贪贿犯罪量刑是一个非常复杂的系统工程，只有全面通过实证分析、规范分析、价值分析、比较分析等方法进行综合性研究，才能得出正确结论。比如，贪贿犯罪数额问题，只有在实证分析、规范分析基础上，再结合"公平、公正""平等"等价值分析，才能提出犯罪数额标准合理性的解决方案。

二是从研究的深度和广度看，《刑九》之后，理论和实务界对贪贿犯罪量刑问题确实又作了很多的研究，但研究视野不够开阔。贪贿犯罪是腐败犯罪的重要表现形式。党内高层针对日益严重的腐败现象，一直在警告全党腐败会"亡党亡国"。在十八届中共中央政治局第一次集体学习时习近平指出："大量事实告诉我们，腐败问题越演越烈，最终必然会亡党亡国！我们要警醒啊！近年来我们党内发生的严重违纪违法案件，性质非常恶劣，政治影响极坏，令人触目惊心。"④ 2016 年，我国启动监察体制改

---

① 张亚平：《终身监禁的适用范围及立法走向》，《河南财经政法大学学报》2019 年第 1 期。
② 张兆松：《论〈刑法修正案（九）〉对贪污贿赂犯罪的十大重大修改和完善》，《法治研究》2016 年第 2 期。
③ 张兆松：《我国贪污贿赂犯罪立法：历程、反思与前瞻》，《法治研究》2020 年第 3 期。
④ 习近平：《紧紧围绕坚持和发展中国特色社会主义，深入学习宣传贯彻党的十八大精神》，《人民日报》2012 年 11 月 19 日，第 1 版。

革。2018 年 3 月，第十三届全国人民代表大会第一次会议正式通过的《中华人民共和国宪法修正案》和《中华人民共和国监察法》，将监察体制纳入宪法，以最高法律权威的形式确立了监察权力体系的合法性。2018 年 10 月，全国人大常委会又通过《关于修改〈中华人民共和国刑事诉讼法〉的决定》，从而由人民检察院承担的反贪反渎的侦查职能整体转隶至国家监察委员会，国家监察委作为政治机关成为反腐败的专门机构。这些改革举措都给对贪贿犯罪量刑带来重大影响。而以往的研究，这方面结合得不够，政治站位不高，研究视角狭窄。

三是从研究的内容看，现有贪贿犯罪量刑研究大多局限于刑事实体法角度，对于量刑程序的关注比较少。虽然"两院三部"2010 年 9 月 13 日联合出台《关于规范量刑程序若干问题的意见（试行）》，与量刑实体改革同步，开展量刑程序改革试点。但与量刑实体改革相比，前者明显滞后。从量刑实体改革看，最高人民法院已分别在 2013 年和 2017 年两次作了修订。但量刑程序规范化改革却停滞不前。2012 年《中华人民共和国刑事诉讼法》修正也仅一个条文涉及量刑程序问题。随着认罪认罚从宽制度的试行，量刑程序的重要性更加突出，但 2018 年《中华人民共和国刑事诉讼法》修正，量刑程序问题仍然没有得到立法机关的重视。为了弥补立法的缺失，2020 年 11 月 5 日，"两院三部"颁布《关于规范量刑程序若干问题的意见》，对量刑程序问题作出较为全面的规定。但从规定条文看，"破局"内容不多。十年间，量刑程序改革几无进步，量刑程序问题研究成果乏陈可述。

第四节　课题研究的基本思路、方法和创新之处

一、　研究的基本思路

本课题通过选取贪污、受贿、行贿犯罪大样本判决书，对现行贪污罪、受贿罪和行贿罪可能存在的量刑问题进行实证分析研究，再结合大量文献研究成果，从实体和程序两个方面，揭示现行贪污、受贿、行贿犯罪量刑存在的问题，剖析原因，为我国贪贿犯罪立法提供借鉴意见，为贪贿犯罪司法提供参考。具体内容包括五个方面：

1. 贪赂犯罪量刑标准的立法沿革及其进展。本部分对新中国成立 70 年来我国贪贿犯罪立法,即前三十年(新中国成立以后至 1978 年)和后四十年(1979 至今)两个大阶段的立法进行梳理,归纳立法特点。

2. 贪贿犯罪量刑规范化的进步及其不足。本部分对贪污、受贿、行贿罪量刑规范化之实体法和程序法之进步和不足作出阐述。

3. 贪贿犯罪量刑失范的原因。本部分对贪贿犯罪量刑失范的立法原因(实体法原因和程序法原因)和司法原因作出分析。

4. 贪贿犯罪量刑规范化之完善。本部分对贪贿犯罪量刑规范化之实体法和程序法的完善及如何公正司法确保贪贿犯罪刑事政策得到实现提出建言。

5. 贪贿犯罪认罪认罚从宽之适用。本部分专门对目前贪贿犯罪认罪认罚从宽适用中存在的问题及解决加以研究。

二、 研究的基本方法

(一) 规范分析法

规范分析法是法学研究的基本方法,它是"围绕重要法规(black-letter law)运用解释或者法律推理评估法律条文,并提出相关建议。这种方法侧重于研究自成一体的法律本身,通过研究相关法律及法院判决(普通法系)进行释法"。[①] 尽管在学界跨学科法律研究方法兴起并得到重视,但规范分析法仍是广泛采用的研究方法。离开贪贿犯罪立法和司法解释的文本规定,必然使本课题的研究成为无本之木、无源之水,也使本课题的研究失却应有的价值。"在以司法为中心的刑法理论中,首先应当注重对刑法明文规定的解释,阐发蕴含在刑法规定的文字之中的语义内容,从而为定罪量刑提供理论支持。"[②] 高度重视规范分析法是本课题研究的特色之一。

(二) 实证分析法

近年来,最高法院不断推进法律文书的公正化。"以裁判文书网为载

---

① 麦高伟、崔永康主编:《法律研究方法》,中国法制出版社 2009 年版,第 4 页。
② 陈兴良:《中国刑法学研究 40 年(1978—2018 年)》,《武汉大学学报(哲学社会科学版)》2018 年第 2 期。

体的新型司法公开数据构成了当代中国法律大数据的基本源泉。这些数据载体的上线不仅推进了阳光司法，更为中国的实证法律研究创造了前所未有的机遇。"① 为了回答上述诸问题及系统、全面反映《刑九》和《解释》实施后，贪贿犯罪量刑的客观情况，笔者通过中国裁判文书网、北大法宝等知名网站检索贪贿犯罪量刑案例，分别以"贪贿高官量刑规范化""贪污贿赂犯罪量刑规范化""贪污罪自由刑量刑规范化""贪贿犯罪财产刑量刑规范化""受贿罪量刑规范化""受贿罪'数额十情节'量刑模式研究""行贿罪量刑规范化"等多个专题展开实证分析。

（三） 文献研究法

文献研究法主要指收集、梳理文献，并通过对文献的研究形成对事实的科学认识的方法。其中，文献综述是依据对历史和当前研究成果的深入分析，指出当前研究的水平、动态、应当解决的问题和未来的发展方向，从而提出自己的观点、意见和建议。改革开放以来的40多年，贪贿犯罪始终是学界研究的重点和热点问题，发表出版了大量学术成果，这些研究文献是本课题研究的基础。

（四） 价值分析法

"价值分析法就是通过认知和评价社会现象的价值属性，揭示、批判或确证一定社会价值或理想的方法。法律作为调整社会生活的规范体系，从终极的意义上说，它的存在本身并不是目的，而是实现一定价值的手段。也就是说，社会中所有的立法和司法活动都是一种进行价值选择的活动。"② "对贪污、受贿罪的量刑而言，无论是根据数额标准还是情节标准，抑或是数额与情节标准同时适用，均离不开价值判断，因为'定罪与量刑无疑是事实判断与价值判断的有机统一'。特别是在数额与多个情节并存的情况下，必须综合考虑数额的大小、情节的性质等，并对它们在量刑中的价值加以全面分析和整体评价，才能避免量刑失衡与弹性过度，有效地

---

① 左卫民、王婵媛：《基于裁判文书网的大数据法律研究：反思与前瞻》，《华东政法大学学报》2020年第2期。

② 张文显主编：《法理学》（第3版），高等教育出版社、北京大学出版社2007年版，第29页。

实现司法公正与量刑公正。"① 贪贿犯罪量刑失范与价值判断偏颇不无联系，实现贪贿犯罪量刑的公平、公正更离不开司法人员正确的价值选择。

（五） 比较研究法

比较研究法是对两个或两个以上有联系的事物进行考察，寻找其异同，以认识其差别、特点和本质的一种辩证逻辑思维方法。只有通过比较鉴别，才能知异同、懂优劣、明高下，从而揭示事物发展的规律性，寻找到最有价值的答案。比较既是求同存异，也是为了异中求同。通过对国外、境外及我国古代贪贿犯罪立法、司法的比较检视，看到我国现行贪贿犯罪的立法、司法的利弊得失，从而为进一步完善新时代中国特色社会主义贪贿犯罪立法、司法提供有益的借鉴。

三、 课题的创新之处

（一） 研究方法创新

本课题综合采用规范分析法、实证分析法、文献研究法、价值分析法和比较研究法等研究方法，各种研究方法相互渗透、印证，事实判断和价值判断融为一体，使研究结论更具科学性、合理性和说服力。在实证分析时，不仅注意从中国裁判文书网、北大法宝等知名网站上检索收集贪贿犯罪量刑案例，而且努力收集已通过权威媒体报道而一般网站上难以检索到的贪贿案例（如对百名省部级以上高官贪贿犯罪量刑的分析），使收集的案例具有权威性、代表性和参考价值。在分析典型案例的同时，又深入纪检、监察委员会、检察院、法院和律师事务所，与一线的纪监干部、检察官、法官和律师座谈，倾听他们的意见和呼声，拉近理论和实践的距离，使课题研究成果经得起理论和实践的检验。

（二） 研究成果创新

本课题立项后，课题组共完成研究成果 50 多万字，并使成果得到转

---

① 蒋太珂、彭文华：《量刑应实行定量与自由裁量并行——以贪污、受贿罪量刑标准的修改为视角》，《华东政法大学学报》2016 年第 2 期。

化。截至 2020 年，已在各类社科杂志上发表课题研究论文 27 篇；以本主题参加各类学术会议并发表主旨发言 10 次；形成较翔实的实证分析报告 8 份（参见附件一至七），12 余万字；贪污罪、受贿罪、行贿罪量刑标准（立法、司法解释、量刑指导意见）专家建议各 1 份。

（三） 研究内容创新

一是根据"数额十情节"量刑模式实施的困境，建议构建贪污罪以"数额"为核心、受贿罪以"情节"为核心的量刑模式。

二是逐步废除贪污受贿犯罪的死刑，第一步是废除贪污罪的死刑，保留受贿罪的终身监禁。同时废除没收财产刑，增设资格刑。

三是行贿罪起点刑与受贿罪保持同一，最高刑应当有所区别，对行贿罪的量刑要废除"数额论"，实行"情节论"。

四是实施渎职犯罪并收受贿赂的就按一重罪处罚。建议对类似司法解释"两高"应当进行清理，以统一法律适用标准。

五是限制从宽情节的滥用，立法或司法解释应对减轻处罚作出更加明确、具体的规定，为了限制缓刑、免刑的适用，两高应尽快修订司法解释。

六是扩大从重处罚情节，统一将索贿的、多次受贿的、违背职责的、具备特定身份的、为他人谋取职务提拔、调整的、致使公共财产、国家和人民利益遭受损失的纳入从重处罚范围。

七是构建贪贿犯罪独立量刑程序，规范从轻量刑证据，明确贪贿犯罪量刑证明标准。

八是加强贪贿犯罪量刑辩护。加强贪贿犯罪量刑辩护，充分保障审查起诉、审判阶段律师的量刑辩护权。

九是重塑司法理念，准确把握贪贿犯罪刑事政策，强化司法责任制，加快出台贪贿犯罪量刑指导意见和指导性案例，加强量刑说理。

十是统一贪贿犯罪认罪认罚从宽适用标准，建立控辩协商机制，保障认罪认罚的合法性、自愿性，发挥检察机关的主导作用，加强对监察调查权的制约，坚持以审判为中心，充分保障被告人的上诉权。

第二章 贪贿犯罪量刑标准的立法沿革及其进展

新中国成立 70 多年来，不管是以毛泽东为核心的党的第一代领导集体，还是以邓小平为核心的党的第二代领导集体及当代以习近平同志为核心的党中央，都把反腐败视为关系到党和国家安危的重大政治斗争，强调反腐败要靠法制。党和国家始终重视运用刑法武器同贪贿犯罪做斗争。惩治腐败、严惩贪贿犯罪始终是新中国一以贯之的刑事政策。贪贿犯罪立法一直走在刑事立法的前例。

70 年来，我国贪贿犯罪立法可以分为前三十年（新中国成立以后至 1978 年）和后四十年（1979 至今）两个大阶段。后一大阶段还可以再分为 1979 年至 1987 年、1988 年至 1996 年、1997 年至 2014 年及 2015 年至今四个小阶段。下面分别作一简介。

第一节 前三十年的贪贿犯罪量刑立法

1949 年，毛泽东及党的第一代领导集体，以"我们共产党人决不当李自成"的雄心壮志，离开西柏坡进京"赶考"。新中国刚刚成立，贪贿等腐败现象就伴随着新生政权的成立和建设悄然滋长，并逐渐呈现出了蔓延之势。1952 年 4 月 18 日，中央人民政府委员会制定颁布《中华人民共和国惩治贪污条例》（以下简称《条例》），这是我国第一部惩治贪污犯罪立法。该《条例》是根据中国人民政治协商会议共同纲领第 18 条严惩贪污的规定和"三反""五反"运动中所揭露的事实和积蓄的经验而制定的，①

---

① "三反""五反"运动是 1951 年底到 1952 年 10 月，在党政机关工作人员中开展的"反贪污、反浪费、反官僚主义"和在私营工商业者中开展的"反行贿、反偷税漏税、反盗骗国家财产、反偷工减料、反盗窃国家经济情报"的斗争的统称。

内容涉及贪污、侵吞国家公有财产、骗取套取国家财物、索贿、受贿、违法取利、行贿、介绍贿赂、出卖盗取经济情报、抗拒坦白、打击报复等18个方面的行为，体现了严而又厉惩治贪贿犯罪的指导思想。

《条例》的颁布为全国性的惩治贪贿犯罪，提供了有力的法律武器。该《条例》在量刑方面的特点是：

一、 法定刑严厉

《条例》规定死刑、无期徒刑等重刑，甚至规定绝对确定的法定刑。根据《条例》第3条第1款第1项规定，个人贪污的数额，在人民币1亿元以上者，判处10年以上有期徒刑或无期徒刑，其情节特别严重者判处死刑。① 第11条规定："犯本条例之罪者，依其犯罪情节，得剥夺其政治权利之一部或全部。"

二、 量刑情节宽泛

《条例》既规定从重、加重情节，又规定从轻、减轻处罚。《条例》第4条第1款规定："犯贪污罪而有下列情形之一者，得从重或加重处刑：一、对国家和社会事业及人民安全有严重危害者；二、出卖或坐探国家经济情报者；三、贪赃枉法者；四、敲诈勒索者；五、集体贪污的组织者；六、屡犯不改者；七、拒不坦白或阻止他人坦白者；八、为消灭罪迹而损坏公共财物者；九、为掩饰贪污罪行嫁祸于人者；十、坦白不彻底，判处后又被人检举出严重情节者；十一、犯罪行为有其他特殊恶劣情节者。"第6条第3款规定："凡胁迫或诱惑他人收受贿赂者，应从重或加重处刑。"第17条规定："在本条例公布后，仍犯或再犯本条例之罪者，应从重或加重惩治。"《条例》第5条规定："犯贪污罪而有下列情形之一者，得从轻或减轻处刑，或缓刑，或免刑予以行政处分：一、未被发觉前自动坦白者；二、被发觉后彻底坦白、真诚悔过并自动地尽可能缴出所贪污财物者；三、检举他人犯本条例之罪而立功者；四、年岁较轻或一向廉洁，偶犯贪污罪又愿真诚悔改者。"

---

① 这里的金额是旧币，按1955年发行的人民币新币折算，旧币1万元合新币1元。

三、 确立 "计赃论罚" 模式

《条例》第 3 条第 1 款规定："犯贪污罪者，依其情节轻重，按下列规定，分别惩治。一、个人贪污的数额，在人民币一亿元以上者，判处十年以上有期徒刑或无期徒刑，其情节特别严重者判处死刑。二、个人贪污的数额，在人民币五千万元以上不满一亿元者，判处五年以上十年以下徒刑。三、个人贪污的数额，在人民币一千万元以上不满五千万元台，判处一年以上五年以下徒刑，或一年至四年的劳役，或一年至二年的管制。四、个人贪污的数额，不满人民币一千万元者，判处一年以下的徒刑、劳役或管制；或免刑予以开除、撤职、降职、降级、记过或警告的行政处分。"

四、 明确贿赂犯罪按贪污罪论处

首先，将受贿视为贪污行为。《条例》规定："凡侵吞、盗窃、骗取，套取国家财物，强索他人财物，收受贿赂以及其他假公济私违法取利之行为，均为贪污罪。"其次，将行贿、介绍贿赂参照贪污罪处罚。《条例》第 6 条第 1 款规定："一切向国家工作人员行使贿赂、介绍贿赂者，应按其情节轻重参酌本条例第三条的规定处刑；其情节特别严重者，并得没收其财产之一部或全部"。

《条例》颁布之前，1952 年 3 月 28 日，政务院第 130 次会议通过《关于三反运动中成立人民法庭的规定》，规定了人民法庭的内设组织（审判委员会）、权限和对刑事处分的批准权等。"颁布法律条例、成立专门法庭，为审理、定案、处理工作提供了切实可操作的法律依据，从而使'三反'运动进入'法制化轨道'。"[1] 根据 1952 年 10 月 25 日中共中央批准的中央政策研究室《关于结束"三反"运动和处理遗留问题的报告》，"三反"运动处理工作的情况是："全国县以上党政机关（军队除外）参加"三反"运动总人数 383.6 万多人，共查出贪污分子和犯贪污错误的 123.3 万人，占参加"三反"运动总人数的 31.4%；其中共产党员 19.6

① 王少军、张福兴：《反腐风暴：开国肃贪第一战》，中共党史出版社 2009 年版，第 200 页。

万余人，占贪污总人数的 16.3%。贪污 1000 万元以上的 10.5916 万人，占贪污总人数的 8.8%。""对少数贪污数额巨大，手段恶劣，态度顽固，给国家造成严重损失者，则给予严厉制裁。判处刑事处分的 38402 人，占已处理部分的 3.6%。其中机关管制的 17175 人，占判处刑事处分的 44.7%；劳动改造的 11165 人，占 29.1%；判处有期徒刑的 9942 人，占 25.9%；判处无期徒刑的 67 人，占 0.17%；经中央和大行政区批准判处死刑的 42 人（内有杀人犯 5 人），死刑缓刑 9 人，共计 51 人，占 0.14%。"① 特别是河北省天津地委前任书记刘青山、现任书记兼专员张子善贪污案发后，毛泽东"挥泪斩马谡"，并指出："只有处决他们，才可能挽救 20 个，200 个，2000 个，20000 个犯有各种不同程度错误的干部。"② 开国肃贪"第一刀"，在国内外激起了极为强烈的反响，教育和挽救了一大批党员干部。

第二节　1979 年至 1987 年的贪贿犯罪量刑立法

　　1978 年党的十一届三中全会召开，长达 10 年的"文革"结束，全会提出了我国法制建设的"十六字"方针。1979 年 7 月 1 日，五届全国人大二次会议一次性通过 7 部法律。其中包括我国第一部刑法典（以下简称"79 刑法"）。该法典在第 155 条、第 185 条和第 126 条中分别规定了贪污罪、贿赂罪和挪用特定款物罪，共设立了贪污罪、受贿罪、行贿罪、介绍贿赂罪和挪用特定款物罪 5 个罪名。"79 刑法"与 1952 年《条例》相比，贪贿犯罪量刑条文作了如下重要修改。

一、　单列贿赂犯罪

　　贿赂犯罪从贪污罪中分离出来，单设独立罪名和法定刑。将贪污罪规定在侵犯财产罪中，而贿赂罪则是规定在渎职罪中，受贿行为、违法取利行为等不再属于贪污罪的范围。

① 吴珏：《"三反"、"五反"运动纪实》，东方出版社 2014 年版，第 335—336 页。
② 薄一波：《若干重大决策与事件的回顾》（上），中共中央党校出版社 1991 年版，第 152 页。

二、 贿赂犯罪的法定刑趋于轻缓

原《条例》规定，贿赂犯罪是按贪污罪处罚的。"79 刑法"第 185 条规定，犯受贿罪的，"处五年以下有期徒刑或者拘役"，"致使国家或者公民利益遭受严重损失的，处五年以上有期徒刑"。"向国家工作人员行贿或者介绍贿赂的，处三年以下有期徒刑或者拘役"。对贿赂犯罪没有规定财产刑。贿赂犯罪的刑罚大大减弱。

三、 量刑标准趋于简约

在法定刑的设置上不再按《条例》作出具体规定，而是采取概括规定方式。第 155 条规定，犯贪污罪的，"处五年以下有期徒刑或者拘役；数额巨大、情节严重的，处五年以上有期徒刑；情节特别严重的，处无期徒刑或者死刑。犯前款罪的，并处没收财产，或者判令退赔"。原《条例》所规定的从重、加重、从轻、减轻等具体量刑情节被废除。

进入 20 世纪 80 年代，随着我国实行对外开放和对内搞活政策，贪贿犯罪日趋严重，引起广大民众的强烈不满，特别是受贿罪刑罚力度明显不足。为了加大对受贿犯罪的惩治，第五届全国人大常委会 1982 年 3 月 8 日通过的《关于严惩严重破坏经济的罪犯的决定》对刑法第 185 条第 1 款、第 2 款之受贿罪法定刑作出如下重大修改："国家工作人员索取、收受贿赂的，比照刑法第一百五十五条贪污罪论处；情节特别严重的，处无期徒刑或者死刑。"受贿的量刑标准又重回贪污罪。该修改"对打击经济犯罪起了很大的作用；同时，许多地方和有关部门也反映一些政策界限和量刑标准不够明确，不好掌握，处理容易畸轻畸重"。[①] 为明确贪贿犯罪定罪量刑标准，全国人大常委会法制委员会 1982 年 8 月 13 日制定《关于惩治贪污、受贿罪的补充规定（草案）》（以下简称《补充规定（草案）》），"作为内部规定参照试行"。根据这一规定，贪污罪的数额起点一般掌握在2000 元左右。之后，"两高"又于 1985 年 7 月 18 日颁行《关于当前办理

---

① 参见 1982 年 8 月 27 日中办发〔1982〕28 号《中共中央办公厅转发关于惩治贪污、受贿罪和惩治走私罪两个〈补充规定〉（草案）的通知》。

经济犯罪案件中具体应用法律的若干问题的解答（试行）》，明确贪贿犯罪量刑起点标准一般是 2000 元。

第三节　1988 年至 1996 年的贪贿犯罪量刑立法

《补充规定（草案）》试行 4 年多后，鉴于改革开放以来贪贿犯罪日益严重的态势，第六届全国人大常委会在修改《补充规定（草案）》的基础上于 1988 年 1 月 21 日通过《关于惩治贪污罪贿赂罪的补充规定》（以下简称《补充规定》）。《补充规定》虽然是对刑法的补充，但是从内容看，实际上是对贪贿犯罪作了全面修改，① 其中涉及贪贿犯罪量刑修改的内容有：

一、　明确规定贪污、　受贿罪的量刑数额标准

从立法技术上看，《补充规定》抛弃"79 刑法""宁粗勿细"的立法原则，而是根据明确性原则设置法定刑。根据《补充规定》第 2 条规定，对犯贪污罪的，分别依照下列规定处罚：（1）个人贪污数额在 5 万元以上的，处 10 年以上有期徒刑或者无期徒刑，可以并处没收财产；（2）个人贪污数额在 1 万元以上不满 5 万元的，处 5 年以上有期徒刑，可以并处没收财产；（3）个人贪污数额在 2000 元以上不满 1 万元的，处 1 年以上 7 年以下有期徒刑。

二、　确立以数额为主、　以情节为辅的量刑模式

贪污罪的处罚以数额为主，但并不唯数额论。《补充规定》规定："个人贪污数额在 2000 元以上不满 1 万元的，处 1 年以上 7 年以下有期徒刑；情节严重的，处 7 年以上 10 年以下有期徒刑。个人贪污数额在 2000 元以上不满 5000 元，犯罪后自首、立功或者有悔改表现、积极退赃的，可以减轻处罚，或者免予刑事处罚，由其所在单位或者上级主管机关给予行政处

---

① 仅是对介绍贿赂罪没有作出修改。

分。""个人贪污数额不满 2000 元，情节较重的，处 2 年以下有期徒刑或者拘役；情节较轻的，由其所在单位或者上级主管机关酌情给予行政处分。""……对其他共同贪污犯罪中的主犯，情节严重的，按照共同贪污的总数额处罚。"

三、 规定交叉刑和绝对确定的法定刑

《补充规定》首次在刑法中规定交叉刑。第 2 条第 1 项至第 4 项所规定的法定刑，均存在刑罚交叉现象：第一档次的法定刑和第二档次的法定刑在 10 年以上有期徒刑、无期徒刑部分交叉重合；第二档次中的 5 年以上 10 年以下有期徒刑部分交叉重合；第四档次法定刑中的 1、2 年有期徒刑部分与第三档次交叉重合。同时，第一档次法定最低刑是 10 年，第三档次的法定最高刑是 10 年，两者均包含了第二档次所规定的 5 年以上 10 年以下部分。此外，《补充规定》又肯定了《条例》中曾规定过的绝对确定的法定刑。《补充规定》规定：个人贪污数额在 5 万元以上，"情节特别严重的，处死刑，并处没收财产"；个人贪污数额在 1 万元以上不满 5 万元的，"情节特别严重的，处无期徒刑，并处没收财产"。

四、 对受贿罪原则上根据贪污罪处罚

《补充规定》第 5 条第 1 款规定："对犯受贿罪的，根据受贿所得数额及情节，依照本规定第二条的规定处罚；受贿数额不满 1 万元，使国家利益或者集体利益遭受重大损失的，处 10 年以上有期徒刑；受贿数额在 1 万元以上，使国家利益或者集体利益遭受重大损失的，处无期徒刑或者死刑，并处没收财产。索贿的从重处罚。"这表明，对受贿罪原则按照贪污罪的法定刑处罚，但仍然保留了受贿罪独立处罚的空间。

五、 明确贪贿犯罪数罪并罚的适用原则

《补充规定》规定："挪用公款进行非法活动构成其他罪的，依照数罪并罚的规定处罚。""因受贿而进行违法活动构成其他罪的，依照数罪并罚的规定处罚。""因行贿而进行违法活动构成其他罪的，依照数罪并罚的规

定处罚。"

《补充规定》为后续的贪贿犯罪立法奠定了基础。进入 20 世纪 90 年代，随着我国实行社会主义市场经济，公司、企业内的贪贿犯罪日益严重。第八届全国人大常委会 1995 年 2 月 28 日通过的《关于惩治违反公司法的犯罪的决定》新增侵占罪、公司、企业人员受贿罪和挪用资金罪，首次将非国家工作人员的贪贿犯罪单列罪名，使我国贪贿犯罪的罪名由原来的"一元制"走向"二元制"。

第四节　1997 年至 2014 年的贪贿犯罪量刑规范化的立法

第八届全国人民代表大会 1997 年 3 月 14 日通过修订后的《中华人民共和国刑法》（以下简称"97 刑法"）。"97 刑法"单设"贪污贿赂罪"专章。"97 刑法"基本上沿用了《补充规定》的立法内容，在贪贿犯罪量刑方面，立法上的修改表现在：

一、　提高贪污、　受贿罪量刑数额标准

根据"97 刑法"第 383 条规定，对犯贪污罪的，分别依照下列规定处罚：（1）个人贪污数额在十万元以上的，处十年以上有期徒刑或者无期徒刑，可以并处没收财产；（2）个人贪污数额在五万元以上不满十万元的，处五年以上有期徒刑，可以并处没收财产；（3）个人贪污数额在五千元以上不满五万元的，处一年以上七年以下有期徒刑。

二、　贪污罪、　受贿罪适用同一处罚标准

《补充规定》还曾对受贿情节严重的单独规定了法定刑。"97 刑法"第 386 条则规定："对犯受贿罪的，根据受贿所得数额及情节，依照本法第三百八十三条的规定处罚。索贿的从重处罚。"这样就使受贿罪的法定刑完全失去了独立性，导致除索贿的要"从重处罚"外，受贿罪与贪污罪的法定刑完全相同。

三、 增设介绍贿赂罪的特别从宽条款

《补充规定》未对"79 刑法"中的介绍贿赂罪加以修改。为了使介绍贿赂罪与行贿罪相协调,"97 刑法"第 392 条第 2 款增加规定:"介绍贿赂人在被追诉前主动交待介绍贿赂行为的,可以减轻处罚或者免除处罚。"

四、 删除关于贪贿犯罪中应当适用数罪并罚的相关规定

《补充规定》曾规定的三款关于适用数罪并罚的规定,"97 刑法"全部删除。虽然这种立法上的删除"并不是说对这种情况不适用数罪并罚的规定,而是因为刑法总则对数罪并罚已有规定,适用于任何分则规定的犯罪,没有必要在分则具体条文后再作规定"。[1] 但由于第 399 条第 3 款规定"司法工作人员贪赃枉法,有前两款行为的,同时又构成本法第三百八十五条规定之罪的,依照处罚较重的规定定罪处罚",导致贪贿犯罪中牵连犯是否适用数罪并罚在学界和实务界产生很大争议。

为了提高对贪贿犯罪的惩治力度,十一届全国人大常委会 2009 年 2 月 28 日通过的刑法修正案(七)将贪贿犯罪中的巨额财产来源不明罪的法定最高刑由 5 年提高到 10 年。第十一届全国人大常委会 2011 年 2 月 25 日通过刑法修正案(八),对法定减轻处罚及立功制度作出修改,[2] 特别是将"坦白从宽"纳入刑法,由原来的酌定从宽情节修改为法定从宽情节。[3] 这些内容的修改都对贪贿犯罪的量刑产生重大影响。

---

[1] 全国人大常委会法制工作委员会刑法室:《中华人民共和国刑法释义》,法律出版社 1997 年版,第 552 页。

[2] 2020 年最新修正的刑法第 63 条第 1 款规定:"犯罪分子具有本法规定的减轻处罚情节的,应当在法定刑以下判处刑罚;本法规定有数个量刑幅度的,应当在法定量刑幅度的下一个量刑幅度内判处刑罚。"第 68 条规定:"犯罪分子有揭发他人犯罪行为,查证属实的,或者提供重要线索,从而得以侦破其他案件等立功表现的,可以从轻或者减轻处罚;有重大立功表现的,可以减轻或者免除处罚。"

[3] 修正后的刑法第 67 条第 3 款规定:"犯罪嫌疑人虽不具有前两款规定的自首情节,但是如实供述自己罪行的,可以从轻处罚;因其如实供述自己罪行,避免特别严重后果发生的,可以减轻处罚。"

第五节 2015 年至今的贪贿犯罪量刑
规范化改革的进展

随着贪贿犯罪特点的变化及党的十八大以来我国反腐败力度的加大，原贪贿犯罪的立法规定，越来越不适应反腐败的客观需要。2014 年 10 月 23 日，党的十八届四中全会通过的《中共中央关于全面推进依法治国若干重大问题的决定》指出："加快推进反腐败国家立法，完善惩治和预防腐败体系，形成不敢腐、不能腐、不想腐的有效机制，坚决遏制和预防腐败现象。完善惩治贪污贿赂犯罪法律制度，把贿赂犯罪对象由财物扩大为财物和其他财产性利益。"第十二届全国人大常委会 2015 年 8 月 29 日通过了《中华人民共和国刑法修正案（九）》（以下简称《刑九》）。《刑九》对贪污贿赂犯罪作出了较为全面的修改和完善。[①]《刑九》颁布后，最高人民法院、最高人民检察院 2016 年 4 月 18 日制定的《关于办理贪污贿赂刑事案件适用法律若干问题的解释》（以下简称《解释》）进一步明确了贪贿犯罪量刑的标准。《刑九》对贪贿犯罪量刑的修改主要表现在以下几个方面。

一、 修改贪污、 受贿罪量刑幅度

1997 年《中华人民共和国刑法》（以下简称"97 刑法"）将贪污、受贿罪规定了 10 万元以上、5 万元以上、5000 元以上及不满 5000 元四个档次，刑期分别是 10 年以上、5 年以上、1 年以上和 2 年以下。这种量刑数额与刑罚量之比不具有科学性和合理性，即数额标准差距过小，而刑罚幅度差距过大。贪贿数额 10 万元与贪贿数额 5 万元、5000 元，数额差距小而量刑幅度悬殊。如一人受贿 5 万元，无法定减轻处罚情节，必须处 5 年以上有期徒刑。而一旦受贿 10 万元，一旦无法定减轻处罚，也必须处 10 年以上有期徒刑。但一旦贪贿数额 10 万元以上又没有数额标准了。有学者曾对受贿数额 10 万元以上不满 500 万元的 386 名被告人判处的刑罚进行统

---

① 张兆松：《论〈刑法修正案（九）〉对贪污贿赂犯罪的十大重大修改和完善》，《法治研究》2016 年第 2 期。

计发现，有 29.5% 的被告人被判处有期徒刑 10 年以上不满 11 年，有 12.7% 的被告人被判处有期徒刑 11 年以上不满 12 年，也就是说有 40% 的被告人是在有期徒刑 10—12 年量刑。受贿数额 500 万元以下的被告人，主刑量刑结果有很大一部分集中在有期徒刑 10—12 年，即受贿 10 万元与受贿 500 万元的被告人受到的处罚基本相当。① 贪贿十几万元与贪贿几十万元、几百万元甚至几千万的被告人，判处同样或相近的刑罚，严重背离罪责刑统一原则，损害刑法的公正性和司法公信力。

有鉴于此，《刑九》第 44 条第 1、第 2 款规定："将刑法第三百八十三条修改为：'对犯贪污罪的，根据情节轻重，分别依照下列规定处罚：（一）贪污数额较大或者有其他较重情节的，处三年以下有期徒刑或者拘役，并处罚金。（二）贪污数额巨大或者有其他严重情节的，处三年以上十年以下有期徒刑，并处罚金或者没收财产。（三）贪污数额特别巨大或者有其他特别严重情节的，处十年以上有期徒刑或者无期徒刑，并处罚金或者没收财产；数额特别巨大，并使国家和人民利益遭受特别重大损失的，处无期徒刑或者死刑，并处没收财产。对多次贪污未经处理的，按照累计贪污数额处罚。'"

《刑九》对贪贿犯罪的量刑幅度作了如下几个方面的修改：（1）调整量刑幅度的排序。将"97 刑法"由重到轻排列，改为由轻到重排列，使其回归一般刑法条文的排序惯例。（2）删去原来"个人贪污数额在五千元以上不满五万元的，处一年以上七年以下有期徒刑"和"个人贪污数额不满五千元，情节较重的，处二年以下有期徒刑或者拘役"的规定，使量刑幅度更加简约和具有可操作性。（3）第二档量刑幅度由原来的五年有期徒刑下调到三年有期徒刑，法定刑幅度更为合理。

二、 基本废除交叉刑和绝对确定的法定刑

1. 基本废除交叉刑。在"97 刑法"分则的所有罪名中，贪污罪和受贿罪唯一两个专门规定交叉刑的罪名。我国刑法学界对交叉刑的规定大多持肯定态度。有的认为，法定刑档次之间互有交错，给司法活动留有的余

---

① 王剑波、景景：《受贿罪量刑影响因素问题研究》，《北京师范大学学报（社会科学版）》2014 年第 6 期。

地更大，在今后的立法中，应当注意适当增加类似规定。① "衔接式规定模式对于法官而言，是对不同罪刑阶段的行为裁量完全不同刑罚的命令，法官不能逾越，重罪重刑，轻罪轻刑，且罪的轻重与刑的轻重完全由立法规定而不是由法官裁量，这样便限制了法官的自由裁量权，符合罪刑法定原则的基本要求，而交叉式规定模式在立法上存在着不同罪刑阶段的刑罚的交叉，不同罪刑阶段行为所判处的刑罚并不是非此即彼，而是亦此亦彼，即具有一定模糊性的状态，在交叉的范围内，对行为人裁量何种刑罚，属于法官自由裁量权的范围。"② "贪污罪、受贿罪特殊的交叉式法定刑规定模式，是中国刑法关于法定刑规定模式的一个特色"，并建议"在修改刑法时有计划地设置一定数量的交叉式法定刑，改变一些犯罪种类中衔接式法定刑导致不公正处理结果的问题"。③ 笔者认为，贪贿犯罪"交叉式"法定刑模式弊多利少。其弊端表现在：违背罪责刑相一致的刑法原则，导致罪责刑失衡；违背刑法平等原则，损害刑法的权威性和公正性；破坏贪污受贿罪刑罚结构的梯度性，影响刑罚的威慑力；扩张法官的自由裁量权。④ 交叉刑的存在使贪贿犯罪的法定刑幅度过大，各档次之间轻重衔接没有必要的梯度，重合现象严重，导致贪贿数额越大法定刑越轻。如贪贿5万元以上，可以判处5年以上有期徒刑甚至无期徒刑，而贪贿500万元甚至5000千万元以上，也可能判处无期徒刑，贪贿数额差距为100、1000倍，刑期却可以相同。刑罚没有幅度和递次之分，"小贪"不如"大贪"的刑罚后果，不仅有违罪责刑相适应原则，而且进一步加剧国家公职人员疯狂贪腐的犯罪心理。从司法实践看，交叉刑的不合理性已逐渐被司法人员所认识。笔者多年来关注贪贿犯罪的量刑，至今没有看到一例因贪贿5万元以上不满10万元，而被法院判处10年以上有期徒刑的。贪贿犯罪中交叉刑的运用，事实上已处于一种名存实亡的僵尸状态。我国交叉刑的立法规定最早见于《补充规定》。1997年修订刑法时，除提高贪贿犯罪数额标准外，基本上沿用了《补充规定》的相关条文。从立法过程看，贪贿犯罪交叉刑的规定，不是出于从严惩治贪贿犯罪的考虑，而是立法草案不严谨、

---

① 周光权：《法定刑研究——罪刑均衡的构建与实现》，中国方正出版社2000年版，第187—188页。

② 李洁：《罪与刑立法规定模式》，北京大学出版社2008年版，第212页。

③ 于阳：《准确理解法定刑幅度的"交叉式"》，《中国社会科学报》2014年8月20日，第A07版。

④ 张兆松：《"交叉式"法定刑不利于司法公正》，《中国社会科学报》2015年3月9日，第B02版。

审议不仔细造成的，是一种立法上的失误。①《刑九》废除贪贿犯罪的交叉刑的规定是对原立法失误的纠正。

2. 废除绝对确定的法定刑。根据刑法理论和立法规定，以法定刑的刑种、刑度是否确定以及确定的程度为标准，可以将法定刑分为绝对确定的法定刑、相对确定的法定刑和浮动法定刑。在"97 刑法"中有 7 个罪名 9 种情形规定了绝对确定的法定刑。根据刑法第 383 条、第 386 条规定，个人贪污、受贿数额在 5 万元以上不满 10 万元，情节特别严重的，处无期徒刑，并处没收财产；个人贪污、受贿数额在 10 万元以上，情节特别严重的，处死刑，并处没收财产。尽管在上述条文中，并没有对"情节特别严重"作出明确的规定，但仍属于绝对确定的法定刑范畴。如何评价我国刑法关于绝对确定的法定刑，多数学者认为，绝对确定的法定刑是法定刑配置模式中最具明确性的一种，但是由于这种法定刑的刑种刑度确定唯一，刚性太强而缺乏灵活性，不具备在特定情况下变通的可能性和选择伸缩的余地，致使法官难以做到量刑适当，不利于贯彻刑罚个别化原则。另外，绝对确定的法定刑不能完全适应罪刑相当原则的要求，不能适应犯罪复杂化的需要，不能适应刑事政策变化的需要。② 在近代刑法发展史中，绝对确定的法定刑乃出于保障人权、实行严格的罪刑法定主义的产物，但各国的刑事司法实践表明，绝对地限制法官的自由裁量权反而有悖于罪刑法定主义的人权保障机能。正因为如此，现代各国刑法已普遍采用相对确定的法定刑，而将绝对确定的法定刑予以摒弃。③《刑九》第 44 条第 1 款第 3 项规定，贪污、受贿"数额特别巨大，并使国家和人民利益遭受特别重大损失的，处无期徒刑或者死刑，并处没收财产"。同时删去"个人贪污数额在五万元以上不满十万元，……情节特别严重的，处无期徒刑，并处没收财产"的规定，即将原贪污、受贿犯罪中绝对确定法定刑改为相对确定的法定刑。

三、 修改贪贿犯罪量刑模式

即贪贿犯罪量刑标准由一元"数额"模式修改为"数额或者情节"的

---

① 张兆松：《废除贪污受贿罪交叉刑之思考》，《中国刑事法杂志》2010 年第 10 期。
② 张建军：《论我国法定刑立法的改进与完善——以明确性原则为视角》，《武汉大学学报（哲学社会科学版）》2014 年第 2 期。
③ 赵秉志：《刑法改革问题研究》，中国法制出版社 1996 年版，第 216 页。

二元模式。按照"97 刑法"的规定，对贪污、受贿罪基本上以"数额"标准定罪量刑。从实践来看，以数额定罪量刑虽然明确具体、便于司法操作，但存在诸多理论和实践困境，主要表现在：（1）这一标准是"97 刑法"确立的，多年来未作调整。由于物价指数的上涨和人民币的逐年贬值，贪贿犯罪数额标准与刑罚量的匹配已不符合罪责刑相适应原则。① （2）罪刑法定原则要求刑法的明确性，但明确性并不等于确定性。"法律明确性之要求，非仅指法律文义具体详尽之体例而言，立法者于立法制定时，仍得衡酌法律所规范生活事实之复杂性及适用于个案之妥当性，从立法上适当运用不确定法律概念或概括条款而为相应之规定。"② 刑法典中使用一些概括性用语，并不违背罪刑法定原则。一般来说，对犯罪行为社会危害性的评价是综合性的，量刑是在对犯罪行为进行综合评价的基础上作出的判断。随着我国政治、经济、社会的发展，同样的贪贿数额在不同时期对社会的危害程度存在差别。单纯的犯罪数额标准难以准确、全面地反映贪贿犯罪的社会危害性，不利于实现刑罚公正。犯罪数额相同，而其他情节不同的，社会危害性并不一样。（3）实践背离立法规定的现象比较严重。由于立法规定已严重滞后于社会现实，司法实践背离立法规定的现象就难以避免。如 2012 年，全国检察机关共立案侦查贪贿犯罪案件 26247件，其中贪贿 5 万元以上、挪用公款 10 万元以上的案件 20442 件。③ 这意味着全国检察机关侦查的大案数已占立案总数的 77.9%。在一些经济发达地方，5 万元以下的贪贿犯罪案件已大多或基本不予追究。腐败大案剧增与有限的司法资源之间的矛盾日益凸显，司法机关面临执法困境：一方面使大量 5 万元以下的小案难以被查处，而使司法机关倍受有法不依、执法不严的非议；另一方面客观上也为司法机关的"选择性执法"提供依据，使执法腐败难以避免。所以，不论是理论界还是实务界都呼吁要求尽快修

---

① 1997 年刑法确定的贪污罪入罪标准一般为 5000 元，与当年城镇居民家庭人均可支配收入 5160元大体相当。但到 2012 年城镇居民家庭人均可支配收入增长了将近 4.8 倍，相对于这一增长指数，贪污罪的入罪标准实际上呈逐年快速下滑的趋势。至 2012 年，贪污罪入罪标准的变化指数已降至 0.21，即 2012 年贪污罪的入罪标准实际上仅为 1050 元。如果要保持贪污罪入罪标准的实质上的稳定性，贪污罪入罪标准必须达到 23803 元（参见胡学相：《贪污罪数额标准的定量模式分析》，《法学》2014 年第 11 期）。

② 靳宗立：《罪刑法定原则与法律变更之适用原则》，中国台湾地区元照出版社 2005 年版，第102 页。

③ 王治国：《加大惩治和预防职务犯罪工作力度积极推进廉洁政治建设》，《检察日报》2013 年 3月 5 日，第 1 版。

改贪贿犯罪的量刑标准。

《刑九》第 44 条第 1 款规定："将刑法第 383 条修改为：'对犯贪污罪的，根据情节轻重，分别依照下列规定处罚：（一）贪污数额较大或者有其他较重情节的，处……（二）贪污数额巨大或者有其他严重情节的，处……（三）贪污数额特别巨大或者有其他特别严重情节的，处……'"这一规定使贪贿犯罪定罪量刑标准由单一的"数额"模式修改为"数额或者情节"模式。上述规定表明：（1）贪贿数额仍然是贪贿犯罪定罪量刑的重要标准。从立法规定看，《刑九》并没有否定数额在贪贿犯罪标准中的重要作用。立法机关仍然强调，贪贿犯罪达到数额较大、数额巨大、数额特别巨大标准的，应当依照不同的量刑标准定罪处罚，而不是说达到了数额标准，同时还要具备其他"较重""严重""特别严重"的情节。数额和情节是选择关系，而不是并列关系。（2）数额不再是贪贿犯罪定罪量刑的唯一标准。《刑九》提升和肯定了数额以外的其他情节在贪贿犯罪定罪量刑标准中的地位。贪贿数额虽然达不到较大、巨大、特别巨大标准，但具有其他较重、严重、特别严重情节的，仍应当以贪污罪、受贿罪定罪处罚。（3）贪贿犯罪数额或者情节标准，不再由立法机关明确规定，而是由最高司法机关根据社会经济发展和司法实践的客观需要作出解释或调整。这既便于保持刑法的稳定性和立法的严肃性，也符合司法规律和实践需要。

四、 进一步扩大贪贿犯罪特别从宽制度的适用范围

"97 刑法"第 383 条第 3 项规定："个人贪污数额在五千元以上不满一万元，犯罪后有悔改表现、积极退赃的，可以减轻处罚或者免予刑事处罚。"我国的量刑情节分为法定情节和酌定情节。我国刑法总则中所规定的从轻、减轻、免除处罚等法定量刑情节，是适用于所有犯罪的，在所有法定从宽情节中并没有"有悔改表现，积极退赃"规定。司法实践中，"悔改表现，积极退赃"，只是犯罪后的态度，属于酌定量刑情节，酌定量刑情节只能从轻处罚，而不能减轻或者免除处罚。上述规定则属于酌定情节法定化。

《刑九》第 44 条第 3 款将上述规定进一步修改为："犯第一款罪，在提起公诉前如实供述自己罪行、真诚悔罪、积极退赃，避免、减少损害结

果的发生，有第一项规定情形的，可以从轻、减轻或者免除处罚；有第二项、第三项规定情形的，可以从轻处罚。"参与立法的同志曾认为，这一规定"对贪污受贿罪从宽处罚的条件作了更为严格的限制"。[①] 如果仅从适用条件看，确实是比原来规定更严格了。原来只规定"犯罪后有悔改表现、积极退赃的"，可以减轻处罚或者免予刑事处罚，而现在则规定必须同时具备以下三个条件：（1）在提起公诉前如实供述自己罪行。（2）真诚悔罪、积极退赃。（3）避免、减少损害结果的发生。同时还规定，"有第一项规定情形的，可以从轻、减轻或者免除处罚"，而不是"可以减轻处罚或者免予刑事处罚"。但笔者认为，上述修改与原来规定相比进一步扩大了特别从宽条款的适用范围。（1）扩大了"从轻、减轻或者免除处罚"适用范围。原来只规定"个人贪污数额在5千元以上不满1万元，犯罪后有悔改表现、积极退赃的，可以减轻处罚或者免予刑事处罚"，现在则扩大到第383条第1款第1项"贪污数额较大或者有其他较重情节的"所有情形，明显扩大了"可以减轻处罚或者免予刑事处罚"的适用范围。（2）增设了普遍适用"从轻处罚"的规定。即贪贿"数额较大或者有其他较重情节的"，"数额巨大或者有其他严重情节的"，"数额特别巨大或者有其他特别严重情节的"以及"数额特别巨大，并使国家和人民利益遭受特别重大损失的"，只要"在提起公诉前如实供述自己罪行、真诚悔罪、积极退赃，避免、减少损害结果的发生"都可以得到从轻处罚。

五、 加大对行贿犯罪的惩治力度

在惩治贿赂犯罪问题上，我国长期存在着"重受贿轻行贿"现象。为此，"两高"曾于1999年3月4日联合颁布《关于在办理受贿犯罪大要案的同时要严肃查处严重行贿犯罪分子的通知》，最高检还分别于2000年12月21日、2010年5月7日下发《关于进一步加大对严重行贿犯罪打击力度的通知》《关于进一步加大查办严重行贿犯罪力度的通知》。这些司法文件的颁布为查办行贿犯罪案件发挥了一定的作用。如全国检察机关"2008至

---

① 全国人大常委会法制工作委员会刑法室编著：《〈中华人民共和国刑法修正案（九）释解与适用〉》，人民法院出版社2015年版，第217页。

2012 年查处的受贿、行贿犯罪人数比前五年分别上升 19.5% 和 60.4%"。①但行贿犯罪总量仍然偏低。最高人民法院苗有水法官指出："最近几年，行贿犯罪案件收案数仅为受贿犯罪案件的 24%，行贿犯罪案件的生效判决人数仅为受贿犯罪案件的 26%。"② 如广东茂名市委原书记罗荫国系列腐败案，涉案 303 名干部，其中涉及省管干部 24 人、县处级干部 218 人，整个官场几乎瘫痪，但立案查处的仅 61 人，移送司法机关仅 20 人。③ 在向罗荫国行贿的 44 名官员中，只有 3 人进入司法程序，而这 3 人之所以被刑事追究，仍是因为他们还有收受巨额贿赂的问题。此种状况，导致行贿人一再行贿，结果是社会公众普遍不满。④

对行贿犯罪之所以打击不力的重要原因之一是：行贿犯罪特别自首制度为放纵行贿犯罪提供了立法依据。"97 刑法"第 390 条第 2 款规定："行贿人在被追诉前主动交待行贿行为的，可以减轻处罚或者免除处罚。"立法上的"免除处罚"规定把一大批行贿犯罪给赦免了。受贿人因贪入狱，而行贿者平安无事。行贿行为直接损害了国家公职人员的廉洁性，而且又获取了腐败收益中的大部分，给国家带来重大损失。据统计，国企高管腐败 100 万元，平均要输送 1 亿元的交易额，背后存在的安全、环保、质量问题，给社会、国家带来难以估量的损失。⑤ 行贿的"无罪化"和"轻刑化"，更危害了法治尊严和社会公平，引发社会舆论的广泛批评。

如何看待行贿罪的特别自首制度，理论界存在很大争议。大多数学者认为，应当取消行贿犯罪的特别自首制度，对其适用刑法总则中的一般性自首、立功规定。⑥ 但也有学者认为，通过刑法修正案加大处罚行贿行为力度的做法是坚持"立法因果论"的结果，由于这样的立法没有把提高处罚贿赂犯罪的概率作为重要的刑事政策目标，因此其不仅不能发挥刑法威慑贿赂犯罪的一般预防功能，而且会在客观上促使行贿人与受贿人之间订

---

① 曹建明：《最高人民检察院关于反贪贿工作情况的报告》，《检察日报》2013 年 10 月 25 日，第 2 版。
② 苗有水：《为什么提倡"惩办行贿与惩办受贿并重"》，《人民法院报》2015 年 5 月 8 日，第 6 版。
③ 赵杨：《省纪委通报近两年查处的一批典型案件，罗荫国系列腐败案涉案 303 名干部》，《南方日报》2012 年 4 月 14 日，第 A02 版。
④ 李少平：《行贿犯罪执法困局及其对策》，《中国法学》2015 年第 1 期。
⑤ 杨烨：《国家正酝酿出台防止国有资产流失政策，国企改革将设政策"红线"》，《经济参考报》2014 年 11 月 13 日，第 1—2 版。
⑥ 屈学武：《行贿与受贿应同罪同罚》，《检察日报》2013 年 10 月 22 日，第 3 版；刘仁文、黄云波：《行贿犯罪的刑法规制与完善》，《政法论丛》2014 年第 5 期；等等。

立"攻守同盟",从而增加查处贿赂犯罪案件的难度,降低处罚贿赂犯罪的几率,并建议"将行贿行为非罪化,这是在实现国家治理能力现代化的背景下进行惩治贿赂犯罪立法的最优选择,也是将来我国制定统一的反腐败立法时必须认真思考的问题"。① 上述观点都各有一定的依据,如何加大惩处行贿犯罪以回应公众质疑,同时又在打击犯罪和保障侦查工作顺利进行之间保持适当的平衡,给立法机关带来选择上的难题。经权衡利弊得失,《刑九》第 45 条将刑法第 390 条第 2 款修改为:"行贿人在被追诉前主动交待行贿行为的,可以从轻或者减轻处罚。其中,犯罪较轻的,对侦破重大案件起关键作用的,或者有重大立功表现的,可以减轻或者免除处罚。"上述规定严格了行贿犯罪从宽处罚的条件。(1)原来规定是被追诉前主动交待的都可以减轻和免除处罚,现在则规定一般只能从轻和减轻处罚,而不能免除处罚。(2)对免除处罚规定了更为严格的条件,即"犯罪较轻的,对侦破重大案件起关键作用的,或者有重大立功表现的",才可以免除处罚。这一立法规定,既考虑了民众要求加大对行贿罪处罚力度的要求,又兼顾了检察机关侦查贿赂犯罪的客观需要。

六、 加大对贪贿犯罪财产刑的处罚力度

"97 刑法"对盗窃、抢劫等财产型犯罪普遍规定并处或单处罚金刑,但对贪贿犯罪规定财产刑的比较少。第 8 章对贪贿犯罪只规定了 3 处可以适用罚金(单位受贿罪 1 处和单位行贿罪 2 处),而且只能对单位适用,不能适用于单位犯罪中的主管人员和其他直接责任人员。贪贿犯罪属于贪利性犯罪,对其更多地适用财产刑有利于实现刑罚目的,提高刑罚效益。为了加大对贪贿犯罪的财产刑处罚力度,《刑九》增设十三处罚金刑,其中,(1)增设六处贪污罪、受贿罪的罚金刑。根据《刑九》第 44 条规定,犯贪污罪、受贿罪,数额较大或者有其他较重情节的,处三年以下有期徒刑或者拘役,并处罚金;数额巨大或者有其他严重情节的,处三年以上十年以下有期徒刑,并处罚金或者没收财产;数额特别巨大或者有其他特别严重情节的,处十年以上有期徒刑或者无期徒刑,并处罚金或者没收财产。(2)增设 3 处行贿罪的罚金刑。《刑九》第 45 条第 1 款规定:"将刑法

① 姜涛:《废除行贿罪之思考》,《法商研究》2015 年第 3 期。

第三百九十条修改为：'对犯行贿罪的，处五年以下有期徒刑或者拘役，并处罚金；因行贿谋取不正当利益，情节严重的，或者使国家利益遭受重大损失的，处五年以上十年以下有期徒刑，并处罚金；情节特别严重的，或者使国家利益遭受特别重大损失的，处 10 年以上有期徒刑或者无期徒刑，并处罚金或者没收财产。"（3）增加 1 处对单位行贿罪的罚金刑。《刑九》第 47 条规定："将刑法第三百九十一条第一款修改为：'为谋取不正当利益，给予国家机关、国有公司、企业、事业单位、人民团体以财物的，或者在经济往来中，违反国家规定，给予各种名义的回扣、手续费的，处三年以下有期徒刑或者拘役，并处罚金。'"（4）增设 1 处介绍贿赂罪的罚金刑。《刑九》第 48 条规定："将刑法第三百九十二条第一款修改为：'向国家工作人员介绍贿赂，情节严重的，处三年以下有期徒刑或者拘役，并处罚金。'"（6）增设 1 处单位行贿罪的罚金刑。《刑九》第 49 条规定："将刑法第 393 条修改为：'单位为谋取不正当利益而行贿，或者违反国家规定，给予国家工作人员以回扣、手续费，情节严重的，对单位判处罚金，并对其直接负责的主管人员和其他直接责任人员，处五年以下有期徒刑或者拘役，并处罚金。'"总之，作了如上修改后，对所有贪贿犯罪都可以适用罚金或没收财产，从而使财产刑在贪贿犯罪中得到普遍的适用。

七、 对贪贿犯罪增设死缓期满后适用终身监禁

《刑九》第 44 条第 4 款规定："犯第一款罪，有第三项规定情形被判处死刑缓期执行的，人民法院根据犯罪情节等情况可以同时决定在其死刑缓期执行二年期满依法减为无期徒刑后，终身监禁，不得减刑、假释。""终身监禁"首次入刑，意味着因贪贿犯罪被判处死刑缓期执行的人员，有可能不再有减刑、假释的机会，而面临"牢底坐穿"的严厉惩罚，这是我国刑法史上的一大重大突破。根据 2014 年 1 月 21 日中共中央政法委印发的《关于严格规范减刑、假释、暂予监外执行切实防止司法腐败的意见》的规定，贪贿分子判处死缓，减刑后最少要服刑 22 年。《刑九》新增的"终身监禁"则进一步加大对贪贿腐败分子的惩罚力度。今后特大贪贿犯罪判处死缓的罪犯，可以分为两类：一类是"普通死缓"，死刑缓期执行 2 年期满后，可以减刑假释；另一类则是"特别死缓"，死刑缓期执行 2 年期满后不得减轻假释，终身监禁。这表明因贪贿犯罪被判处死刑缓期执

行的腐败分子，虽然有可能"免死"，但由于没有减刑、假释的机会，可能面临"牢底坐穿"的惩罚。

《刑九》对贪贿犯罪规定"终身监禁"措施后，引起了社会各界极大关注。民众普遍认为，部分被判处死缓的贪腐官员，虽然有可能"免死"，从死缓减为无期徒刑，但没有减刑、假释的机会，会终身服刑，有助于解决"怎样让大贪官罪刑相适应"等问题。但在学术界对"终身监禁"则有较多的非议。笔者认为，"终身监禁"的设置，至少具有两项重大的立法和司法意义。首先，为贪贿犯罪的最终废除死刑提供了过渡性措施。"尽管我国在现阶段保留对贪污、受贿罪的死刑有其必要性和合理性，但从长远来看，最终还是应当废止贪污罪、受贿罪的死刑。"① 这是我国学术界对贪贿犯罪死刑适用的基本看法。《中华人民共和国刑法修正案（九）（草案）》审议期间，相关的民意调查表明，70%以上的民众反对取消"贪腐死刑"。② 从保留死刑到彻底废除死刑需要一个过渡阶段和过渡措施，以便广大民众转变死刑观念，为立法机关最终废除死刑创造条件。全国人大法律委员会指出："有的常委委员和有关部门建议，对重特大贪污受贿犯罪规定终身监禁。法律委员会经同中央政法委等有关部门研究认为，对贪污受贿特别巨大、情节特别严重的犯罪分子，特别是其中应当判处死刑的，根据慎用死刑的刑事政策，结合案件的具体情况，对其判处死刑缓期 2 年执行依法减为无期徒刑后，采取终身监禁的措施，有利于体现罪行相适应的刑法原则，维护司法公正。"③ 所以，终身监禁"从这个意义上说，也可以说是对死刑的一种替代性措施"。④ 这就意味着，今后对贪贿犯罪判处死刑立即执行的将越来越少或几乎没有，而由"终身监禁"替代。其次，为杜绝"前门进，后门出"提供了立法依据。因腐败犯罪被判刑的罪犯的减刑、假释率明显高于普通罪犯。中国在押犯每年有 20%至 30%获得减刑，而官员获减刑的比例则达到 70%，远远高出平均值。⑤ "贪污受贿这类犯

---

① 赵秉志、彭新林：《我国当前惩治高官腐败犯罪的法理思考》，《东方法学》2012 年第 2 期。

② 向楠：《民调：73.2%受访者主张对贪污贿赂罪保留死刑》，《中国青年报》2014 年 11 月 4 日，第 7 版。

③ 2015 年 8 月 24 日全国人民代表大会法律委员会关于《中华人民共和国刑法修正案（九）（草案）》审议结果的报告。

④ 全国人大常委会法制工作委员会刑法室编著：《〈中华人民共和国刑法修正案（九）释解与适用〉》，人民法院出版社 2015 年版，第 221 页。

⑤ 舒炜：《贪官服刑那些事》，《廉政瞭望》2012 年第 6 期。

罪，有的犯罪分子利用过去拥有的权力、影响、金钱和社会关系网，通过减刑、保外就医等途径，实际在狱内服刑期较短，严重妨碍了司法公正，社会反映强烈，在一定程度上影响了惩治这类犯罪的法律效果和社会效果。"① 所以，"终身监禁"有利于"防止在司法实践中出现这类罪犯通过减刑等途径服刑期过短的情形，符合宽严相济的刑事政策"。②

与此同时，最高司法机关不断推进量刑规范化改革。2017 年，最高法实施修订后的《关于常见犯罪的量刑指导意见》，并在全国进行第二批试点法院对危险驾驶等 8 个罪名进行量刑规范改革试点。但这些改革内容中都不含有贪贿犯罪。

---

① 全国人大常委会法制工作委员会刑法室编著：《〈中华人民共和国刑法修正案（九）释解与适用〉》，人民法院出版社 2015 年版，第 217—218 页。
② 2015 年 8 月 24 日《全国人民代表大会法律委员会关于〈中华人民共和国刑法修正案（九）（草案）〉审议结果的报告》。

第三章 贪贿犯罪量刑规范化的
进步及其不足

第一节 贪贿犯罪量刑规范化之进步

一、 贪贿犯罪量刑规范化之实体法进步

（一） 量刑规范化改革及其进展

长期以来，我国刑事司法中存在"重定罪轻量刑"现象。在量刑领域，"我国刑法规定的量刑幅度较宽，司法层面又缺乏一个完善的量刑规则，多年来一直采取'估算式'量刑，导致有的案件量刑不均衡，影响了司法公信力"。[1] 量刑不均衡现象在任何国家都存在，但在当下中国似乎尤为突出。实践中，量刑不均衡主要有三个方面的表现："同案不同判"；特定类型案件的量刑普遍畸重或畸轻，导致社会影响不好；量刑不均衡现象存在较为明显的地区差异。[2] 2005 年，《人民法院第二个五年改革纲要（2004—2008）》把"制定量刑指导意见，健全和完善相对独立的量刑程序"确定为重大改革内容。

2009 年 3 月，《人民法院第三个五年改革纲要（2009—2013）》进一步强调"规范裁量权，将量刑纳入法庭审理程序"。同年 4 月，最高人民法

---

[1]　张向东：《推动量刑规范化改革的发展和完善——规范量刑理论与实践研讨会观点摘发》，《人民法院报》2015 年 1 月 28 日，第 6 版。

[2]　左卫民：《中国量刑程序改革：误区与正道》，《法学研究》2010 年第 4 期。

院修订的《人民法院量刑指导意见（试行)》《人民法院量刑程序指导意见（试行)》报经中央批准后于 2009 年 6 月 1 日起在全国范围内对交通肇事、故意伤害、抢劫、盗窃等 15 个常见罪名开展全面试点。"量刑规范化改革的任务就是在现行刑罚制度比较粗放、法定刑幅度较大的情况下，如何让法官的量刑越来越公正和精细，以实现司法的公平正义。"① 2010 年 7 月，中央政法委召开第十四次全体会议暨司法体制改革第六次专题报告会，讨论并原则通过《人民法院量刑指导意见（试行)》和《人民法院量刑程序指导意见（试行)》两个文件，并同意从 2010 年 10 月 1 日起在全国范围内予以全面试行。

最高人民法院在全面总结试行经验的基础上，又继续对《人民法院量刑指导意见（试行)》作了重要修改和完善，出台了《关于常见犯罪的量刑指导意见》（以下简称《量刑指导意见》)。修订后的《量刑指导意见》在量刑方法上进行了重要调整，确立了强调定性分析基础性、根本性地位的"以定性分析为基础，结合定量分析"的量刑方法，并调整了常见量刑情节的适用方法和常见犯罪的量刑起点幅度、增加刑罚量的根据。②

时隔 3 年，2017 年 4 月，最高法在全面总结评估的基础上，又对《关于常见犯罪的量刑指导意见》作了修改，进一步完善量刑方法，规范故意伤害、抢劫、盗窃、毒品犯罪等 15 个罪名的量刑。同时，进一步扩大量刑规范化范围，研究制定了《关于常见犯罪的量刑指导意见（二）（试行)》，将危险驾驶、非法集资、信用卡诈骗等 8 个罪名纳入规范范围。"这样适用量刑规范化的罪名将已达到 23 个，涵盖的案件数量占全国基层法院刑事案件的 90% 左右"。③

尽管 23 个量刑规范化改革罪名中没有将贪贿犯罪纳入其中，但这些改革精神对贪贿犯罪量刑规范化仍产生积极影响。

（二）贪贿犯罪主刑的进步： 量刑结构趋于合理化

在中央司法机关积极推动量刑规范化改革之时，贪贿犯罪量刑问题也

---

① 郑金雄：《熊选国在全国法院刑事审判工作座谈会上强调要积极稳妥推进量刑规范化》，《人民法院报》2009 年 5 月 9 日，第 1 版。

② 石经海、严海杰：《中国量刑规范化之十年检讨与展望》，《法律科学（西北政法大学学报)》2015 年第 4 期。

③ 刘子阳：《最高法扩大量刑规范化罪名和刑种试点，适用量刑规范化罪名增至 23 种》，《法制日报》2017 年 5 月 26 日，第 3 版。

得到立法机关的重视。《刑九》的颁布和《解释》的出台即是这一阶段最重要的成果。

《刑九》之前，贪贿犯罪量刑呈现以下特点：

第一，"两头大、中间少"。即轻刑率高，重刑率高。"从2001年到2005年，职务犯罪免予刑事处罚、适用缓刑的比例从51.38%升至66.48%。其中，2003年至2005年职务犯罪年均缓刑率为51.5%，而同期普通刑事案件的年均缓刑率只有19.4%。"[1] 2009年5月至2010年1月，最高检组织开展的全国检察机关刑事审判法律监督专项检查活动发现，"2005年至2009年6月，全国被判决有罪的职务犯罪被告人中，判处免刑和缓刑的共占69.7%"。[2] 但我们同时也应看到，贪贿犯罪量刑也存在重刑化的倾向。2007年以来的6年间，人民法院对贪污贿赂判处5年有期徒刑以上刑罚的重刑率不断提高，分别为17.58%、17.90%、20.82%、21.20%、21.78%和22.91%，呈逐年上升趋势，重刑率远远超过普通刑事案件。[3] 实务部门的同志曾作过实证研究发现：刑期10年以上受贿数额10万以上的案件，占绝大多数，约85%，而一般受贿案件中，5年以上10年以下刑罚案件为0，出现断层。[4]

第二，"量刑扎堆"现象突出。有学者研究发现：在贪贿犯罪中，"有期徒刑就低压线判罚较多。进入5年以上不满10年这个法定刑幅度，压着5年线判罚的案件比率平均为33.3%。进入10年以上有期徒刑这个法定刑幅度内，压着10年线判罚的案件比率平均为48.15%"。此外，"在统计的199件贪污案件中，判处10年以上有期徒刑的占比26.13%，最小数额为10万元，最大数额为1241.76万元。在统计的479件受贿案件中，判处5年以上不满10年的占比27%，最小数额为4万元，最大数额为558.40万元。判处10年以上有期徒刑的占比24.63%，最小数额为10万元，最大数额为1800万元。按照《刑九》之前的刑法规定，判处5年以上10年以下有期徒刑，犯罪数额在5万元到10万元之间。判处10年以上有期徒刑，

① 王治国：《职务犯罪轻刑化倾向必须引起重视》，《检察日报》2006年7月25日，第5版。
② 徐日丹：《最高检规定解决职务犯罪适用缓刑偏多问题》，《检察日报》2010年11月19日，第1版。
③ 袁春湘：《近十年全国贪污贿赂犯罪案件量刑情况分析》，《中国审判》2015年第6期。
④ 吴声：《受贿罪基准刑探析——基于300份受贿罪裁判文书的研析》，载龚稼立主编：《以审判为中心的诉讼制度改革问题研究》，法律出版社2016年版，第505页。

犯罪数额在 10 万元以上即可。特别是后者，10 年到 15 年有期徒刑，贪污罪实际容纳了 10 万元到 1241 万元的数额，受贿罪实际容纳了 10 万元到 1800 万元以内的数额。导致大量案件集中在这个区间，立法上设定的刑罚幅度只有 5 年"。①

上述特点，显然不符合"重罪重罚、轻罪轻罚、罚当其罪"的量刑原则。《刑九》之后，贪贿犯罪量刑特点发生了重大变化，贪贿犯罪量刑分布呈"陀螺"状，即"中间粗两头细"的特点。主要表现在：

1. "轻刑化"现象有所缓解。由于《解释》大幅度提高贪贿犯罪数额标准，原本较为突出的"轻刑化"比例从数量上看有所下降。根据对 1400 份贪污案件的分析，在是否予以缓刑方面，全国范围内大多数判决都判以即时执行的方式，仅有 40% 左右的判决决定予以缓刑。② 根据对 222 份受贿案件判决书统计：判处缓刑的有 48 例，占样本总数 21.62%；判处实刑的，共有 160 例，占样本总数 72.07%，缓刑比例有较大幅度的下降。③ 而根据对 191 个行贿案的样本分析，适用免刑 17 件，适用缓刑 92 件，两者合计占 57.1%，这表明《刑九》实施之后，特别是 2018 年以来，行贿罪的免刑、缓刑的比例有所下降。④

2. "重刑化"现象得到克服。根据 1400 份贪污案件的分析，《解释》颁布之后，判处 5 年以上有期徒刑的案例数量有所减少，全国量刑结果最为普遍的是判处 0 年以上 5 年以下的有期徒刑。⑤ 根据党的十八大后被查处的 100 例贪贿高官刑期分析，《刑九》《解释》实施之后，在贪贿犯罪定罪量刑数额标准大幅度上升的情况下，贪贿高官刑罚适用的力度则大幅度下降，至今已无一例高官因贪贿犯罪判处死刑立即执行，判处无期徒刑以上刑罚的比例已降至 26%。⑥

---

① 陈磊：《贪污受贿犯罪量刑均衡问题实证研究》，《政法论坛》2020 年第 1 期。

② 张清芳、王瑞剑：《贪污罪自由刑量刑的地区差异实证研究——以全国 1400 份判决书为样本的分析》，《时代法学》2019 年第 1 期。

③ 常磊：《受贿犯罪量刑平衡实证研究——基于 2019~2020 年刑事生效判决文本的分析》，浙江工业大学 2017 级法律硕士论文。

④ 张兆松、赵越：《行贿罪量刑规范化研究》，载《北大法宝文粹》，北京大学出版社 2021 年版，第 12 页。

⑤ 张清芳、王瑞剑：《贪污罪自由刑量刑的地区差异实证研究——以全国 1400 份判决书为样本的分析》，《时代法学》2019 年第 1 期。

⑥ 张兆松：《贪贿高官量刑规范化研究——基于 2013—2017 年省部级以上高官刑事判决的分析》，《法治研究》2019 年第 2 期。

上述变化表明原来存在的"轻刑率高、重刑率高"和"量刑扎堆"的不合理现象得到了一定程度的克服，量刑结构趋于合理化。

3. 财产刑的进步：罚金刑的适用得到重视

《刑九》颁布之前，刑法第8章对贪贿犯罪只规定了3处单位贿赂犯罪可以适用罚金刑。此后虽多次修改刑法，但增设财产刑的问题一直没有得到重视和解决，财产刑的缺失成为惩治贪贿犯罪的短板。《刑九》顺应世界应对贪贿犯罪的潮流，增设了13处罚金刑。2016年以后，罚金刑的适用比例大幅度上升。笔者以2015—2018年为时间节点随机选取的200个贪贿案件财产刑的适用情况，发现除1例因适用从旧兼从轻原则免除罚金和10例因罪行较轻免除处罚的案件外，其余都被并处罚金刑。即便是在实证分析的191个行贿罪样本案例中，除33个案件（其中17个是免刑）量刑时没有选择罚金刑外，其他158个案件都选择适用了罚金刑，罚金数额均值为18.05万元。[1] 2013至2015年，在26名被判刑的高官中有25人适用了没收财产，而2016至2017年，在74名被判刑的高官中，有37人适用了罚金，39人适用了没收财产。[2]

4. 个案之间的量刑不平衡的现象有所改观

按原立法规定贪污、受贿10万元以上，处10年以上有期徒刑或者无期徒刑，可以并处没收财产；情节特别严重的，处死刑，并处没收财产。这样贪贿数额在10万元以上的量刑标准是有期徒刑、无期徒刑、死刑缓期2年执行三档，三档刑罚之间的数额标准已非常模糊，导致受贿10万元与受贿百万元甚至千万元刑罚差距不大。《解释》将数额标准分别提高到3万元、20万元和300万元后，原来那种贪贿数额悬殊而刑罚差距小的现象得到一定的纠正。

二、 贪贿犯罪量刑规范化之程序法进步

近年来，我国不断推进量刑规范化改革，虽然主要是通过规范实体法及出台量刑指导意见来解决这一问题的，但仍然注意到了程序法对于规制

---

[1] 虽然《刑九》规定行贿罪要"并处罚金"，但由于行贿罪中同时规定了免除处罚情节，对行贿案件没有判处罚金并不违法。

[2] 张兆松：《贪贿高官量刑规范化研究——基于2013—2017年省部级以上高官刑事判决的分析》，《法治研究》2019年第2期。

量刑问题的作用。最高法《人民法院第二个五年改革纲要（2004—2008）》提出"健全和完善相对独立的量刑程序"，从而引发学界关于建立独立量刑程序及量刑程序改革的热烈讨论。党的十七大报告提出"深化司法体制改革，优化司法职权配置，规范司法行为，建设公正高效权威的社会主义司法制度，保证审判机关、检察机关依法独立公正地行使审判权、检察权"。在这一背景下，2008 年底，中央政法委会同中央和国家机关的 17 个部门和有关地方，在进行深入调研论证，集中方方面面的意见和智慧的基础上，提出《关于深化司法体制和工作机制改革若干问题的意见》。[①] 其中就包括将量刑纳入法庭审理程序"确定为中央重大司法改革项目，由最高法等五部委共同完成。最高法《人民法院第三个五年改革纲要（2009—2013）》进一步强调"规范自由裁量权，将量刑纳入法庭审理程序"。

（一） 量刑规范化之程序改革的启动

自 2009 年 6 月 1 日起，最高法在全国法院开展量刑规范化试点工作，对《人民法院量刑指导意见（试行）》和《人民法院量刑程序指导意见（试行）》两个文件进行试点。在全国各地的探索中，量刑程序的设置主要有三种模式：定罪程序和量刑程序交叉、定罪与量刑相对独立、定罪程序和量刑程序完全独立。[②] 最高法院法官戴长林曾透露："目前全国已有 120 个法院试点量刑辩论。……从试点的情况来看，量刑的公开化和透明化，有效地制约了'人情案、关系案和金钱案'，裁判说理性有所加强，避免了暗箱操作和人为因素的干扰。"[③] 在试点基础上，"两院三部"分别于 2010 年 9 月 13 日、2010 年 11 月 6 日联合出台《关于规范量刑程序若干问题的意见（试行）》《关于加强协调配合积极推进量刑规范化改革的通知》。2010 年 2 月，最高检制定《人民检察院开展量刑建议工作的指导意见（试行）》，开始在全国各级检察机关试行量刑建议。上述文件的颁布标志着量刑程序正式拉开序幕。

《关于规范量刑程序若干问题的意见（试行）》（以下简称《量刑程序意见（试行）》）对量刑程序作出了重大改革，主要表现在：（1）明确了

---

① 王其江：《新一轮司法体制改革指向》，《瞭望》2009 年第 1 期。
② 陈虹伟、王峰：《中国量刑程序改革走到关键时刻》，《法制日报》2009 年 10 月 16 日，第 1 版。
③ 赵凌、王存福：《法官量刑"独断"将被打破》，《南方周末》2009 年 7 月 8 日，第 5 版。

量刑建议权，控辩双方均可向法庭提出量刑建议。《量刑程序意见（试行）》第 3 条第 1 款规定："对于公诉案件，人民检察院可以提出量刑建议。量刑建议一般应当具有一定的幅度。"第 4 条规定："在诉讼过程中，当事人和辩护人、诉讼代理人可以提出量刑意见，并说明理由。"（2）确立相对独立的量刑程序。在法庭调查阶段，可以相对集中地对量刑事实及其相关证据进行调查和举证、质证；在辩论阶段，可以专门针对量刑问题展开辩论，充分发表意见。《量刑程序意见（试行）》第 9 条规定："对于被告人不认罪或者辩护人做无罪辩护的案件，在法庭调查阶段，应当查明有关的量刑事实。在法庭辩论阶段，审判人员引导控辩双方先辩论定罪问题。在定罪辩论结束后，审判人员告知控辩双方可以围绕量刑问题进行辩论，发表量刑建议或意见，并说明理由和依据。"（3）明确量刑说理要求。裁判文书应当归纳控辩双方的量刑意见和建议，查明量刑事实和情节，评判控辩双方的量刑意见，说明法院的量刑理由。第 16 条规定："人民法院的刑事裁判文书中应当说明量刑理由。量刑理由主要包括：（一）已经查明的量刑事实及其对量刑的作用；（二）是否采纳公诉人、当事人和辩护人、诉讼代理人发表的量刑建议、意见的理由；（三）人民法院量刑的理由和法律依据。"《量刑程序意见（试行）》颁布和实施具有里程碑意义，它我国是改革开放 30 年多年来首次对量刑程序问题作出规定。

（二）2012 年刑事诉讼法对量刑程序的肯定

《量刑程序意见（试行）》实施后，我国刑事诉讼法即进入第二次大修。2012 年 3 月 14 日，十一届全国人大五次会议通过《关于修改〈中华人民共和国刑事诉讼法〉的决定》，自 2013 年 1 月 1 日起实施。由于"现行刑事诉讼法只规定在法庭辩论阶段控辩双方可以就定罪、量刑发表意见，不能有效解决当前量刑程序不能相对独立、重定罪轻量刑甚至法庭审理基本不涉及量刑的问题"，将量刑程序在法律中体现。[①] 修正后的刑事诉讼法第 193 条第 1 款规定："法庭审理过程中，对与定罪、量刑有关的事实、证据都应当进行调查、辩论。"嗣后，两高颁布的司法解释都对量刑程序相关问题作出规定。如最高法《关于适用〈中华人民共和国刑事诉讼法〉的解释》第 225 条第 1 款规定："法庭审理过程中，对与量刑有关的

---

① 黄太云：《刑事诉讼法修改释义》，《人民检察》2012 年第 8 期。

事实、证据，应当进行调查。"第 227 条规定："对被告人认罪的案件，在确认被告人了解起诉书指控的犯罪事实和罪名，自愿认罪且知悉认罪的法律后果后，法庭调查可以主要围绕量刑和其他有争议的问题进行。对被告人不认罪或者辩护人作无罪辩护的案件，法庭调查应当在查明定罪事实的基础上，查明有关量刑事实。"

（三） 2018 年刑事诉讼法对量刑程序的新发展

2014 年 10 月 23 日，党的十八届四中全会通过的《中共中央关于全面推进依法治国若干重大问题的决定》首次提出"完善刑事诉讼中认罪认罚从宽制度"的设想。2016 年 9 月 3 日，在第十二届全国人民代表大会常务委员会第二十二次会议上通过了《关于授权最高人民法院、最高人民检察院在部分地区开展刑事案件认罪认罚从宽制度试点工作的决定》。2016 年 11 月 16 日，"两高三部"联合出台的《关于在部分地区开展刑事案件认罪认罚从宽制度试点工作的办法》中明确，将被追诉人同意量刑建议作为对其认罪认罚从宽处罚的必要条件，体现量刑建议在认罪认罚从宽制度运行中的约束力。试点工作结束后，2018 年 10 月 26 日，第十三届全国人民代表大会常务委员会第六次会议通过《关于修改〈中华人民共和国刑事诉讼法〉的决定》将这一改革举措转化为法律制度。修改后的刑事诉讼法第 176 条首次将量刑建议写入基本法，明确了提出量刑建议是适用认罪认罚从宽制度的重要组成部分，并对量刑建议的内容及程序作出了相应的规定。

2019 年 10 月 24 日，"两院三部"联合颁布的《关于适用认罪认罚从宽制度的指导意见》，对认罪认罚从宽应当坚持的基本原则、适用范围和适用条件等进行了详细规范。2019 年 12 月 30 日，最高检颁布的《人民检察院刑事诉讼规则》（以下简称《检察规则》）又对检察机关量刑建议权作出了更加具体的规定。

（四） 《关于规范量刑程序若干问题的意见》 颁布实施

自 2010 年"两院三部"实施《关于规范量刑程序若干问题的意见（试行）》以来，量刑程序改革对于规范量刑程序，促进量刑公开、公正，提高司法公信力发挥了积极作用，相关的量刑程序改革成果在 2012 年和 2018 年修正的刑事诉讼法中得到了一定的体现。

为了进一步巩固量刑程序改革成果，进一步规范和完善量刑程序，2020 年 11 月 5 日，最高人民法院、最高人民检察院、公安部、国家安全部、司法部颁布《关于规范量刑程序若干问题的意见》（以下简称《量刑程序意见》）。《量刑程序意见》共 28 条，其主要内容包括：一是进一步明确庭审量刑程序的相对独立性。二是进一步规范量刑建议。三是进一步明确量刑事实的调查取证以及量刑事实的调查核实。四是进一步明确被告人、被害人诉讼权利的保障。五是进一步强化量刑说理等。①

　　虽然上述量刑程序改革不是专门针对贪贿犯罪的，但这些量刑程序改革的内容都对贪贿犯罪量刑规范化起到了积极推动作用。

第二节　贪贿犯罪量刑规范化之不足

一、 贪贿犯罪量刑规范化之实体法不足

（一） 轻刑化趋势更加突出

　　虽然《刑九》之后，从表面看原本较为突出的"轻刑化"比例有所下降，但实质上贪贿犯罪轻刑化现象更加严重。

　　第一，大幅度提高贪贿犯罪定罪量刑数额标准。《解释》将贪贿犯罪定罪数量标准由 5000 元、5 万元和 10 万元提高至 3 万元、20 万元、300万元。

　　第二，被判处死刑立即执行的贪贿案件渐趋消失。2007 年 6 月 22 日，北京市高级法院作出终审判决，以受贿罪、玩忽职守罪，判处国家食品药品监督管理局原局长郑筱萸死刑，剥夺政治权利终身，并依法报请最高人民法院核准。经最高人民法院核准，郑筱萸 7 月 10 日被执行死刑。此后至今已逾 10 年，已没有被判处死刑立即执行的贪腐高官。2007 年以后，还有地方官员因贪贿被执行死刑的，如首都机场集团公司原董事长李某、杭州市原副市长许某、郴州市纪委原书记曾某、苏州市原副市长姜某等。

---

① 刘子阳：《依法规范量刑程序确保量刑公开公正》，《法治日报》2020 年 11 月 6 日，第 3 版。

2011 年 11 月，辽宁抚顺市顺城区原土地局局长罗某因犯贪污罪、受贿罪、巨额财产来源不明罪被最高人民法院依法核准死刑。内蒙古自治区政协原副主席赵某犯有故意杀人、受贿、非法持有枪支、弹药、非法储存爆炸物罪，其受贿数额高达 2368 万元，但最终他是因为犯有故意杀人罪被判处死刑立即执行，剥夺政治权利终身。

第三，判处死缓、无期徒刑以上的贪贿罪犯人数大大减少。如 2008—2012 年，被判处无期徒刑以上刑罚的贪腐高官有 20 人，占同期已判贪腐高官的 76.9%（见表 3.1），而 2013—2017 年，被判处无期徒刑以上刑罚的有 26 人，只占同期已判贪腐高官的 26%（见表 3.2）。2012 年之前，一般贪贿数额在 1 千万元以上应判处无期徒刑以上刑罚，现在则要贪贿数额在 5 千万元以上才能判处无期徒刑以上刑罚，1 亿元以上才能判处死缓（见表 3.3）。

表 3.1 2008—2012 年宣判的贪腐高官刑罚适用情况

年份 刑罚	2008	2009	2010	2011	2012	合计
死　缓	/	1	8	3	1	13
无期徒刑	/	/	4	2	1	7
有期徒刑	2	2	/	/	2	6
合　计	2	3	12	5	4	26

表 3.2 2013—2017 年宣判的贪腐高官刑罚适用情况

年份 刑罚	2013	2014	2015	2016	2017	合计
死　缓	2	1	/	2	1	6
无期徒刑	2	2	1	6	9	20
有期徒刑	/	2	16	27	29	74
合　计	4	5	17	35	39	100

第四，普通贪贿罪犯的刑罚处罚力度大幅度下降。胡冬阳博士实证调研报告指出：刑法修正后，受贿罪的量刑刑期整体呈下降趋势，分别降低 244.8%（数额较大）和 225.1%（较重情节）。[①] 新疆高院贪贿犯罪量刑

---

① 胡冬阳：《贿赂犯罪"数额＋情节"模式运行实证研究——以 J 省 2016—2017 年的判决书为研究样本》，《湖北社会科学》2017 年第 10 期。

调研报告显示：《解释》实施前判处的 443 名贪贿被告人中，判处三年以下有期徒刑、拘役的有 281 人，占 63.4%；《解释》实施后判处的 216 名贪贿被告人中，判处 3 年以下有期徒刑、拘役的有 172 人，占 79.6%。[1]如中国移动北京公司原董事、副总经理李某受贿案，李某因泄露招标内容受贿 150 万元，根据《刑九》之前的规定，李某至少要判 10 年以上有期徒刑，而《解释》颁布后，鉴于李某有自首情节，在提起公诉前能如实供述自己罪行，认罪、悔罪态度较好，且积极退赃，故依法从轻处罚。最终，朝阳区法院以受贿罪判处李某有期徒刑 3 年，缓刑 3 年，并罚款 20 万元。[2]

表 3.3　2016—2017 年宣判的贪腐高官贪贿犯罪刑罚适用与犯罪数额对照

刑罚 / 数额	有期徒刑不满5年	有期徒刑不满10年	有期徒刑10年	有期徒刑11年	有期徒刑12年	有期徒刑13年	有期徒刑14年	有期徒刑15年	无期徒刑	死刑缓期2年执行	合计
不满 300 万元	2	1									3
300 万元以上不满 1000 万元	1	5	1	1							8
1000 万元以上不满 2000 万元		1		3	12	4					20
2000 万元以上不满 3000 万元					2	3	4	2			11
3000 万元以上不满 4000 万元							1	3			4
4000 万元以上不满 5000 万元					2			3			5
5000 万元以上不满 1 亿元								5	6		11
1 亿元以上									9	3	12
合计	3	7	1	4	16	7	5	13	15	3	74

　　另据笔者通过对中国裁判文书网对 256 份受贿犯罪判决统计发现，其中判处免于刑事处罚、拘役、有期徒刑 3 年以下的，共有 121 人，占样本总数的 54.51%。这表明《刑九》实施之后，如果不考虑缓刑情况，受贿犯罪量刑轻刑比例明显上升、轻刑化趋势明显。[3]而且这种比例的上升是在受贿罪量刑标准大幅度提高的条件下出现的（具体对比见表3.4）。

---

[1]　李勇、刘彦平等：《规范职务犯罪量刑，强化不敢腐的震慑——新疆高院关于贪污受贿案件量刑情况的调研报告》，《人民法院报》2018 年 3 月 1 日，第 8 版。

[2]　张淑玲：《北京移动原副总受贿案一审宣判　泄露招标内容受贿 150 万主动交代和退赃被判缓刑》，《京华时报》2016 年 12 月 29 日，第 11 版。

[3]　这里的轻刑比是指判处免于刑事处罚、拘役、有期徒刑 3 年以下的人数占全部犯罪人数的比例。

表 3.4　《中华人民共和国刑法修正案（九）》前后轻刑比例对比一览

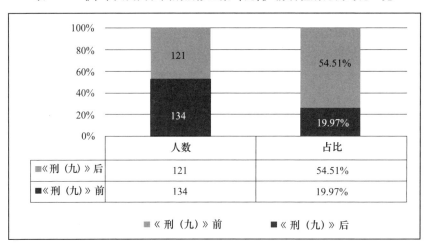

	人数	占比
■《刑（九）》后	121	54.51%
■《刑（九）》前	134	19.97%

■《刑（九）》前　　■《刑（九）》后

（二）　主刑量刑失衡依然明显

1. 个案量刑失衡严重，同案不同判或异案同判

所谓同案不同判，是指对"同等情况不同对待"的具体概括和表述，具体指的是上下级法院之间、不同法院之间、不同庭室之间乃至不同法官之间，对一些相同或者相似的案件，作出大相径庭的判决结果。所谓异案同判，是指"不同情况同样对待"，即案情相异，却作出一样的判决。

罪责刑相一致是我国刑法的基本原则之一。该原则要求重罪重罚、轻罪轻罚、罚当其罪、罪刑相当。犯罪数额是贪贿犯罪量刑的基本要素。笔者通过归纳 100 例贪贿案件中涉案数额所对应的自由刑发现，量刑结果为 3 年有期徒刑的罪犯，其涉案金额分别为 12 万元、50 万元、112 万元；量刑结果为 5 年有期徒刑的罪犯，其涉案金额分别有 29 万元、206 万元、208 万元；量刑结果为 9 年有期徒刑的罪犯，其涉案金额分别为 305 万元、374 万元、1249 万元；量刑结果为 11 年有期徒刑的罪犯，其涉案金额分别为 623 万元、1017 万元、1490 万元。

第一，同判不同额。样本中，江苏省常州高新技术产业开发区党工委原书记、管委会原主任顾某受贿 646.2404 万元，被判处有期徒刑 10 年，并处罚金 70 万元；[①] 陕西省商洛市原副市长陆某受贿 1600 万元，被判处

---

　① 〔2019〕苏 04 刑初 10 号。

有期徒刑 10 年，罚金 100 万元。① 虽然两者均被判处有期徒刑 10 年，且量刑情节基本相同，都具有坦白、退赃、认罪认罚等从宽量刑情节，但受贿数额相差近 2 倍。即使其他量刑情节相同，犯罪数额更高的犯罪人的刑罚量可能比犯罪数额更低的犯罪人更轻，如涉案金额为 1249 万元的被告人被判处 9 年有期徒刑，② 而涉案金额为 623 万元的被告人却被判处 11 年有期徒刑。③

第二，同额不同判。虽然数额相近，其他量刑情节也无区别，但判处罚金却迥异。即便在同一地区，犯罪数额相同或相近似且情节相同，判处的刑期各不相同，有的差异较大。如江苏省唐某受贿 31.15 万元，④ 张某受贿 35.97 万元，⑤ 两案均具有认罪、坦白、退赃的情节，但唐某最终被判处有期徒刑 2 年 9 个月，而张某被判处有期徒刑 3 年，缓刑 4 年。在同一地区，犯罪数额相差大，在其他情节相似的情况下判处的刑期差异却小，甚至相同。如浙江省吴某被判处有期徒刑 2 年 2 个月，⑥ 戚某被判处有期徒刑 2 年 6 个月。⑦ 两案均具有认罪和从宽处罚情节，但两案的涉案金额却相差较大，分别为 18.91 万元和 62.9 万元。

《刑九》和《解释》的颁布，在一定程度上解决了原来存在的贪贿十几万元与贪贿几十万元、几百万元，甚至几千万元，量刑相近或差距不大的问题。从百名贪贿高官量刑情况看，立法的修改确实缓解了这种量刑不平衡的矛盾，但并没有根本上解决这一问题。如 2015 至 2017 年，有 5 名高官因受贿罪被判处有期徒刑 11 年，这 5 名罪犯都具有相同的从宽量刑情节，而受贿数额仍有较大差距。⑧ 有 20 名高官因受贿罪被判处有期徒刑 15 年，除景某、潘某有重大立功情节外，其他 18 名罪犯都是因为具有相同的

① 〔2019〕陕 02 刑初 6 号。
② 被告人朱先良，原中共杭州市萧山区委常委、杭州市萧山钱江世纪城党工委书记、钱江世纪城指挥部总指挥（参见浙江省杭州市中级人民法院〔2016〕浙 01 刑初 145 号）。
③ 被告人高雪峰，原北京市通州区农村工作委员会副主任（参见北京市第三中级人民法院〔2016〕京 03 刑初 72 号）。
④ 江苏省高级人民法院〔2016〕苏刑终 257 号。
⑤ 江苏省常州市武进区人民法院〔2016〕苏 0412 刑初 1284 号。
⑥ 浙江省乐清市人民法院〔2017〕浙 0382 刑初 809 号。
⑦ 浙江省绍兴市越城区人民法院〔2017〕浙 0602 刑初 214 号。
⑧ 这 5 名罪犯相同的量刑情节是"到案后如实供述犯罪事实，主动交代侦查机关尚未掌握的受贿事实，认罪悔罪，涉案赃款赃物已全部分追缴"。

从宽量刑情节而获得从轻处罚，但这些高官受贿数额差距悬殊。①

2. 地区之间量刑失衡，同案不同判

如笔者根据中国裁判文书网上 1400 份判决书为研究样本发现，华东地区在旧判决书下自由刑量刑平均高于东北地区 42 个月，在新判决书下对自由刑量刑平均高于东北地区 8 个月。② 在犯罪数额相同或相近且情节相同的情况下，不同地区法院判处的刑期各不相同，有的差异较大。如湖南省常德市李某涉案金额为 3.74 万元，③ 而甘肃省甘谷县移某涉案金额为 3.75 万元，④ 两案均具有认罪、坦白、退赃情节，但却分别被判处 1 年 6 个月和有期徒刑 6 个月，缓刑 1 年。在犯罪数额相差大而其他情节相似的情况下，不同地区法院判处的刑期差异却小，甚至相同。如广西壮族自治区周某和重庆市蒋某均被判处有期徒刑 2 年 6 个月，且两案均具有认罪、自首、退赃情节，但两案的涉案金额却相差较大，周某的涉案金额为 8.11 万元，蒋某的涉案金额为 40 万元。⑤

3. 量刑失衡呈现"数额越大，刑罚越轻"的现象

当受贿金额在 3 万—10 万元时每 1 万元对应 0.12 年刑期，之后每一金额档内 1 万元受贿数额对应的刑期均在递减且几乎呈现出倍数递减的趋势，当受贿金额在 300 万元以上时每 1 万元仅对应 0.01 年刑期。如果以 50 万元为分界线，50 万元以下案件每 1 万元对应 0.09 年刑期，50 万—100 万元则骤减至每 1 万元对应 0.05 年刑期。这种刑期上的悬殊让我们无奈地看到当受贿金额达到一定额度后，犯罪数额与量刑之间将难以形成明显的正比关系，数额的差异也将越发难以对量刑产生实质性影响。在不判处死刑立即执行的情况下，受贿数额越大，行为人获得的潜在量刑利益越大。

此外，笔者通过样本分析发现，受贿数额在 3 万元以上且不满 20 万元的或者有其他较重情节的，共有 58 人，均在法定刑内量刑，且量刑相对均衡；受贿数额在 20 万元以上且不满 300 万元的或者有其他严重情节的，共有 132 人，其中有 21 人在法定刑以下量刑；受贿金额在 300 万元以上的或

---

① 这 20 名罪犯相同的量刑情节是"到案后如实供述犯罪事实，主动交代侦查机关尚未掌握的受贿事实，认罪悔罪，涉案赃款赃物已全部或大部分追缴"。

② 具体参见第二章第二节。

③ 湖南省常德市武陵区人民法院〔2017〕湘 0702 刑初 118 号。

④ 甘肃省甘谷县人民法院〔2017〕甘 0523 刑初 83 号。

⑤ 广西壮族自治区灵山县人民法院〔2016〕桂 0721 刑初 49 号和重庆市梁平县人民法院〔2016〕渝 0228 刑初 314 号。

者有其他特别严重情节的，共有 29 人，其中有 10 人在法定刑以下量刑。由此可见，数额越大或情节越严重的，量刑失衡现象越明显。

（三） 财产刑适用的不平衡成为新的量刑问题

《刑九》之后，财产刑的适用得到应有的重视，但随之也成为量刑中的新问题。当前财产刑量刑中最突出的问题是不平衡现象。无论是刑档之间、个案之间还是各地区之间都存在类似现象，具体体现在以下几个方面：（1）低档高罚和高档低罚现象严重；（2）主刑与财产刑量刑配比失衡；（3）同刑档罚金比地区差异显著。① 此外，从百名贪贿高官财产刑的适用情况看，财产刑适用呈现以下问题：

第一，财产刑处罚力度较小。在罚金刑中，最低数额是 20 万元，最高数额是 500 万元；没收部分财产的，最低数额是 13 万元，最高数额是 500 万元。即便是最高罚金或没收财产 500 万元的，也不到犯罪数额的 10%。高官贪贿犯罪财产刑处罚力度明显偏小，与普通贪贿案件相比差距悬殊。

第二，罚金刑和没收财产刑选择适用标准不明确。根据《刑九》规定，贪污、受贿数额巨大、数额特别巨大，或者有其他严重情节的、有其他特别严重情节的，既可以并处罚金，也可以选择没收财产。2016 至 2017 年宣判的所有贪贿高官，除 1 件属于犯罪数额巨大外，其他都属于犯罪数额特别巨大，这意味着对这些罪犯既可以选择并处罚金，也可以选择并处没收财产。但何种情节适用罚金？何种情节适用没收财产？立法和司法解释均无明确规定，适用标准不统一。

第三，判处没收财产的数额标准不明确。《解释》只相对明确了罚金刑的数额标准，而没有明确没收财产的数额标准，这必然带来审判实践中的任意性。如韩某受贿 1686 万元，没收财产 100 万元，而杨某受贿 1643 万元，则没收财产 200 万元。

（四） 量刑中 "唯数额论" 倾向严重， 其他量刑情节被忽视

《刑九》确立了"数额 + 情节"的二元标准，旨在淡化贪污、受贿罪评价中的数额要素，着力避免数额在量刑中的绝对地位。但实践表明：数额对刑罚轻重起决定性作用，情节要素在司法中依旧处于被边缘化的地位。如通

---

① 具体参见本书第二章第三节。

过样本中个案对比，安徽省原卫生和计划生育委员会原巡视员杨某索贿224万元，被判处有期徒刑5年，并处罚金22万元。[①] 陕西省西安市水务（集团）有限责任公司党委原副书记、副董事长、总经理赵某索贿2070万元，其中2000万元索贿未遂，另受贿24.28万元，被判处有期徒刑6年，并处罚金50万元。[②] 上述两名被告人均具有坦白、积极退赃等从宽情节，最后判处的刑罚都适用减轻处罚，索贿情节从重处罚的效果并未体现。

（五） 宽严情节适用失衡

1. 法定从宽、从轻情节适用过度

通过对北大法宝中随机抽取的100例贪污、受贿案件刑事判决文本进行统计分析发现，法官共适用了14种258个量刑情节，其中从重处罚情节5种11个（参见图3.1），从轻处罚情节9种247个（参见图3.2）。而从这两个图表中可以看出，贪贿犯罪中具有的从轻处罚情节比从重处罚情节多。在从轻情节方面，涉及从轻处罚情节的案件有91件，其中85%的案件有部分退赃情节或者全部退赃情节；自首率和坦白率的适用均高达到40%；部分案件虽然不能认定为自首、坦白，但认罪态度较好、有悔罪表现的分别有13件和44件；立功的也有11件。而在从重处罚情节方面，法院在判决中提到从重处罚的案件仅有9件，涉及的量刑情节也只有5种，从重情节适用次数与从轻情节适用次数相差悬殊。

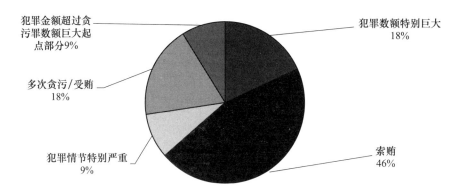

图 3.1　贪污受贿案件中从重处罚情节的适用

---

① 〔2019〕皖 05 刑初 18 号。
② 〔2019〕陕 01 刑初 92 号。

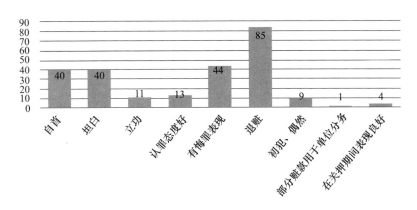

图3.2 贪污受贿案件中从轻处罚情节的适用情况

2. 法定从严、从重情节评价不足

《解释》对贪污罪规定了6种从重情形，对受贿罪规定了8种从重情形，但是实证表明，从重情节对贪贿犯罪影响较小，与没有从重情节的贪贿犯罪相比差别不明显。在百例贪贿犯罪样本中，仅有9份判决书里涉及"从重处罚情节"，要求从重处罚，且这9份判决书中，均包含了法定或约定的"从轻处罚情节"，即对被告人可以甚至是应当从轻、减轻或免除处罚。在这一情况下，法院最终判处的刑期都是倾向于从轻化。如：邱某受贿案涉案金额155.7万元，[①] 吕某受贿案涉案金额为157万元，[②] 两者具有相同的从轻处罚情节——坦白和退赃，可以从轻或者减轻处罚，不过后者还具有索贿情节，应当从重处罚。从理论上分析，两案受贿金额基本相同，从轻处罚情节一致，在吕某还存在索贿这一从重处罚情节时，其判处的刑期应当比邱某要重，但最后判决结果却显示两案均因受贿罪被判处有期徒刑4年6个月，刑期相同。

另对中国裁判文书网120份受贿犯罪判决统计，样本中具有从重情节的案例共22起，其中具有索贿情节的10起，曾受刑事或行政处分的4起，主犯5起，其他还有如造成严重后果、受贿时间跨度长、次数多的情节评价因素。但司法机关却对存在着的诸多从重情节视而不见。譬如，作为法定量刑情节的索贿，在判决书中明确适用因索贿而加重量刑共计10例，而

---

① 广西壮族自治区百色市中级人民法院〔2015〕百中刑初字第81号。

② 吉林省四平市中级人民法院〔2017〕吉03刑初3号。

实际上具有索贿情节的并不止这10例。索贿作为法定从重量刑条件，在司法解释中再次得以明确。尽管如此，索贿情节在受贿罪裁判说理中也未能体现。据统计具有索贿情节的案件共计16例，具有索贿情节而未明确从重处罚的案件高达37.5%。同样在司法解释中被明确的曾受过处罚或处分情节在实践中的应用也是如此。在此仅对解释规定的八种情节中的两种相对来说更为明确具体的情节作了统计，而实践中有更多的情节，譬如造成了严重后果等，虽已有或者有潜在的危害结果，但司法裁判也并未将其纳入从重量刑考量。

与之相对的是，从宽情节对受贿犯罪量刑影响明显。通过样本个案对比，湖南省湘阴县河道砂石综合执法局南湖工作站原站长胡某受贿170万元，被判处有期徒刑6年，并处罚金50万元。[①] 原福建省厦门某建设集团有限公司副总工程师、战略发展部总经理林某因受贿173万元，被判处有期徒刑3年6个月，并处罚金30万元。[②] 上述两名被告人均有积极退赃从宽量刑情节，但由于后者比前者多了自首、立功等从宽量刑情节，导致最后判罚结果相差较大，因此可见，司法实践中从宽处罚情节适用较为广泛，尤其是全额退赃从宽、认罪认罚从宽，分别为83.33%、50.45%。司法审判机关对于被告人全额退赃的，一般认为其积极退赃，适用从宽量刑情节；对于认罪认罚的，一般也都认定为具有坦白这一量刑从宽情节。

3. 酌定从严情节适用缺失

除法定从重情节应用严重不足外，酌定从严情节的适用更是罕见。酌定量刑情节是对受贿行为社会危害性、受贿人主观恶性的重要评价要素，也是对受贿行为本身及后果进行评价的依据，它赋予了司法人员更大的裁量空间，以便于裁判者在司法审判中灵活运用情节。受贿罪社会危害性还体现在受贿人背职程度、造成的社会影响等方面。这些情节通常发生在受贿行为过程中，与行为本身有直接的关联。全面灵活分析不同案件的案中情节就需要法官通过自身素养对其解读后运用到判决中，以实现对受贿罪社会危害性的完整评价。但实践数据表明，受贿罪裁判中裁判者通常选择回避酌定裁量情节的阐述。在120例样本中仅有2例因"受贿时间跨度大、受贿数额巨大且频繁"、1例因"串供、伪造证据"在判决书中明确作为

---

① 〔2019〕湘0902刑初276号。
② 〔2019〕闽02刑终290号。

量刑的从严情节，可见酌定裁量性评价在受贿判决中适用比例之低。

二、 贪贿犯罪量刑规范化之程序法不足

2008 年最高法开始试点量刑规范化改革，特别是 2010 年全面启动量刑规范化改革后兼顾了实体和程序，最高司法机关先后出台了实体性规范（《人民法院量刑指导意见（试行）》）和程序性规范（《关于规范量刑程序若干问题的意见（试行）》），但在随后的量刑规范化改革中仍然呈现出明显的"重实体轻程序"的特点。

首先，学界认识不统一。虽然不少学者大力呼吁和支持量刑程序改革，但其中仍不乏异议者。如有的学者认为："未来的量刑制度改革应以实体性改革为主，程序性改革为辅；而在量刑程序改革方面，不宜大改，可以小改或微调。"[①]

其次，司法界对量刑程序改革缺乏动力，大多持观望态度。同时由于改革后的量刑程序耗费更多的司法资源，审判效率明显下降，加剧案多人少的矛盾，司法机关对量刑程序改革缺乏应有动力。随着 2012 年刑事诉讼法的修改，特别是 2018 年刑事诉讼法的修改，由于刑事诉讼程序改革重点的转移，独立量刑程序改革及其讨论几于停滞。这与量刑规范化实体标准的不断完善形成鲜明的对比。"随着量刑实体规范的不断完善，以前司法实践中长期存在的量刑规则不明确、量刑幅度过宽，法官自由裁量权过大等问题得到一定程度的改善，但是理论界和实务界对量刑程序中存在的问题关注不足，完善措施较为滞后，导致改革的整体效果出现了边际效用递减的趋势。"[②]

当前贪贿犯罪量刑规范化改革程序法不足主要表现在：

（一） 量刑程序立法滞后

随着量刑规范化改革启动，量刑程序问题被纳入改革视野。2010 年最高法院颁布《人民法院量刑指导意见（试行）》后，"两院三部"也同时

---

① 左卫民：《中国量刑程序改革：误区与正道》，《法学研究》2010 年第 4 期。
② 刘冠华：《对人民法院量刑规范化改革的检视与修正——以量刑程序独立改革为视角》，《法律适用》2019 年第 13 期。

颁布《关于规范量刑程序若干问题的意见（试行）》（以下简称《量刑程序意见（试行）》）。但在试行中对量刑指导意见的执行，各级法院非常重视，最高人民法院分别在 2013 年和 2017 年两次作了修订。特别是 2017 年的修订，"在规范 15 种常见犯罪量刑的基础上，最高法新增 8 种罪名纳入量刑规范范围，使适用量刑规范化的罪名达到 23 种，案件数量占全国基层法院刑事案件的 90% 左右"。[①] 但量刑程序规范化改革却停滞不前。2012 年刑事诉讼法修正也仅一个条文涉及量刑程序问题。[②] 随着认罪认罚从宽制度的试行，量刑程序的重要性更加突出，但 2018 年刑事诉讼法修正，量刑程序问题仍然没有得到立法机关的应有重视。为了弥补立法的缺失，"两院三部"才在 2019 年 10 月 11 日的《关于适用认罪认罚从宽制度的指导意见》和 2020 年 11 月 5 日的《关于规范量刑程序若干问题的意见》中，对量刑程序问题作出较为全面的规定。

（二）独立量刑程序缺失

虽然在相对独立的量刑程序，即法庭调查阶段，可以相对集中地对量刑事实及其相关证据进行调查和举证、质证，在辩论阶段，可以专门针对量刑问题展开辩论，充分发表意见，但是，由于该司法解释事实上没有得到严格执行，加上之后两次刑事诉讼法的修改都没有明确独立量刑程序的法律地位，相对独立的量刑程序始终无法真正建立起来。这在贪贿犯罪案件审判中表现得更加突出。如深圳市龙岗区区委原书记冯某涉嫌滥用职权罪、受贿罪一案是全国比较关注的贪贿大案。该案于 2019 年 10 月 15 日在广州中级法院开庭审理。广州市人民检察院以涉嫌滥用职权罪、受贿罪，对冯某提起公诉，其中指控冯某受贿人民币 1640 万元、1220 万港元、80 万美元等。庭审中冯某否认了全部指控，检察院移送的卷宗共计 43 册，公诉人完成全部的所谓"举证"工作只用了 4 分 45 秒，庭审不到 1 小时。作为一个重大职务犯罪案件、当事人不认罪、律师做无罪辩护的案件，广州中院未传唤被告人到庭，是用远程视频且不公开的方式开庭审理。2020

---

① 刘子阳：《最高法扩大量刑规范化罪名和刑种试点，适用量刑规范化罪名增至 23 种》，《法制日报》2017 年 5 月 26 日，第 3 版。
② 如 2010 年"两高三部"出台《关于办理刑事案件排除非法证据若干问题的规定》。2012 年《刑事诉讼法》修改，立法机关充分吸纳了 2010 年非法证据排除规定的主要内容，用五个条文规定了确立非法证据排除规则，从而使司法解释上升为法律。

年 5 月，法院作出一审判决：被告人冯某犯受贿罪，判处有期徒刑 15 年，并处罚金 500 万元；犯滥用职权罪，判处有期徒刑 5 年。决定执行有期徒刑 18 年，并处罚金 500 万元。[①] 冯某案是全国关注的贪贿大案，审判程序如此简单引起司法界和学界的广泛质疑。《量刑程序意见》初步构建了相对独立的量刑程序，但相对独立的量刑程序能否在实践中落地生根尚有待实践检验。

（三） 量刑辩护不力

在刑事诉讼程序中，控审辩三方分别承担不同职能，即控诉职能、审判职能和辩护职能，控辩审三方关系又可以分为控审关系、辩审关系、控辩关系，这三大诉讼关系的良性互动，是保障司法公正的重要路径，也是彰显程序正义的基本要求。刑事辩护是现代法治国家对司法机关实行有效监督的外部力量。但在我国刑事司法实践中，辩护职能最弱。尤其是在贪贿犯罪辩护中，量刑辩护不力的现象非常突出。2016 年以来，我国全力推进监察体制改革，根据《中华人民共和国监察法》（以下简称《监察法》）的规定，监察机关在职务犯罪调查期间不允许律师介入。即使贪贿犯罪案件监委移送审查起诉或检察机关移送法院审判之后，检、法对这些案件的制约也不够，刑事量刑辩护更难以发挥制约作用。随着认罪认罚从宽制度的全面实施，检察机关的量刑建议权成为检察机关的重要权力。办理认罪认罚案件，检察机关一般应当提出确定刑量刑建议，而对检察机关的量刑建议审判机关一般应当采纳。而检察机关的精准量刑建议，是建立在控辩双方量刑协商基础上的。"无论是何种类型的量刑建议，都应是控辩双方经实质性协商达成的'合意'。可以说，只有控辩双方的量刑协商机制得以'激活'，才能真正确保犯罪嫌疑人、被告人认罪认罚和接受程序安排的自愿性，并吸引更多的犯罪嫌疑人、被告人选择认罪认罚，实现程序分流。"[②] 但目前的刑事辩护基本上没有发挥量刑辩护的作用。[③]

① 伊宵鸿：《冯现学涉贿案远程视频受审》，《深圳晚报》2019 年 10 月 19 日，A05 版；唐荣：《深圳龙岗原区委书记冯现学一审获刑 18 年》，《法制日报》2020 年 5 月 21 日，第 8 版。
② 李奋飞：《量刑协商的检察主导评析》，《苏州大学学报（哲学社会科学版）》2020 年第 3 期。
③ 王中义、甘权仕：《认罪认罚案件中法律帮助权实质化问题研究》，《法律适用》2018 年第 3 期；郭国谦：《认罪认罚从宽制度中量刑建议瓶颈之破解对策》，《检察日报》2020 年 12 月 8 日，第 7 版；等等。

（四） 裁判文书说理不够

《量刑程序意见（试行）》第16条曾强调规定："人民法院的刑事裁判文书中应当说明量刑理由。量刑理由主要包括：（一）已经查明的量刑事实及其对量刑的作用；（二）是否采纳公诉人、当事人和辩护人、诉讼代理人发表的量刑建议、意见的理由；（三）人民法院量刑的理由和法律依据。"但笔者专门通过对222份受贿裁判文书进行梳理发现，绝大多数的判决书都存在说理不充分的问题。法官的量刑依据是什么，量刑因素是如何影响量刑，从轻情节和从重情节在量刑中所占比例是多少，外界均无从得知。对于上述的问题，法院既不会公布裁判依据，法官也不会进行阐释，被告人及其家属甚至是普通民众，只能从判决书的最后结论段中猜测哪一因素影响了最终的量刑结果。而该结论段的普遍表达格式是："鉴于其到案后能够如实供述自己的罪行，主动交代办案机关尚不掌握的绝大部分犯罪事实，具有认罪、悔罪情节并且检举揭发他人犯罪（或违纪、违法）线索，经查证属实，积极退赃，赃款赃物已全部退缴，依法可以从轻、减轻处罚。"这种普遍雷同的表述方式无法对个案量刑的正当性、合理性作出合法性判断。

我国刑法规定的法定刑中大多都存在多种可选刑种或同一刑种的刑度跨度较大的情况，法官在断案时为何选择某一刑种或同一刑种的某一刑度，应有自己的理由，且有义务告知诉讼各方为何如此选择。[1] 然而，笔者通过数据分析，发现很多判例纵使情节相同或相近，法官定罪量刑说理基本相同，但是判决结果却相去甚远，如案号为（2019）川0411刑初7号和案号为（2019）桂1102刑初262号两份判决书。再者，对于适用缓刑的判决，法官往往会以如下方式进行简单的说理：综合被告人刘某某的犯罪数额、情节、认罪态度，宣告缓刑对其所居住社区没有重大不良影响，可对其适用缓刑。[2] 这种格式化的表述、笼统概括式的说理，并不能让普通民众充分明白裁判结果的合理性。更有甚者，很多法院在对量刑进行裁判说理时，仅一笔带过，并没有将量刑说理部分独立成段，量刑说理部分被完全忽视了，其独立价值荡然无存。

---

[1] 焦悦勤：《刑事判决书量刑说理现状调查及改革路径研究》，《河北法学》2016年第2期。
[2] 〔2019〕黑0502刑初122号。

另外，笔者通过样本统计还发现，量刑说理部分往往位于定罪说理之后，且行文篇幅也远小于定罪说理部分，对被告人具有的量刑情节往往只是简单地列举，稍加法条予以叙述，鲜有如定罪说理部分一般翔实细致。对于控辩双方的量刑建议要么不予回应，要么就通过格式化语言予以回应，如"经本院审理查明，辩护建议予以采纳""经本院审理查明，公诉建议予以采纳"，难以显现出法官对于个案认定事实和证据分析的逻辑推导过程，这充分反映出我国在受贿犯罪量刑方面存在说理不足的现象，个案特征不明显，忽视了量刑说理部分在程序上的独立性、在价值上的必要性、在预防和惩治犯罪上的重要性。

三、 贪贿犯罪量刑失范的危害

德国著名法学家耶林指出："刑罚如两刃之剑，用之不得其当，则国家与个人两受其害。""刑罚是对犯罪行为的'定价'，只有'定价'合理，才能起到威慑作用。"[①] 贪贿犯罪的量刑问题事关反腐大业，贪贿犯罪量刑失衡、宽严失度带来的恶果是量刑不公，其危害后果主要表现在以下几点：

其一，有悖于公平正义的法律价值。量刑公正的核心是犯罪人所受刑罚的轻重应当与其犯罪所造成的危害程度相适应。但贪贿犯罪无论是主刑还是附加刑都存在着量刑失衡，同罪不同罚的现象，违背了公平正义的法律价值。

其二，损害司法权威。司法是社会正义的最后防线，其权威要依靠公正审判（包括量刑公正）得以实现。贪贿犯罪量刑不公的现象，容易引起民众对法律和执法的不信任，从而损害司法的权威性，导致执法公信力的缺失，增加社会反腐败成本。

其三，影响刑罚威慑效果。刑罚具有警示作用，对于贪污受贿犯罪人予以相对应的惩罚，才能产生警示、威慑作用，才能起到预防和教育作用。贪官轻判，让贪官在刑罚上占到便宜，加重了犯罪分子的侥幸心理，降低了贪官的犯罪成本和对法律的敬畏感，难以起到威慑的作用。

其四，不利于对罪犯的改造。轻罪重罚，重罪轻罚，无论对于罪轻还

---

① 王刚：《我国受贿罪处罚标准立法评析》，《环球法律评论》2016 年第 1 期。

是罪重的犯罪人都将产生不良的影响。罪轻的人被判处重刑将会对法律产生置疑甚至对抗情绪，而罪重的人被判处轻刑则会让其蔑视法律，助长侥幸心理，影响打击效果，不利于犯罪预防和改造。

第四章 贪贿犯罪量刑失范的原因

第一节 贪贿犯罪量刑失范的实体法原因

一、贪贿犯罪法定刑的不足

（一）受贿罪法定刑设置不科学

刑法第 386 条规定："对犯受贿罪的，根据受贿所得数额及情节，依照本法第三百八十三条的规定处罚。索贿的从重处罚。"刑事立法通常采用"一罪一刑"的模式，即不同的罪名适用不同的刑罚评价体系。但长期以来，受贿罪除 1979 年刑法短暂设置独立刑外，一般都是将受贿罪比照贪污罪定罪量刑（参见表 4.1），即受贿罪和贪污罪共用同一量刑标准。纵观现行刑法典，将两种罪质不同的罪名采用相同的法定刑仅此一例，而且《中华人民共和国刑法修正案（九）》（以下简称《刑九》）在对贪贿犯罪进行全面修正时，也未对此作出修改。

受贿罪比照贪污罪定罪量刑，而这造成最直接的后果就是贪污罪"计赃论罪"的数额评价体系带入了受贿罪的评价体系，这就使得受贿罪长期以来唯数额定罪量刑，忽视了情节对于定罪量刑的影响，严重影响了受贿罪量刑平衡。

表 4.1 受贿罪量刑标准立法沿革

序号	法律	法律性质	立法模式
1	《中华人民共和国惩治贪污条例》（1952 年 4 月 18 日）	单行刑法	并轨型
2	《中华人民共和国刑法》（1979 年 7 月 1 日）	刑法典	分离型

序号	法律	法律性质	立法模式
3	《全国人民代表大会常务委员会关于严惩严重破坏经济的罪犯的决定》（1982 年 3 月 8 日）	单行刑法	并轨型
4	《全国人民代表大会常务委员会关于惩治贪污罪贿赂罪的补充规定》（1988 年 1 月 21 日）	单行刑法	并轨为主、分离为辅
5	《中华人民共和国刑法》（1997 年 3 月 14 日）	刑法典	并轨型
6	《中华人民共和国刑法修正案（九）》（2015 年 8 月 29 日）	刑法修正案	并轨型

从表4.1中可以看出，我国对于受贿罪至今没有独立的刑罚评价体系，作为与贪污罪不同罪质的受贿罪，完全比照贪污罪定罪量刑既不合理又不科学，可以说受贿犯罪的法定刑设置不科学是导致受贿犯罪量刑失衡的根源之一。

（二） 死刑存废犹疑不决

对于贪贿犯罪的死刑存废问题，我国长期以来一直有争论。[1] 在学界，对贪贿犯罪应当早日废除死刑，已没有太多争议。[2] 但从民意角度看，取消贪腐犯罪的死刑适用方面面临极大的争议声。2010 年 8 月，十一届全国人大常委会十六次会议审议了《刑法修正案（八）（草案）》。此次刑法修改的重点之一是拟取消近年来较少适用或基本未适用的 13 个经济性非暴力犯罪的死刑，其中关于是否取消贪贿犯罪死刑曾引起社会高度关注，引起一场风波。最后，时任全国人大常委会内务司法委员会副主任陈斯喜作出说明："从《刑法修正案（八）（草案）》草拟开始，全国人大从未考虑过取消贪污贿赂犯罪的死刑适用。"[3]《刑九》审议之时，贪贿犯罪死刑问题又再次成为争议的焦点问题。"京报调查"结果显示的"近七成人反对'取消贪腐死刑'的说法。"[4] 中国青年报社会调查中心通过的一项网络调

---

[1] 单玉晓、沈凡：《经济犯罪死刑之辩》，《财新周刊》2016 年第 49 期。

[2] 李慧织：《贪污贿赂犯罪死刑限制与废止研究》，中国人民公安大学出版社 2014 年版，第 92—142 页。

[3] 毛磊：《取消贪污贿赂犯罪死刑？修改刑法从未如此考虑》，http：//npc. people. cn/GB/14957/53050/12848310. html，人民网，2015 年 12 月 20 日访问。

[4] 佘宗明：《近七成受访者：反对取消"贪腐死刑"》，《新京报》2014 年 11 月 1 日，第 A03 版。

查显示，59.3% 的受访者直言目前刑法对腐败犯罪打击力度不够，73.2% 的受访者表示应对贪污贿赂犯罪保留死刑。① 最终《刑九》进一步取消 9 个罪名死刑（死刑罪名减至 46 个），但不包括贪贿犯罪。当然，"死刑案件从来不是单纯的法律问题，经济、政治、伦理、受害方的诉求、民众的死刑观等因素都会发挥作用"。② 贪贿受贿罪的死刑的废除，"取决于反腐败的局势以及社会公众对待贪污受贿犯罪的情感和死刑观念"。③ "如果不能正视民意的诉求以及民意背后的社会因素，仅仅依靠理论上的论证显然不足以坚定国家政治决策层废止腐败犯罪死刑的决心。"④

《刑九》在保留贪贿犯罪死刑的同时，又增设终身监禁措施。"终身监禁新规的设立及其付诸司法实践，因立法仓促、理论准备不足、缺乏具体明确的适用标准等因素，带来了诸多法律适用难题。"⑤《刑九》生效后，截至 2020 年底，我国已有 10 件 11 名贪贿犯罪被告人被判处终身监禁。

根据刑法及《解释》第 4 条第 1 款规定，贪贿犯罪仍然可以适用死刑立即执行。2018 年 3 月 28 日山西省临汾市中级人民法院依法对山西省吕梁市人民政府原副市长张某受贿、巨额财产来源不明案一审公开宣判，最终对被告人张某以受贿罪判处死刑，剥夺政治权利终身，并处没收个人全部财产。2019 年 5 月山西省高院二审维持一审死刑判决。目前，最高院正在对其进行死刑复核。2021 年 1 月 5 日，天津市第二中级人民法院公开宣判中国华融资产管理股份有限公司党委原书记、董事长赖小民受贿、贪污、重婚一案，对被告人赖小民以受贿罪判处死刑，剥夺政治权利终身，并处没收个人全部财产；以贪污罪，判处有期徒刑十一年，并处没收个人财产人民币 200 万元；以重婚罪，判处有期徒刑一年。决定执行死刑，剥夺政治权利终身，并处没收个人全部财产。经审理查明，2008 年至 2018 年，被告人赖小民利用职务上的便利，以及职

① 向楠：《民调：73.2% 受访者主张对贪污贿赂罪保留死刑》，《中国青年报》2014 年 11 月 4 日，第 7 版。
② 单玉晓、王逸吟：《死刑改革十年录》，http：//china.caixin.com/2016-12-18/101028169.html，财新网，2016 年 12 月 20 日访问。
③ 冀洋：《职务犯罪案例解析》，东南大学出版社 2019 年版，第 75 页。
④ 赵秉志：《论中国贪污受贿犯罪死刑的立法控制及其废止——以〈刑法修正案（九）〉为视角》，《现代法学》2016 年第 1 期。
⑤ 石经海、刘桂源：《"终身监禁"的困境释读与司法改善——以刑事政策和刑法的体系化适用为视角》，《中国应用法学》2019 年第 3 期。

权和地位形成的便利条件，为有关单位和个人在获得融资、承揽工程、合作经营、调动工作以及职务提拔调整等事项上提供帮助，直接或通过特定关系人非法收受、索取相关单位和个人给予的财物，共计折合人民币17.88亿余元。其中1.04亿余元尚未实际取得，属于犯罪未遂。2009年底至2018年1月，赖小民利用职务上的便利，伙同特定关系人侵吞、套取单位公共资金共计人民币2513万余元。此外，赖小民在与妻子合法婚姻关系存续期间，还与他人长期以夫妻名义共同居住生活，并育有子女。天津市第二中级人民法院认为，被告人赖小民的行为构成受贿罪、贪污罪、重婚罪。赖小民受贿犯罪数额特别巨大，情节特别严重，主观恶性极深。在22起受贿犯罪事实中，有3起受贿犯罪数额分别在2亿元、4亿元、6亿元以上，另有6起受贿犯罪数额均在4000万元以上。同时，赖小民具有主动向他人索取贿赂和为他人职务调整、提拔提供帮助收受他人财物等从重处罚情节。赖小民在犯罪活动中，利用国有金融企业负责人的职权，违规决定公司重大项目，越级插手具体项目，为他人牟取不正当利益，危害国家金融安全和金融稳定，社会影响极其恶劣。赖小民目无法纪，极其贪婪，大部分犯罪行为均发生在党的十八大之后，属于典型的不收敛、不收手、顶风作案，并使国家和人民利益遭受特别重大损失，社会危害极大，罪行极其严重，依法应予严惩。虽然赖小民提供下属人员重大犯罪线索并经查证属实，具有重大立功表现，但综合其所犯受贿罪的事实、性质、情节和对于社会的危害程度，不足以对其从宽处罚。赖小民上诉后，天津市高级人民法院裁定驳回上诉，维持原判，并报请最高人民法院核准。经最高人民法院核准，2021年1月29日赖小民被执行死刑。[①] 我国既有死刑立即执行，又有终身监禁，贪贿犯罪刑罚之重世所罕见。我国2007年以后已无省部级以上官员因贪贿犯罪判处死刑立即执行，2011年至2020年已无贪贿罪犯执行死刑，而赖小民被执行死刑，使长达10年无贪贿罪犯被执行死刑的局面被打破，并使终身监禁难以真正成为贪贿犯罪的死刑替代措施。这充分表现了我国在废除贪贿犯罪死刑问题上的迟疑不决和观望态度。

[①] 《华融公司原董事长赖小民一审被判死刑》，《人民日报》2021年1月6日，第11版；《华融公司原董事长赖小民被执行死刑》，《法治日报》2021年1月30日，第3版。

（三） 没收财产刑的设置存疑

对于没收财产刑的存废，我国刑法学界长期有争论。[①] 近年来，越来越多的学者赞同废除财产刑，[②] 有的学者也要求废除贪贿犯罪的没收财产刑。[③] 从立法精神看，没收财产应当是比罚金更加严厉的附加刑，没收财产的数额一般要高于罚金。纵观笔者的实证调研，对普通贪贿犯罪法官大都选择判处罚金刑，而省部级高官的贪贿案例中，大约有一半以上的官员被判处没收全部或部分财产。这是一种严惩还是一种"优待"？在适用没收财产刑时，"不论是没收一部分还是全部，都应当对没收财产名称、数量等在判决中写明，不能笼统地判决没收一部分或者全部"。[④] 但在已公开的省部级以上高官判决书中，只有徐建一受贿案附录了财产清单，其余的判决书中只字未提没收财产的具体范围、数量，而后的执行过程公众更是无法得知。

（四） 资格刑存在缺失

我国刑法中的资格刑主要是指剥夺政治权利。1997 年刑法修订时对剥夺政治权利基本维持了旧刑法的规定，只是在有关内容上作了调整。资格刑的设置旨在从根本上剥夺犯罪人的再犯能力。对贪贿犯罪只有少数被判无期徒刑以上的罪犯才能适用资格刑。由于贪贿罪犯一般不能适用资格刑，导致重新实施贪贿犯罪的不乏个案。如广州从化鳌头镇政府经济发展办公室原副主任梁某 2008 年曾因在征地过程中受贿 15 万元被广州市白云区法院判处有期徒刑 2 年，缓刑 3 年。判后，梁某却依然主管鳌头经发办的工作。2009 年至 2012 年间，梁某利用其担任鳌头经发办副主任的便利，伙同他人非法占有国家征地款共计 4000 万余元。2016 年 7

---

① 赵秉志主编：《中国刑法学研究会学术研究 30 年》，法律出版社 2014 年版，第 351—352 页。

② 杨彩霞：《没收财产刑的困境与出路》，《华东政法学院学报》2001 年第 4 期；李洁：《罪与刑立法规定模式》，北京大学出版社 2008 年版，第 126—1135 页；赵秉志：《当代中国刑罚制度改革论纲》，《中国法学》2008 年第 3 期；黄风：《论"没收个人全部财产"刑罚的废止——以追缴犯罪资产的国际合作为视角》，《法商研究》2014 年第 1 期；等等。

③ 于雪婷：《受贿罪法定刑设置研究》，法律出版社 2013 年版，第 119—120 页；李海良、张瑞红：《论贪污罪、受贿罪没收财产刑的废除及其出路》，《浙江师范大学学报（社会科学版）》2017 年第 2 期；等等。

④ 郎胜主编：《中华人民共和国刑法释义》（第六版·根据刑法修正案九最新修订），法律出版社 2015 年版，第 60 页。

月 22 日，广州中院对梁某作出宣判，判决梁某犯贪污罪、行受贿罪，数罪并罚决定对梁某执行死刑，缓期 2 年执行，剥夺政治权利终身，并没收个人全部财产。①

为了弥补立法缺失，《刑九》在刑法第 37 条专门增设关于职业禁止的规定，从立法过程来看职业禁止的规定之所以出台主要是针对贪贿犯罪的。② 但第 37 条之一规定：因利用职业便利实施犯罪，人民法院是"可以"根据犯罪情况和预防再犯罪的需要，禁止其从事相关职业 3 年至 5 年。贪污、受贿犯罪是严重的职务犯罪，直接侵害公职人员的廉洁性和国家的形象，仅仅对其"可以"禁止从事相关职业，并且期限仅为 3 到 5 年，难以发挥资格刑对贪污、受贿犯罪人的否定评价和严厉谴责的功能，也无法从根本上剥夺其再犯能力。而且实证表明，除被判处无期徒刑以上的罪犯适用剥夺政治权利外，鲜有法院根据刑法第 37 条之一对贪贿罪犯适用职业禁止，《刑九》新增的职业禁止规定在贪贿犯罪中几乎处于虚置状态。

（五） 行贿罪的法定刑亟待修改

1952 年《条例》曾规定行贿犯罪参照贪污受贿犯罪处罚。"79 刑法"将行贿罪的法定最高刑仅规定为 3 年有期徒刑，《关于惩治贪污罪贿赂罪的补充规定》及"97 刑法"，虽然提高行贿罪的法定刑，但规定了特别从宽处罚情节，导致行贿受贿处罚幅度严重失衡，行贿罪重刑率极低。近年来，随着依法治国的推进，权力市场的"供需"关系发生了重大变化，行贿犯罪"呈现出以下新的特点：一是从目的上看，行贿人由以往单纯追求经济利益向追求经济利益及政治利益等利益多元化趋势演变；二是从行贿的形态看，行贿人由以往被动请托向积极主动寻找时机或者创造时机，有计划地对国家工作人员特别是手握实权的领导干部实施'全面进攻'等趋势演化，形成'围猎'之势"。③ 党的十八大以后，中央提出了"惩办行贿与惩办受贿并重"的刑事政策。《刑九》对贪贿犯罪进行大修，降低

---

① 参见《缓刑期间竟敢再贪 4000 余万，从化鳌头一镇干部被判死缓》，《新快报》2016 年 7 月 23 日，第 A08 版。
② 李适时：《关于〈中华人民共和国刑法修正案（九）（草案）〉的说明》，《全国人民代表大会常务委员会公报》2015 年第 5 期。
③ 詹复亮等：《立法与司法并重　加大打击行贿犯罪力度》，《人民检察》2015 年第 13 期。

了受贿罪的法定刑。但对第 390 条之行贿罪仅增设罚金刑，并进一步严格对行贿罪从宽处罚的条件，却未对主刑作出任何修改，没有相应降低行贿罪的法定刑，形成了"行贿重受贿轻"的法定刑配置的现象。《中华人民共和国刑法修正案（十一）》又对非国家工作人员受贿罪第一、二档法定刑调整为"3 年以下有期徒刑或者拘役"，"3 年以上 10 年以下有期徒刑"，而行贿罪主刑仍规定为"5 年以下有期徒刑或者拘役""5 年以上 10 年以下有期徒刑"，显见不合理。

二、 量刑标准的不足

（一） 量刑模式不合理

按照 1997 刑法典的规定，对贪贿犯罪基本上以数额标准定罪量刑，即 10 万元以上、5 万元以上不满 10 万元、5 千元以上不满 5 万元及不满 5 千元四个档次。从实践来看，以数额定罪量刑虽然明确具体、便于司法操作，但存在诸多理论和实践困境。[1] 立法机关也认为："从实践的情况看，规定数额虽然明确具体，但此类犯罪情节差别很大，情况复杂，单纯考虑数额，难以全面反映具体个罪的社会危害性。同时，数额规定过死，有时难以根据案件的不同情况做到罪刑相适应，量刑不统一。"[2] 鉴于此，《刑九》将贪贿犯罪定罪量刑标准由原来单一的"数额"模式修改为"数额或者情节"模式，提升了"情节"在定罪处罚中的地位，这是量刑模式的一大进步。但从司法实践看，"数额"仍然比"情节"重要，特别是《解释》对具备一些特殊情节的贪贿犯罪仍然有较大的数额要求。这一解释已将立法所规定的"数额或者情节"模式修改为"情节 + 数额"模式。笔者"通过对这百名贪贿高官的量刑情况分析，数额仍然是决定贪贿高官量刑轻重的决定性因素"。[3] 这表明这一立法模式仍有值得进一步完善之处，尤

---

① 张兆松：《论〈刑法修正案（九）〉对贪污贿赂犯罪的十大重大修改和完善》，《法治研究》2016 年第 2 期。

② 全国人大常委会法制工作委员会主任李适时 2014 年 10 月 27 日在第十二届全国人民代表大会常务委员会第十一次会议上所作的《关于〈中华人民共和国刑法修正案（九）（草案）〉的说明》。

③ 张兆松：《贪贿高官量刑规范化研究——基于 2013—2017 年省部级以上高官刑事判决的分析》，《法治研究》2019 年第 2 期。

其是贪污罪、受贿罪适用同一量刑模式更加剧了贪贿犯罪量刑的不合理性。

（二） 大幅度提高贪贿犯罪起点数额标准不合理

《解释》将贪污、受贿罪的一般入刑门槛由 5000 元提高至 3 万元，明确了数额"较大""巨大""特别巨大"的认定标准分别是 3 万元、20 万元、300 万元。这一数额标准的修改，不仅受到社会各界的高度关注，而且得到一些学者的肯定。有的学者认为："《解释》准确实现了立法意图，从而为法治反腐打下了坚实基础"。[①] 有的认为："这种定罪数额的调整对于贪污受贿罪的实际惩治其实不会发生太大的影响。"[②] "《解释》有关贪污、受贿罪的数额标准充分反映了我国'从严治吏'而非'从重治吏'的刑法理念。"[③] 有的甚至还认为，《解释》最大亮点是把"数额较大"的一般标准调整至三万元。[④] 笔者认为，从 1997 年到 2016 年已近二十年间，"现行的 5 万元以上、10 万元以上的量刑数额标准确实不合理，违背罪责刑的内在逻辑"，[⑤] 特别是 2013 年 4 月两高《关于办理盗窃刑事案件适用法律若干问题的解释》已将盗窃罪"数额较大""数额巨大""数额特别巨大"的标准提高到"1 千元至 3 千元以上""3 万元至 10 万元以上""30 万元至 50 万元以上"之后，贪贿犯罪数额标准确有修改之必要。但这样大幅度地提高贪贿犯罪定罪数额标准，不仅出乎社会各界的意料，也大大出乎刑事司法界的意料，其合理性值得商榷。

（三） 罪数处罚标准不统一

《关于惩治贪污罪贿赂罪的补充规定》曾规定："因受贿而进行违法活动构成其他罪的，依照数罪并罚的规定处罚。"1997 年修订刑法时删去了这一规定，并增设了第 399 条第 4 款。有的学者认为："刑法第 399 条第 4 款之所以如此规定，主要是因为立法者考虑到，在收受贿赂的情况下，国

---

① 周光权：《准确实现立法意图，为法治反腐奠定基础》，《人民法院报》2016 年 4 月 19 日，第 3 版。
② 陈兴良：《贪污受贿罪数额的合理调整》，《人民法院报》2016 年 4 月 19 日，第 2 版。
③ 刘宪权：《贪污贿赂犯罪最新定罪量刑标准体系化评析》，《法学》2016 年第 5 期。
④ 冀祥德：《2016 年度人民法院十大司法政策之五》，《人民法院报》2017 年 1 月 8 日，第 4 版。
⑤ 张兆松：《也论贪贿犯罪数额标准的修改——与郭延军同志商榷》，《探索与争鸣》2014 年第 3 期。

家司法机关工作人员渎职的可能性会大大增加，这种现象具有普遍性，对这类行为如果在处罚上不明确规定一个标准，实践中一般会对其数罪并罚。所以对贪赃就可能枉法的场合，基于特殊理由，特别规定从一重处断。"① 那么，什么是"特殊理由"呢？是为了从重还是从轻？是为了严惩徇私枉法还是对徇私枉法网开一面？

从立法过程看，1997 年 2 月提交八届全国人大常委会第 24 次会议讨论的《中华人民共和国刑法》（修订草案）曾在第 391 条的徇私舞弊罪中还特别规定，"国家机关工作人员，贪赃枉法，犯本章之罪的，依照数罪并罚的规定处罚"。② 这一规定不仅保留了《补充规定》的内容，而且数罪并罚的范围扩大到其他徇私类渎职犯罪。这一规定不仅符合刑法法理，而且有助于惩治渎职犯罪。但遗憾的是，有关部门修改了上述内容，在正式提交第八届全国人大第五次会议审议的刑法修订草案（八届全国人大五次会议文件之十七，八届全国人大五次会议秘书处 1997 年 3 月 1 日印）中，不仅删去了原第 391 条的规定，而且又在第 395 条徇私枉法罪中增设"司法工作人员贪赃枉法，有前款两款行为的，同时又构成本法第 382 条规定之罪的，依照处罚较重的规定处罚"。③ 但为什么要作这样的修改，有关部门没有给出有说服力的解释。

当然，曾参与刑法典修订的同志认为："现行刑法虽然删去了《关于惩治罪贪污罪贿赂罪的补充规定》规定的'因受贿而进行违法活动构成其他罪的，依照数罪并罚的规定处罚'，并不是说对这种情况不适用数罪并罚的规定，而是因为刑法总则对数罪并罚已有规定，适用于任何分则所规定的犯罪，没有必要在分则的具体条文后再作规定。"④ 可能基于这样的认识，两高 2012 年 12 月 7 日《关于办理渎职刑事案件适用法律若干问题的解释（一）》第 3 条规定："国家机关工作人员实施渎职犯罪并收受贿赂，同时构成受贿罪的，除刑法另有规定外，以渎职犯罪和受贿罪数罪并罚。"《解释》第 17 条又强调规定："国家工作人员利用职务上的便利，收受他人财

---

① 周光权：《徇私枉法罪研究》，《人民检察》2007 年第 12 期。
② 高铭暄、赵秉志编：《新中国刑法立法文献资料总览》，中国人民公安大学出版社 1998 年版，第 1720—1721 页。
③ 高铭暄、赵秉志编：《新中国刑法立法文献资料总览》，中国人民公安大学出版社 1998 年版，第 1817 页。
④ 胡康生、李福成主编：《中华人民共和国刑法释义》，法律出版社 1997 年版，第 522 页。

物，为他人谋取利益，同时构成受贿罪和刑法分则第三章第三节、第九章规定的渎职犯罪的，除刑法另有规定外，以受贿罪和渎职犯罪数罪并罚。"

正由于法律规定不统一，有的按数罪并罚处理，有的则适用"择一重罪处断"原则处理，造成司法实践中适用标准不统一。如2005年4月至2011年4月，被告人郑某利用担任山东省临沂市人民防空办公室兰山办事处主任的职务之便，在为他人审批人防手续、减免人防易地建设费的过程中，多次收受他人贿赂的现金及购物卡共计30.2万元，并为他人违规减免人防易地建设费1344万元。临沂市兰山区人民法院仅以受贿罪判处郑某有期徒刑10年。① 但也有的按数罪并罚处理。如海南省三亚市河道监察队原队长罗某等3名国家工作人员，在巡查藤桥东河、西河等河段时，发现有几家大型采砂场非法采砂，他们没有严格执法，而是利用职务之便按月违法收受砂场的好处费共计1.4万元。由于3名行政执法人员不依法正确履职滥用职权、受贿，致国家河砂矿产资源损失1949.14万元，同时非法采砂严重威胁到海南东环高铁的运行安全。经三亚市城郊区人民检察院提起公诉，城郊区人民法院依法作出判决：以受贿罪、滥用职权罪，分别对罗某、林某、罗某判处有期徒刑2年6个月、1年6个月和1年6个月。② 司法适用标准不统一，必须影响判决的公正性和权威性。

（四）减轻处罚幅度不明确

《中华人民共和国刑法修正案（八）》（以下简称《刑八》）第5条将原刑法第63条第1款修改为："犯罪分子具有本法规定的减轻处罚情节的，应当在法定刑以下判处刑罚；本法规定有数个量刑幅度的，应当在法定量刑幅度的下一个量刑幅度内判处刑罚。"《刑八》对第63条的修改，较好地解决了减轻处罚的幅度问题，特别是当行为人只有一个减轻处罚情节的时候。但新问题随之而来，即当行为人有两个以上法定减轻处罚情节时，能否跨越两个以上量刑幅度减轻处罚？最具代表性的是张明楷教授的观点。他认为："当被告人具备两个以上减轻处罚的情节时，原则上也可以下降两个量刑幅度。……因为《刑法》第63条第1款后段是以被告人具

---

① 余东明、王家梁：《收3000元购物卡减免341万费用，人防办主任受贿30万一审获刑》，《法制日报》2012年2月20日，第8版。

② 邢东伟：《河道监察人员受贿致国家损失近2000万元》，《法制日报》2013年12月12日，第8版。

有一个法定的减轻处罚情节为模式所做的规定，并没有包含具有数个减轻处罚情节的情形。"[1] 这一观点得到不少法官的认可。[2] 如有的认为："刑法第六十三条第一款是对减轻处罚的释义，应适用于一个减轻处罚情节。根据罪刑相适应原则，对被告人具有法定减轻或免除处罚情节，或者具有两个以上减轻处罚情节的，可不受在法定量刑幅度的下一个量刑幅度内判处刑罚的限制，可以在法定刑以下两个量刑幅度内判处刑罚。"[3] 可见，《刑八》对减轻处罚的修改，并未完全解决减轻处罚幅度不明确的问题。

（五） 适用缓刑、 免刑条件不明确

1. 适用缓刑条件不明确

根据刑法第 72 条规定，对于被判处拘役、3 年以下有期徒刑的犯罪分子，同时符合下列条件的，可以宣告缓刑：犯罪情节较轻，有悔罪表现，没有再犯罪的危险，宣告缓刑对所居住社区没有重大不良影响。立法所规定的四个条件比较原则，贪贿犯罪的特点决定了判处 3 年以下有期徒刑的案件基本上都可能符合缓刑条件。尤其是不少贪贿案件减轻或从轻处罚后又被判缓刑，如杨某受贿案。2019 年 12 月 27 日，湖北省钟祥市人民法院作出一审判决，判处被告人杨某有期徒刑 2 年 2 个月，缓刑 3 年，并处罚金人民币 20 万元（缓刑考验期从判决确定之日起计算，罚金已缴纳）；对被告人杨某违法所得予以没收，上缴国库。法院经审理查明：2008 年 5 月至 2011 年 7 月，被告人杨某利用担任钟祥市教育局党组成员、组织人事科科长等职务上的便利，为他人在工作调动、职务晋升、学生入学、教师招考等方面谋取利益，非法收受他人财物共计人民币 37.7 万元。鉴于被告人杨某自动投案，如实供述犯罪事实，系自首，且认罪认罚，可从轻或减轻处罚；被告人杨某退清了全部违法所得，可酌情从轻处罚。根据被告人杨某的犯罪行为和悔罪表现，可对被告人杨某适用缓刑，所在社区亦同意对其予以社区矫正，本院决定对被告人杨某减轻处罚，并宣告缓刑。遂作出

---

① 张明楷：《刑法学》（第 5 版），法律出版社 2016 年版，第 582 页。

② 如黄祥青：《减轻处罚情节的理解与适用》，《人民司法》2013 年第 11 期；臧德胜：《有效辩护三步法——法官视角的成功辩护之道》，法律出版社 2016 年版，第 360 页；最高人民法院刑一庭课题组：《刑事诉讼中认罪认罚从宽制度的适用》，《人民司法（应用）》2018 年第 34 期；等等。

③ 范冬明、魏海：《刑法第六十三条减轻处罚的正确适用》，《人民司法》2020 年第 26 期。

上述判决。① 本案的特点是被告人杨某减轻处罚后又被判缓刑。

2. 适用免除处罚条件不明确

根据刑法第 37 条规定，对于犯罪情节轻微不需要判处刑罚的，可以免予刑事处罚。贪贿犯罪中具有自首、立功或特别从宽情节的，具备一定条件均可以免除处罚。但什么是"犯罪情节轻微"？减轻处罚后能否适用免予刑事处罚？对此，法律界限并不明确。如被告人邱某受贿案。2013 年 12 月 31 日，山东省莱阳市人民法院一审判决，被告人邱某犯受贿罪免于刑事处罚。法院审理查明：2009 年起被告人邱某利用莱阳市社会劳动保险事业处基本医疗科科长的职务之便，多次非法收受他人财物，为他人谋取利益，受贿总额共计 16400 元。被告人邱某于 2013 年 7 月 25 日主动到检察机关投案如实供述了自己的犯罪事实；案发后，赃款被全部追缴。"鉴于被告人邱某具有自首情节，赃款被全部追缴，犯罪较轻，依照《中华人民共和国刑法》第 385 条第 1 款，第 386 条，第 383 条第 1 款第 3 项、第 2 款，第 67 条第 1 款之规定，被告人邱某犯受贿罪，免于刑事处罚。"② 本案的特点在于被告人减轻处罚后又被判免予刑事处分。

（六） 司法解释情节要素设置不合理

1. 情节要素设置标准混乱

罪刑相适应原则要求司法解释遵循同类解释原则，也就是同一法条规定的并列内容要在社会危害性的性质及程度上大体具有相当性或者相似性，③ 据此才能适用法条带来的大致相当的法定刑。同类解释原则要求同一位阶的条款具有法律评价的一致性。也即《解释》规定的受贿罪相关情节要具有相当的主观恶性、客观危害性，在这样的前提下对其处以相近的刑罚才是合理的法律评价，反之则法律评价不具有正当性。而《解释》规定的八种情形之间却有着重大的差异。八种情形中，若按照犯罪行为的时间节点划分，其中"受过党纪、行政处分""因故意犯罪受过刑事追究"

---

① 中国裁判文书网：（2019）鄂 0881 刑初 311 号。

② 中国裁判文书网：（2013）莱阳刑初字第 418 号。根据当时刑法第 383 条规定，受贿 1 万元以上的，应当判处 1 年以上 7 年以下有期徒刑。《刑九》实施后，由于两高《关于办理贪污贿赂刑事案件适用法律若干问题的解释》将贪污、受贿罪"数额特别巨大"标准提高到 20 万元，到目前为止，笔者尚未发现一例贪污、受贿犯罪数额在 20 万元以上，减轻处罚后被判免刑的，但探讨这一问题对理论和实践仍有重要意义。

③ 黄祥青：《论抢劫犯罪情节加重犯的认定思路和方法》，《政治与法律》2005 年第 6 期。

是对行为人品格的描述，也是行为人实施犯罪行为之前就已经发生的客观事实，即罪前情节。"赃款用于非法活动"及"拒不交代赃款去向"是犯罪行为实施终了之后，犯罪人对实施行为所持态度的主客观事实，即罪后情节。① 那么真正与受贿人受贿行为相关的情节只有"多次索贿""为他人谋取不正当利益，致使公共财产、国家和人民利益遭受损失""为他人谋取职务提拔、调整"及兜底的其他情节四项。这类情节源于受贿行为本身，反映了受贿行为的基本特征，亦是受贿行为社会危害性的主要表现形式。受贿人收受贿赂是否主动索取、出于什么样的目的收受、行为违背职责达到什么样的程度的犯罪事实直接反映了受贿行为对法益的侵害程度，作为受贿行为评价基础，理应是量刑的前提。② 而行为人过往品格或者前科问题等是对受贿人本身的评价，它并不体现行为本身带来的危害。显然，将罪中情节与其他罪前、罪后情节一并设置不甚合理，三种情节所体现的行为性质、行为危害程度均不相同，因此不应当适用相同的规则。《解释》的规定不仅违反同类解释原则，也是对罪刑法定原则的违背。《解释》规定的承担着入罪门槛法定和法定刑幅度选择两大功能的非数额情节，本应当成为司法机关对受贿案件定罪量刑基本适用依据之一。③ 但由于现行《解释》对非数额情节的相关设置杂乱无章，又与刑法解释基本原则相悖，这种混乱的设置标准使得司法人员难以在实践中充分合理运用解释，对具体个案进行正确评价和适用。

2. 不当限制情节的独立适用

《刑九》赋予情节脱离数额在定罪量刑上的独立作用，建立了对受贿罪的双轨评价标准。但在《解释》中仍规定要满足一定数额的条件下具有特定情形才认定为"其他较重情节"，置情节于辅助地位，确立数额优先于情节适用的标准。《刑九》所确立的数额与情节并重模式，本出于改变司法裁判中唯数额论的消极影响，但《解释》却排斥了《刑法》中数额与情节的选择关系，转而确立情节依附于数额的模式。以数额为基础以情节为补充模式的设置，直接导致《刑九》为情节独立量刑所开拓的空间被严重挤压。这种对情节作用的限制，不仅与刑事立法精神相悖，也极大地阻

① 马克昌主编：《刑罚通论》，武汉大学出版社 1995 年版，第 336 页。
② 李希慧、刘期湘：《论量刑情节的法理基础》，《甘肃政法学院学报》2006 年第 6 期。
③ 莫晓宇：《非数额情节在受贿案件中定罪量刑的功能分析》，《浙江社会科学》2016 年第 8 期。

碍了受贿量刑司法实践中对情节的考量，也就难以达到原本所期望的实现罪刑相适应的效果。在具体个案中，同样是以权换钱的谋利行为，权力的运用造成的社会危害性却有着重大区别。如身为警察的张某某利用职务便利，为开设赌场的犯罪分子提供帮助，甚至在案发后还通风报信帮助其逃避处罚，受贿金额 40 万元，作为执法人员知法犯法、包庇犯罪无疑是对职务公正性与社会信赖的极大打击。① 而身为采购专员的徐某正常履职后收受蔬菜供应商的回扣，金额为 48 万元。② 虽同样犯受贿罪，但徐某收受好处费行为对职务公正性以及社会信赖的打击显然远远低于知法犯法的张某某。但最终张某某被判处二年十个月有期徒刑，徐某被判处二年六个月的有期徒刑。不同的行为带来的危害程不一，却因为受贿数额的相似而被判以相似的刑罚，这显然不合理。在实践案例中此种失衡现象并非个案。

在立法已规定情节可作为受贿罪独立的定罪量刑标准后，为什么《解释》仍然强调数额的主导作用？对此，曾参与制定司法解释的同志认为，对于贪污受贿等贪利性职务犯罪，数额是衡量其危害程度的重要基础性因素。要实现对此类行为的罪刑相适应就不能离开对犯罪数额的考量，且仅根据情节决定刑罚可能出现案件数额较小而刑罚过重的罪刑不相称问题。③ 有的学者还认为，司法实践中如果脱离数额对情节进行量刑会造成司法恣意的状态，因而《解释》规定在一定数额基础上的情节，是对数额和情节的关系的妥当把握。④ 也有观点认为，《刑法》规定了数额和情节的选择关系，《解释》却规定情节必须依附于数额，是对情节适用空间的极大压缩，与刑法的精神不符，使得《刑九》的突破功亏一篑。⑤ 本文同意后者观点。《解释》将情节从独立评价地位降至辅助地位是出于"贪污受贿是贪利性犯罪""犯罪数额是衡量危害程度的重要基础性因素"的考量，这些缘由恰恰说明了《解释》未能准确把握受贿罪的社会危害性，没有正确认识在受贿罪中数额中心评价模式的弊端，是对受贿罪法益的片面认识，违背了《刑九》的立法目的。这种数额与情节主次分明的设置模式，从根本上限

---

① （2019）浙 1123 刑初 72 号。

② （2019）浙 0903 刑初 170 号。

③ 裴显鼎、苗有水、刘为波、王坤：《〈关于办理贪污贿赂刑事案件适用法律若干问题的解释〉的理解与适用》，《人民司法（应用）》2016 年第 19 期。

④ 周光权：《论受贿罪的情节——基于最新司法解释的分析》，《政治与法律》2016 年第 8 期。

⑤ 梁云宝：《回归上的突破：贪贿犯罪数额与情节修正评析》，《政治与法律》2016 年第 11 期。

制了司法实践中对谋利性质、受贿次数、损害后果等诸多情节的适用，最终仍维持着依赖数额而忽视行为本身各要素的定罪量刑思维。

此外，《解释》虽然将情节降格为辅助性评价内容，但毕竟还特别规定了影响受贿罪定罪量刑的情节。这种对情节的细化是有利于指引司法实践的。但《解释》对情节的规定仅仅做到了"明文"而没有做到"明确"。《解释》虽然为受贿罪规定了八种特殊从重情节，并规定受贿数额在一万元以上三万元以下，具有特定情形的应认定为具有"其他较重情节"，适用升格法定刑。但对符合数额标准又具备从重情节的案件，如何从重却未明确适用幅度。如被告人具有索贿情节当从重量刑，那么如何在基准刑的基础上，课以何种程度的从重却不明确，导致这些"明文规定"的从重情节形同虚设。而《解释》规定的兜底条款"造成恶劣影响或者其他严重后果的"，因不明确而完全依靠法官裁量，导致这一条款在实践中起不到兜底作用，成为虚置的条款。

3. 从重情节形同虚设

首先，从重情节适用率低。根据《解释》第1条规定，具有九种情形之一的，应当认定为具有"其他较重情节"。从反贪贿犯罪实践来看，除第九种情形（为他人谋取职务提拔、调整的）外，其他情形适用率都很低。前五种情形（贪污救灾、抢险、防汛、优抚、扶贫、移民、救济、防疫、社会捐助等特定款物的；曾因贪污、受贿、挪用公款受过党纪、行政处分的；曾因故意犯罪受过刑事追究的；赃款赃物用于非法活动的；拒不交待赃款赃物去向或者拒不配合追缴工作，致使无法追缴的）发生概率本身比较小。第六种情形（造成恶劣影响或者其他严重后果的）原则、抽象，难以判断认定。第七种情形（多次索贿的），不仅要"索贿"，而且要"多次"才能"从重"，大大降低适用概率。第八种情形（为他人谋取不正当利益，致使公共财产、国家和人民利益遭受损失的），往往又与《解释》第17条规定相竞合，一般不能再作为"从重"情节适用。所以，《解释》并没有解决《刑九》所规定的"非数额情节"的明确化问题。

其次，为他人谋取职务提拔、调整存在适用困境。此项规定旨在加强对实践中频发的"买官卖官"现象的打击，贯彻了严惩用人腐败的理念。实务中常见情形是收受贿款中的只有一部分，是以权提拔他人所得。在这种情形下从重部分的数额应当如何判定就成了重要问题。对此，实践中有的认为，只要有为他人谋取职务提拔的成分，无论金额、无论比例均应构成法定刑升格条件；有的认为，只有受贿人的全部受贿款均来自为他人谋取职务提拔时候才能适用这一加重情形；还有的认为，受贿人为他人谋取职务提拔的贿款要达到受贿人受贿数额的一半以上才具备升格条件。曾参与司法解释制定的苗有水法官在江苏省法院的讲座中表示，为他人谋取职务提拔的金额在达到一定比例时法定刑升格，比例过低时候可以认为本案不具有法定刑升格的条件。但具体的比例由司法人员针对具体个案进行裁量。这部分案件事实上难以成为从重处罚情节。此外不同情形下职务提拔和调整所带来的社会危害性也不完全相同，譬如有的职务调整只是为了解决两地分居的问题，仍是符合条件有能力的人在其位谋其职，客观上造成的危害并不大。有的职务调整却是使没有能力与资格的人担任要职，社会危害就更大。而提拔任用处在普通国家工作人员的职位与处于特殊职位带来的社会危害性也并不一致。司法解释虽然注意到了对用人腐败的严格惩治，但不加区别的盲目打击反倒会导致罪刑不相适应。

再次，"多次索贿"也存在适用难题。"多次"通常被认为是 3 次以上，其没有对时间跨度的要求。主流观点认为，此处的"多次受贿"均指未受行政处分、刑事处罚的情形，否则会形成重复评价。而目前实践中对"多次索贿"最主要的争议在于索贿的行为对象是否可以为同一人。[①] 有观点认为，只要索贿次数在 3 次以上，无论是向多人还是一人都不影响"多次"的成立。[②] 也有观点认为，基于同一目的和事由，向同一人多次索贿的为一次；如果因为不同的事由向同一人多次索贿的，就应认定为"多次索贿"。[③] 也即对不同的人实施多次索贿构成《解释》规定的"多次索贿"，大家均无争议，但针对同一人实施的索贿行为能否构成多次则争议较大。由于实践中有观点分歧，认识不统一，司法判例中则通常回避了对多次的认定。

4. 常见的从重情节被遗漏

司法解释对情节的设置问题不仅存在体系上和标准上的问题，在对重

---

① 梁文彩、刘志伟：《对贪污贿赂犯罪定罪量刑标准的理解与分析》，载赵秉志主编：《最新贪污贿赂司法解释的理解与适用》，清华大学出版社 2017 年版，第 102 页。
② 万春、缐杰、卢宇蓉、杨建军：《办理贪污贿赂刑事案件要准确把握法律适用标准（上）》，《检察日报》2016 年 5 月 23 日，第 3 版。
③ 裴显鼎、苗有水、刘为波、王珅：《〈关于办理贪污贿赂刑事案件适用法律若干问题的解释〉的理解与适用》，《人民司法（应用）》2016 年第 19 期。

要犯罪事实进行评价的罪中情节的具体设置上也存在明显遗漏了应当纳入"情节"范围的情形，主要表现在：

第一，受贿人背职程度。受贿罪背职情节是最能体现受贿罪法益侵犯程度的情节。背职情节包含多方面的内容：行为人收受贿赂后是正常行使职权还是滥用职权，若是滥用职权滥用到何种程度，是否造成了国家、社会或他人利益的损失等，这些情节能直接体现受贿行为对职务公正性的损害。如司法人员正常依法断案后收受好处费与收受好处费后不分青红皂白的判决相比，同样是司法腐败但对职责违背的程度显然不同，社会危害性也大不一样。因此理当针对不同受贿行为对职责背离程度的不同，设置相应的有所区别的刑罚。虽然《解释》有"为他人谋取不正当利益，致使公共财产、国家和人民利益遭受损失的"应从重处罚的规定，但这一规定显然难以与背职程度画等号。在现有规定缺失的情况下，虽然有的案件违背职责不同，却难以形成鲜明的量刑区别，不符合法律评价的基本要求。"区分履职贿赂与背职贿赂是十分必要的，因为二者的社会危害性明显不同。履职贿赂中，行为人只是违反了对于公职的一般忠诚义务，而背职贿赂中行为人不但违反了忠诚义务，而且违背了法定的特殊义务。"[1]

第二，特定职务身份。受贿罪主体虽同为国家工作人员，但由于职务的不同，其利用职务便利的范围则不同。人们通常对职务更高的人职务行为廉洁性期待越高，其犯罪可能造成的后果可能越严重，量刑也应当更重。[2] 不同职务的受贿人在实施受贿行为时对可能造成的社会危害性也有着较大的区别。譬如，在受贿数额同样的情况下，一人的利用对食品、药品领域的特殊影响力受贿，造成不符合安全规范的食药产品流向市场，另一人则在采购普通办公用品时收取回扣，前者显然会造成更为严重的后果，因此对受贿罪定罪量刑产生影响的非数额情节中理当将公职人员具有的特定身份纳入考量。再如《解释》第7条"向负有食品、药品、安全生产、环境保护等监督管理职责的国家工作人员行贿，实施非法活动的"和"向司法工作人员行贿，影响司法公正的"为行贿罪设置了特殊的量刑情节。不同领域的公职人员由于职务的特殊性，司法解释认为对其行贿会产

---

① 余高能：《各国贿赂犯罪立法分类比较研究》，《西北大学学报（哲学社会科学版）》2014 年第 4 期。

② 王刚、娄霞、罗明菊、黄春蕾：《我国贪污受贿犯罪量刑情节适用状况研究》，《太原师范学院学报（社会科学版）》2016 年第 2 期。

生更严重的社会危害性，依此逻辑，特定领域公职人员受贿同样具有更严重的社会危害性，那么受贿罪情节设置中理应具有对其从重或加重处罚的相关规定。但遗憾的是现行立法和司法解释中缺乏对特定主体区别刑罚的规定，这显然不利于对特定领域受贿犯罪的有效治理。

5. 从宽情节适用扩大化

（1）自首情节适用扩大化

贪贿犯罪中常见的从宽情节是自首。自首，作为一项重要的量刑制度，旨在通过鼓励犯罪行为人主动投案、真诚悔罪来实现刑法特殊预防目的。根据刑法第 67 条第 1 款规定，犯罪以后自动投案，如实供述自己的罪行的，是自首。对于自首的犯罪分子，可以从轻或者减轻处罚。其中，犯罪较轻的，可以免除处罚。刑法对自首设立了从轻、减轻和免除处罚三个从宽幅度。但何谓"自动投案""如实供述自己的罪行的""犯罪较轻"等，立法并不明确，需要司法解释（准立法）作出具体规定。"两高"先后颁布《关于处理自首和立功具体应用法律若干问题的解释》（1998 年）、《关于被告人对行为性质的辩解是否影响自首成立问题的批复》（2004 年）、《关于办理职务犯罪案件认定自首、立功等量刑情节若干问题的意见》（2009 年，以下简称《职务犯罪量刑情节意见》）、《关于处理自首和立功若干具体问题的意见》（2010 年）等司法解释。据统计，目前关于自首的立法、司法解释及司法文件近 20 个，一些地方法院分别出台了关于自首的指导性法律文件，[①]"有关自首的法律规定众多且不统一"，成为现行自首制度存在的主要问题。[②] 有的一线法官曾坦言："严重贪污受贿等职务犯罪案件轻刑化有诸多表现，主要表现之一就是自首情节认定过于宽泛。"[③] 最高法院刑二庭原庭长裴显鼎也认为职务犯罪适用缓免刑频率比较高的原因之一是"有些不该认为是'自首立功'的情节也被归为自首立功，导致适用了缓免刑。"[④] 从侦查（调查）实践来看，贪贿主动投案的概率事实上较低，而之所以自首率如此之高主要是因为在司法实践中对"自

---

① 如 2000 年 11 月 22 日上海市高级人民法院制定的《关于处理自首和立功具体应用法律若干问题的意见》。

② 邓晓霞：《自首制度的理论与实践反思》，中国政法大学出版社 2016 年版，第 224 页。

③ 海鹏飞、陈琳：《穗贪腐案六成认定"自首"，法官撰文称因认定宽泛》，《南方都市报》2012 年 9 月 26 日，第 A05 版。

④ 邢世伟：《我国职务犯罪亿元案迭出，存在自首立功情节滥用》，《新京报》2011 年 7 月 20 日，第 A07 版。

动（主动）投案"作了扩张解释。如在犯罪事实已被掌握的情况下，"对于经电话、口头等方式通知到案的被调查人"，"如果在通知中，办案机关明确告知是要调查其涉嫌的职务犯罪问题，要求其至办案机关配合调查，被调查人在知晓真实缘由的情况下来到办案机关，不论其是基于悔悟还是迫于压力，其在未被采取带有强制性措施的情况下选择归案，应当认定其在主观上具有归案的自愿性和主动性，应视为自动投案"。①

（2）坦白减轻处罚条款适用扩大化

《中华人民共和国刑法修正案（八）（草案）》第一次审议时，对坦白只规定可以从轻，并没有规定可以减轻处罚。有的委员提出，从宽力度不够。为了进一步体现坦白从宽刑事政策，同时也为了防止坦白从宽情节过度滥用，刑法第 67 条第 3 款专门强调："因其如实供述自己罪行，避免特别严重后果发生的，可以减轻处罚。"可见立法对坦白减轻处罚的适用作了非常严格的限制。但如何理解"因其如实供述自己罪行，避免特别严重后果发生的"存在争议。有的认为，被告人归案后，如实供述自己的罪行，退清全部赃款、赃物的，就应视为"避免特别严重后果发生的"情形可减轻处罚。② 近年来，有的司法机关大量援引该条款对贪贿犯罪分子减轻处罚。有的学者鉴于该条款"全国各地适用不均衡、不统一，差异较大"的特点，建议"对'如实供述罪行避免特别严重后果'发生的时间、因果关系、案件性质范围等适当进行扩大解释"。③ 这种理解导致部分仅有坦白而退赃较好的贪贿犯罪案件得到减轻处罚，不恰当地扩大了减轻处罚的适用。

（3）立功情节扩大化

这突出表现在：（1）将供述同案犯的行为视为立功。贿赂案件嫌疑人在交代自己罪行的同时必然涉及行贿受贿对象。对此，有的认为："立功是指犯罪分子在刑事诉讼中检举揭发本人罪行以外的其他犯罪事实，或者提供侦破案件的线索，或者协助司法机关缉捕犯罪嫌疑人，或者有其他一

---

① 孔祥庚：《经监察机关通知到案　能否认定为自动投案》，《中国纪检监察报》2020 年 5 月 6 日，第 8 版。

② 贺卫、李小文、杨永勤：《坦白条款中"避免特别严重后果发生"的认定》，《法学》2012 年第 9 期；刘付刚：《"因如实供述自己的罪行，避免特别严重后果发生"的理解与适用》，《人民司法（案例）》2012 年第 24 期。

③ 陈小平、阎二鹏：《刑法第 67 条"避免特别严重后果发生"的实证研究——基于实施近八年状况的理论反思》，《社会科学家》2020 年第 4 期。

定的对社会有益的行为。尽管诸如行贿罪与受贿罪这样的对合犯是一种必要的共同犯罪，但毕竟是刑法分则不同的罪名，行贿犯检举了受贿犯，或者受贿犯揭发了行贿犯应当属于犯罪分子检举揭发本人罪行以外的其他犯罪事实的行为，符合立功的构成要件，不能基于对合犯的牵连性就抹杀了立功情节的认定。"[1] 如犯罪嫌疑人徐某是常州市一家房屋拆迁公司的经理。他在接受当地一镇政府委托拆迁征用国有土地后，伙同他人采用编制虚假拆迁补偿协议等手段，骗取拆迁补偿款 128 万余元，并在此过程中收受贿赂 10 万元。由于徐某在审查期间主动交代向他人行贿 10 余万元的违法事实，该案进入审查起诉阶段后，徐某及辩护人向办案检察官提出，徐某的行为符合刑法关于立功的条件，检察机关应该认定其立功情节。[2] 实践中确实有一些地方就把供述自身行贿、受贿的犯罪行为认定为立功。

（2）不当立功现象。因为贪贿犯罪人的关系网比较复杂，一旦东窗事发，行为人及其家属总是想尽各种招数为其开"立功"提供方便，甚至提供各种假证明。常见的不当立功表现有：非法手段（如花钱向禁毒局的官员买他人贩毒的线索，属于重大立功）；职务获取（有的人本身就是执法人员，本来就掌握着一些他人的犯罪线索，"双规"后拿出来举报）；勾结监管人员（有的嫌疑人亲属找到了犯罪线索，于是买通看守所的监管者，内外勾结，把信息传递给嫌疑人）；借用朋友（通过担任公职人员的朋友，获取犯罪线索后举报）。[3]

（4）从轻情节重复评价

禁止重复评价是"指在定罪量刑时，禁止对同一犯罪构成事实予以两次或两次以上的法律评价"。[4] 刑法中的"禁止重复评价原则"（美国称为"禁止双重危险"），旨在强调"任何人不因同一犯罪再度受罚"，以体现刑法的权利保障机能。根据这一原则，对有利于被告人的量刑情节也不能作重复评价。但在贪贿犯罪存在从宽情节竞合时，实践中往往出现重复评价问题。自首、坦白、认罪、退赃是贪贿犯罪的量刑常态，认罪认罚从宽制度实施后，一般都把认罪认罚作为独立的量刑从宽情节。如大多数判决

① 边学文等主编：《职务犯罪案件典型疑难问题精解》，中国检察出版社 2017 年版，第 211 页。
② 杜萌：《"两高"发文遏制职务犯罪轻刑化背后》，《法制日报》2009 年 3 月 23 日，第 8 版。
③ 黄秀丽：《堵死为贪官开脱的门道——最高法、最高检规范官员轻判的幕后故事》，《南方周末》2009 年 4 月 1 日，第 5 版。
④ 陈兴良：《刑法的价值构造》，中国人民大学出版社 1998 年版，第 658 页。

书在结论部分都有如下表述："犯罪以后自动投案，如实供述自己的罪行，是自首，可以从轻或减轻处罚（如果没有自首，则表述为：到案后能如实供述本人受贿事实，系坦白，依法可从轻处罚）；认罚悔罪，已退出全部赃款，可以酌情从轻处罚；被告人认罪认罚，可以依法从宽处理。"以上诸多情节交织适用，是重复评价的体现。

（七）　特权立法加剧轻刑化

贪贿犯罪立法中专门设置两处特别从宽处罚情节。

1. 根据 1997 年刑法第 383 条第 3 项规定，个人贪污数额在五千元以上不满一万元，犯罪后有悔改表现、积极退赃的，可以减轻处罚或者免予刑事处罚。我国的量刑情节分为法定情节和酌定情节。我国刑法总则中所规定的从轻、减轻、免除处罚等法定量刑情节，是适用于所有犯罪的，在所有法定从宽情节中并没有"有悔改表现，积极退赃"规定。司法实践中，"悔改表现，积极退赃"，只是犯罪后的态度，属于酌定量刑情节，酌定量刑情节只能从轻处罚，而不能减轻或者免除处罚。上述规定则属于酌定情节法定化。《刑九》第 44 条第 3 款将上述规定进一步修改为："犯第一款罪，在提起公诉前如实供述自己罪行、真诚悔罪、积极退赃，避免、减少损害结果的发生，有第一项规定情形的，可以从轻、减轻或者免除处罚；有第二项、第三项规定情形的，可以从轻处罚。"参与立法的同志认为，这一规定"对贪污受贿罪从宽处罚的条件作了更为严格的限制"。[①] 如果仅从适用条件看，确实是比原来规定更严格了。原来只规定"犯罪后有悔改表现、积极退赃的"，可以减轻处罚或者免予刑事处罚，而现在则规定必须同时具备以下三个条件：在提起公诉前如实供述自己罪行；真诚悔罪、积极退赃；避免、减少损害结果的发生。同时还规定，"有第一项规定情形的，可以从轻、减轻或者免除处罚"，而不是"可以减轻处罚或者免予刑事处罚"。但笔者认为，上述修改与原来规定相比进一步扩大了坦白从宽的适用范围。第一，扩大了"从轻、减轻或者免除处罚"适用范围。原来只规定"个人贪污数额在五千元以上不满一万元，犯罪后有悔改表现、积极退赃的，可以减轻处罚或者免予刑事处罚"，现在则扩大到第

---

① 全国人大常委会法制工作委员会刑法室编著：《〈中华人民共和国刑法修正案（九）〉释解与适用〉》，人民法院出版社 2015 年版，第 217 页。

383 条第 1 款第 1 项 "贪污数额较大或者有其他较重情节的" 所有情形，明显扩大了 "可以减轻处罚或者免予刑事处罚" 的适用范围。第二，增设了普遍适用 "从轻处罚" 的规定。即贪贿数额较大或者有其他较重情节的，贪贿数额巨大或者有其他严重情节的，贪贿数额特别巨大或者有其他特别严重情节的以及贪贿数额特别巨大，并使国家和人民利益遭受特别重大损失的，只要 "在提起公诉前如实供述自己罪行、真诚悔罪、积极退赃，避免、减少损害结果的发生" 都可以得到从轻处罚。

2. 1997 年刑法第 390 条第 2 款规定："行贿人在被追诉前主动交待行贿行为的，可以减轻处罚或者免除处罚。" 立法上的 "免除处罚" 规定把一大批行贿犯罪给赦免了。《刑九》第 45 条将刑法第 390 条第 2 款修改为："行贿人在被追诉前主动交待行贿行为的，可以从轻或者减轻处罚。其中，犯罪较轻的，对侦破重大案件起关键作用的，或者有重大立功表现的，可以减轻或者免除处罚。" 上述规定严格了行贿犯罪从宽处罚的条件。（1）原来规定是被追诉前主动交待的都可以减轻和免除处罚，现在则规定一般只能从轻和减轻处罚，而不能免除处罚。（2）对免除处罚规定了更为严格的条件，即 "犯罪较轻的，对侦破重大案件起关键作用的，或者有重大立功表现的"，才可以免除处罚。

长期以来，行贿罪量刑偏轻，为此，《刑九》对行贿罪特别从宽制度作了限制。但从实践看，《刑九》立法的这种限制作用并不明显。"在行贿罪案件中半数以上的案件都具有被追诉前主动交代的情形，在量刑中对于刑事责任承担形式是判处刑罚还是免于刑罚处罚，是否采取缓期执行方式，都体现出该条款在行贿罪实务处理中的重要地位以及适用的必要性。"[①] 笔者的研究支持这一结论。在 191 个行贿案件中，竟有 179 个案件适用了这个规定。《刑九》降低了受贿罪的法定刑，但却没有相应降低行贿罪的法定刑，导致行贿罪的前两档法定刑高于受贿罪。按这种立法规定对行贿罪的处罚应当高于受贿罪，可是实践中并没有出现这种现象，其主要原因是特别从宽处罚情节的原则性、宽泛性及行贿罪定罪量刑标准的提高完全抵销了立法效果。何况按照张明楷教授的意见，即便在行贿罪的法定刑高于受贿罪的条件下，"由于行贿罪基本犯的不法与责任不可能重于

[①] 叶小琴、吕大亮：《论〈刑法〉第三百九十条第二款的法律地位——兼评〈刑法修正案（九）〉对该款的修改》，《河南警察学院学报》2016 年第 2 期。

受贿罪的基本犯……，对行贿罪的基本犯只能科处 3 年以下有期徒刑，而不应在 3 年以上 5 年以下裁量刑罚"。① 所以，绝大多数案件判处的法定刑基本上集中于 3 年以下。

第二节　贪贿犯罪量刑失范的程序法原因

"在我国，受长期以来形成的'重定罪，轻量刑''重实体，轻程序'等观念的影响，量刑问题相对于定罪问题而言所具有的特殊性、复杂性在很长时间内没有引起人们的应有关注。"② 即使在 2018 年刑事诉讼法再次全面修改实施认罪认罚从宽制度，检察机关的公诉权已从单一的"定罪"发展到既"定罪"又"定量"，最高检强调精准量刑之后，检察机关仍然存在着"'重定罪、轻量刑'问题突出，导致所提的量刑建议不够准确"的问题。③

一、　独立量刑程序法律地位不明确

如何解决贪贿犯罪量刑失衡问题，学界和实务界提出了诸多方案，但目前主要是通过规范实体法来解决的，如《刑九》和《解释》的出台。然而却忽视了程序的价值。"事实上，实体层面的改革和量刑方法的改进一直持续，但量刑问题始终存在。司法实践中不存在纯粹的刑事实体法问题，也不存在纯粹的刑事程序法问题。"④ 量刑问题的解决不仅要依赖于实体控制，更要依靠程序制约。量刑程序改革旨在实现程序正义，其主要目的是弥补实体改革的缺陷和不足。独立量刑程序控辩对抗，有效地实现量刑程序的公开和透明，促使法官全面审查量刑证据，并在裁判文书中对量刑判决进行说理，以规范法官自由裁量权。

与规范量刑的实体思路不同，程序规制是通过完善的程序设定来保障

---

① 张明楷：《行贿罪的量刑》，《现代法学》2018 年第 3 期。
② 李玉萍：《程序正义视野中的量刑活动研究》，中国法制出版社 2010 年版，第 1 页。
③ 韩旭：《认罪认罚从宽制度实施检察机关应注意避免的几种倾向》，《法治研究》2020 年第 3 期。
④ 李勇：《跨越实体与程序的鸿沟——刑事一体化走向深入的第一步》，《法治现代化研究》2020 年第 1 期。

量刑的公正。一般情况而言，在庭前准备过程中，无论是控方还是辩方都享有进行量刑事实调查的权利，并可以在法庭上提出相关的量刑情节和量刑证据。在庭审过程中，控辩双方可以在对双方提交的量刑证据展开质证，剔除无效的证据，这样的设计有助于法官充分审查量刑证据，对检察机关的量刑建议进行考量，促进量刑的合理化。量刑辩护是至关重要的环节，控辩双方针对量刑情节、量刑证据展开辩论，使得法律评价合理化。最终形成的量刑裁判在法官对于控辩双方量刑建议和意见的吸收和评价的基础上，同时多方面收集量刑信息上，量刑裁决将更加合法化和合理化。

2010 年"两高"启动量刑改革时，最高法出台《人民法院量刑指导意见（试行）》后，"二院三部"也曾专门制定了《关于规范量刑程序若干问题的意见（试行）》，以期推动量刑程序的改革。但随后的量刑程序改革步履维艰，不仅没有再出台新的量刑程序改革规则，更没有得到立法的充分肯定，原来的量刑程序改革意见基本上被搁置弃用。这一改革与同时进行的非法证据排除规则的实施形成鲜明的对比。2010 年 6 月 13 日，"二院三部"联合颁布《关于办理刑事案件排除非法证据若干问题的规定》，2012 年修正后的刑事诉讼法第 54 条至 58 条充分吸引了 2010 年司法解释的内容，用 6 个条文专门就非法证据排除规则作出规定。由于立法的充分肯定，"二院三部"又于 2017 年 6 月 20 日制定《关于办理刑事案件严格排除非法证据若干问题的规定》。"纵观整部《规定》，在非法证据排除规则的适用上作出了八个方面的制度创新"，[1] 从而使我国非法证据排除规则无论是在适用对象还是在适用程序上都得到较大完善。而 2012 年刑事诉讼法的修改，仅在第 193 条提及量刑问题，[2] 未就量刑程序问题作出专门规定。2018 年刑事诉讼法增设认罪认罚从宽程序，其中虽规定了相关量刑问题，但量刑程序缺位问题依然严重存在。由于受立法影响，2020 年的《量刑程序意见》没有取得新的重大进步。

二、 量刑证据和量刑证明规则缺失

量刑证明是量刑程序中的主要短板。从理论上看，对量刑证明学界研

---

① 陈瑞华：《新非法证据排除规则的八大亮点》，《人民法院报》2017 年 6 月 29 日，第 2 版。

② 刑诉法第 193 条第 1 款规定："法庭审理过程中，对与定罪、量刑有关的事实、证据都应当进行调查、辩论。"

究比较少，① 其中对贪贿犯罪量刑证据的研究就更少了。至今为止，学界在量刑证明的证据能力、证明责任、证明标准及证据规则等方面均存在重大分歧。② 从规范层面看，《量刑程序意见（试行）》仅 5 个条文涉及量刑证据问题，而且都是原则性和程序性的规定。如第 2 条第 1 款规定："侦查机关、人民检察院应当依照法定程序，收集能够证实犯罪嫌疑人、被告人犯罪情节轻重以及其他与量刑有关的各种证据。"《量刑程序意见》未对量刑证据及证明问题作出更多新的规定，有的规定合法性存疑。如第 19 条第 2 款"对于控辩双方补充的证据，应当经过庭审质证才能作为定案的根据。但是，对于有利于被告人的量刑证据，经庭外征求意见，控辩双方没有异议的除外"。根据刑事诉讼法第 198 条规定，所有与定罪量刑有关的事实和证据均应当经过调查、辩论，而对有利的量刑证据可以庭外征求意见的规定不符合立法原意。从实践层面看，存在证据收集不全面、认定标准不统一、证明力偏弱及对态度区分不清和提炼总结不到位等问题。③ 表现突出的有以下两个方面的问题：

1. 重刑案件特别是死刑案件证明标准模糊。如 2009 年 12 月 8 日上午，中国长城信托公司北京证券交易营业部原总经理杨某终于被依法执行了死刑。该案历经 5 年，经历五次审理：北京市一中院一审判处死刑、北京市高院二审发回重审、北京市一中院一审再度判处死刑、北京市高院二审维持死刑判决、最高院死刑复核程序核准死刑。从 1998 年 6 月至 2003 年 8 月间，曾任中国长城信托投资公司北京证券交易营业部总经理的杨某，以为本单位运作资金为名，多次指使财务人员违规从营业部的资金账户内提取现金共计 6536 余万元予以侵吞。但五年五审，时至执行死刑，杨某所涉赃款仍下落不明。最后，法院审理后认为，杨某贪污公款数额巨大，且拒不交代赃款去向，致使国家利益遭受重大损失，犯罪情节、后果均特别严重，因此，判

① 至今为止，在该领域看到的研究专著仅有《量刑证据与证明问题研究》一书（张吉喜著，中国人民公安大学出版社 2015 年版）。
② 汪贻飞：《量刑程序研究》，北京大学出版社 2016 年版，第 136—163 页；闵春雷、孙锐：《量刑证明和困境与出路》，《学术交流》2015 年第 8 期；吕泽华：《定罪与量刑证明一分为二论》，《中国法学》2015 年第 6 期；张月满：《量刑证明：从形式到实质》，《政法论丛》2018 年第 1 期；等等。
③ 马艳燕：《职务犯罪案件量刑证据的收集与运用》，《中国纪检监察报》2020 年 12 月 16 日，第 8 版。

处杨某死刑，剥夺政治权利终身，并处没收个人全部财产。①

2. 从轻量刑证据不规范，证明标准不明确。这主要有以下表现：（1）实践中基于贪贿犯罪案件的特殊性，一些不是从轻量刑证据被不当使用。如 2012 年 2 月湖南株洲市中级人民法院作出二审判决：2006 年至 2011 年间，被告人株洲市房管局产权处原处长尹某、副处长刘某利用负责办理房屋产权证、管理株洲市房地产担保公司等职务的便利，滥用职权并收受他人贿赂，其中尹某收受他人贿赂款人民币 81 万元、价值人民币 16.9 万元的房屋一套，刘某收受他人贿赂款人民币 44.7 万元。对尹某案维持一审原判被判处有期徒刑 8 年，刘某则因在二审期间检举了他人盗窃的犯罪事实，并经查证属实，有立功表现，由一审判刑 5 年改判 4 年。在尹、刘二审判决书中，"上述事实有下列经过查证属实的证据证明"其中列举的第 14 个证据是："请求减轻处罚的函，证明株洲市房产管理局请求法院对二被告人减轻处罚。"② 对类似的"求情公函"的性质及其作用，实务中存在争议。③ 请求减轻处罚的函件，既不是法律规定的减轻处罚因素，请求减轻处罚的函也不是证据。（2）量刑情节证据认定不规范。如实务中经常采用调查（侦查）机关出具的被告人《在接受调查（侦查）期间有关情况的说明》（如自首、立功、如实供述、真诚悔罪、积极退赃等）。"从近几年的司法实践看，有的《情况说明》尚不能达到人民法院认定量刑情节的证据要求。"④（3）量刑证明标准不明确。我国刑事诉讼的证明标准是：犯罪事实清楚、证据确实充分。而这一标准是否适用于量刑，学界存在争议。"关于量刑事实的证明到底归属于严格证明还是自由证明、量刑阶段有无必要设置证明标准，无论是在理论界还是在参与改革的各部门中都有着不同的认识。"⑤ 最高法在相关司法解释均未规定量刑事实的证明标准，这就为少数法官滥用量刑自由裁量权开了方便之门。

---

① 陈虹伟、王峰：《"中国证券界死刑第一案"：杨彦明守口如瓶重审再领死刑》，《法制日报》2008 年 7 月 27 日，第 12 版。

② 叶铁桥：《株洲房管局出函替贪官求情》，《中国青年报》2012 年 2 月 17 日，第 7 版。

③ 吴贻伙：《受贿 200 万处长曾获表彰可否轻判？无法律依据》，《检察日报》2016 年 11 月 2 日第 4 版；百里溪：《求情公函的刑事法律分析》，http：//bailixi.fyfz.cn/b/869504，2015 年 10 月 20 日访问。

④ 尚晓阳、许建华：《职务犯罪案件的证据审查标准——以受贿案件证据审查为视角》，《人民司法》2020 年第 25 期。

⑤ 余茂玉：《论量刑事实的证明责任和证明标准》，《人民司法》2011 年第 7 期。

三、 诉讼结构不合理， 控辩失衡

根据 2016 年 11 月中共中央办公厅印发的《关于在北京市、山西省、浙江省开展国家监察体制改革试点方案》，第十二届全国人大常委会第 25 次会议于 2016 年 12 月 25 日通过了《关于在北京市、山西省、浙江省开展国家监察体制改革试点工作的决定》，揭开监察体制改革的序幕。2017 年 10 月 18 日，中共十九大报告进一步明确要"深化国家监察体制改革，将试点工作在全国推开"；10 月 29 日，中共中央办公厅印发《关于在全国各地推开国家监察体制改革试点方案》，部署在全国范围内深化国家监察体制改革的探索实践，完成省、市、县三级监察委员会组建工作，实现对所有行使公权力的公职人员监察全覆盖；11 月 4 日，全国人大常委会通过《关于在全国各地推开国家监察体制改革试点工作的决定》，据此，试点工作在全国各地推开。2018 年 3 月 11 日，第十三届全国人民代表大会第一次会议正式通过《中华人民共和国宪法（修正案）》，进而将监察体制纳入宪法，以最高法律权威的形式确立了监察权力体系的合法性。2018 年 3 月 20 日《中华人民共和国监察法》（以下简称《监察法》）经表决通过。

《监察法》规定，各级监察委员会是行使国家监察职能的专责机关，依照本法对所有行使公权力的公职人员进行监察，调查职务违法和职务犯罪，开展廉政建设和反腐败工作。"历史上和当今世界任何国家，都没有权力如此巨大而又集中的监察机关。"[1] 国家监察体制改革的难点之一就是如何监督和制约国家监察机关？[2] 要保障国家监察权的正当、合法、有效行使，必须加强对国家监察权及国家监察委员会的有效监督制约。《监察法》第 4 条第 2 款规定："监察机关办理职务违法和职务犯罪案件，应当与审判机关、检察机关、执法部门互相配合，互相制约。"但是"观乎国家监察体制改革的既有实践，虽然反腐败合力得以形成，但监察权亦随之增大。加之监察机关与执政党的纪律检查机关合署办公，地方各级监察机关负责人由执政党同级纪律检查机关负责人担任，由此使得监察机关在现

---

[1]　童之伟：《对监察委员会自身的监督制约何以强化》，《法学评论》2017 年第 1 期。
[2]　马怀德：《国家监察体制改革的重要意义和主要任务》，《国家行政学院学报》2016 年第 6 期。

实中的地位要远高于审判机关和检察机关"。① 所以，在现行体制下中，审判机关要对监察机关和检察机关提出的量刑建议提出异议极为困难和罕见。陈瑞华教授早就指出："我国量刑程序改革可能蕴含着一个潜在的风险，即在法官的司法裁量权受到削弱、辩护方又无法对量刑裁决有效影响的情况下，检察机关的量刑建议有可能占据压倒性的优势，成为影响量刑裁决的单方面力量。"②

由于独立量刑程序的缺失，导致律师量刑辩护功能受到很大限制。实证研究表明，贪贿犯罪实体辩护质量低，其原因有两个方面："一方面是职务犯罪案件中认罪认罚从宽制度的广泛适用压缩了律师在庭审中的发挥空间，另一方面是律师介入案件较晚，调查取证上存在先天劣势。"③ 随着2018 年修改的刑事诉讼法对 2016 年以来试点的认罪认罚从宽制度的全面肯定，认罪认罚从宽制度已全面推开。认罪认罚从宽制度的推进，不仅有利于减少诉讼成本，提高诉讼效率，而且有利于充分体现宽严相济刑事政策，有效惩治犯罪、强化人权保障。但认罪认罚从宽制度的全面实施，却直接压缩了量刑辩护的空间，贪贿犯罪领域更加突出。

根据《监察法》第 31 条规定，涉嫌职务犯罪的被调查人主动认罪认罚，可以在移送人民检察院时提出从宽处罚的建议。监察机关调查期间，被调查人无权聘请辩护人，辩护律师不能介入调查程序。在监察调查阶段，监察机关与被调查人之间，法律地位悬殊。在这种完全不平等的博弈结构下，难以保证被调查人自愿认罚认罪。何况，"在辩护律师参与庭审的案件中，假如律师不能提出任何新的量刑情节，而只是简单地重复控方案卷中所记载的几条'量刑信息'，那么，辩护方就根本无法说服法庭接受其量刑意见，更难以改变量刑裁决倾向于公诉方量刑建议的现实"。④ 而且一旦被调查人认罪认罚，客观上与被告人积极行使辩护权存在逻辑上的冲突。当被告人或其辩护律师对监察机关或检察机关的量刑意见有异议并积极抗辩时，很容易被认为是不思悔改，认罪悔罪态度差。在这种情形

---

① 秦前红：《我国监察机关的宪法定位 以国家机关相互间的关系为中心》，《中外法学》2018 年第 3 期。

② 陈瑞华：《量刑程序中的理论问题》，北京大学出版社 2011 年版，第 161 页。

③ 俞静尧、徐培颖：《论律师介入监察调查的合理性——基于浙江省 117 份一审判决书的实证研究》，载浙江省法学会监察法学研究会：《国家监察与法治现代化》（2020 年 12 月），第 277 页。

④ 陈瑞华：《刑事辩护的理念》，北京大学出版社 2017 年版，第 155 页。

下，即便被告人包括辩护律师对检察机关的量刑建议有异议，因有后顾之忧而不敢大胆行使量刑辩护权，担心因积极行使量刑辩护权被认为认罪悔罪态度不好，反而遭受到更重的刑罚处罚。

第三节　贪贿犯罪量刑失范的司法原因

一、 司法理念失当

（一） 特权观念

中国自古对官员的惩罚有一种传统："刑不上大夫。"东汉郑玄注云："刑不上大夫，不与贤者犯法，其犯法，则在八议轻重，不在刑书。"这一古老的法律原则至清代都明确规定在法律之中。《大清律例》中"名例律上"之"应议者犯罪"律文对"八议者"和"三品以上大员"犯罪，均有先奏请议或请旨遵行的规定，给予这些特殊官员在犯罪时（"十恶"除外）可以通过议、请、减、赎等途径减轻或免除刑罚处罚。"刑不上大夫"的法律原则强调对贵族官僚等统治阶层特权的维护，在非政治性领域，贵族官僚犯罪往往会受到许多特权保护，处罚要比普通百姓更轻。[①] 受其影响，现行刑法制度中尚未完全消除由身份差异造成的不平等现象。例如，盗窃、诈骗罪与贪污、受贿罪处罚标准的差异。贪污罪与盗窃罪同样都侵犯了财产权，而贪污罪是由国家工作人员利用职务之便实施的，按照腐败犯罪刑事政策，理应对国家工作人员从重从严处罚。但 1988 年《关于惩治贪污罪贿赂罪的补充规定》把贪污、受贿罪的数额标准规定为一般是2000 元，这一数额标准已远远高出盗窃罪。1997 年修订刑法又将贪污、受贿罪数额标准提高到 5000 元，而《刑九》颁布后，"两高"《解释》更是将贪污、受贿罪起点标准大幅度提高到 3 万元。我国司法实践中存在着严重的职务犯罪轻刑化现象。如 2005 年至 2009 年 6 月广东省职务犯罪被告人获免刑和缓刑的比例达 63.3％，而同期普通刑事犯罪免刑和缓刑的比例

---

① 曾宪义主编：《中国法制史》，北京大学出版社、高等教育出版社 2009 年版，第 46 页。

只有 4.8%，前者是后者的 13 倍。① 虽然这一不合理现象原因是多方面的，但立法和司法上的特权观念及其表现是重要原因之一。

（二） 重实体、 轻程序观念

司法公正包括实体公正和程序公正。所谓实体公正，是指实体法律对人们权益的规定与人们应当获得的权益相一致，法院的裁判能使每个人应当获得的权益得到完全保障，实体公正重视的是"结果价值"。程序公正是指法律的具体运作过程中，通过正当程序充分保障每一个人的权益，程序公正重视的是"过程价值"。我国传统的司法观念是重实体、轻程序：程序是为实体服务的，程序公正只是手段，实体公正才是最终目的。"我国刑事审判长期以来受到职权主义诉讼模式的影响，采取定罪与量刑一体化的量刑模式，在量刑实践中形成了重定罪、轻量刑，重实体、轻程序的错误裁判理念。"② 尽管 1996 年刑诉法修改，特别是 2012 年刑诉法修改后，"坚持程序公正与实体公正一体实现的理念"慢慢成为主流司法观念。③ 但司法实务中传统观念的影响仍顽固存在。近年来，随着认罪认罚从宽制度的全面实施，认罪认罚从宽程序得到一定的强化，但与实体法的完善相比，量刑程序改革明显滞后和不足，相对独立量刑程序的构建仍是任重而道远。

二、 宽严相济刑事政策执行不到位

宽严相济刑事政策是现阶段我国确定的基本刑事政策，贪贿犯罪理当适用宽严相济刑事政策。"近年来，伴随着承载宽严相济刑事政策基本精神的法律文件与法律制度的陆续出台，宽严相济刑事政策所强调的'以宽为主'的基本理念得以充分体现。"④ 特别是认罪认罚从宽制度的试行和立法肯定，使宽严相济刑事政策之"宽缓"一面得到较为充分的实现。宽严相济刑事政策，本是要做到"该严则严，当宽则宽；严中有宽，宽中有

---

① 赵杨、林俊杰：《省检察院：自首是轻判主因》，《南方日报》2010 年 11 月 20 日，第 A09 版。
② 郑高健、孙立强：《量刑规范化理论与实务研究》，法律出版社 2017 年版，第 68 页。
③ 胡云腾：《从拨乱反正到良法善治——改革开放十年刑事审判理念变迁》，载姜伟主编：《刑事审判参考》总第 119 辑，法律出版社 2019 年版，第 7 页。
④ 刘茵琪：《认罪认罚从宽制度如何刑事政策化——基于宽严相济刑事政策之"宽缓"面向的考察与反思》，《内蒙古社会科学（汉文版）》2019 年第 2 期。

严；宽严有度，宽严审时"，① 而不是一味地从宽、从轻。贪贿犯罪的查办，事关反腐大局，一味宽缓，必然消解反腐效果。但是，贪贿犯罪案件的特殊性及"人情文化"的影响，导致贪贿犯罪量刑中从宽情节适用过度、从重情节适用不足的现象非常突出。这显然是对宽严相济刑事政策的误读。如内蒙古自治区能源局原局长赵文亮受贿案。法院经审理查明，"被告人赵文亮身为国家机关工作人员，利用担任鄂尔多斯市东胜区人民政府副区长、区长、鄂尔多斯市经济委员会主任、鄂尔多斯市经济和信息化委员会主任、鄂尔多斯市副市长等职务上的便利，收受、索取他人的财物等共计人民币4022.95万元、美元1万元，为他人谋取利益或承诺谋取利益，其行为构成受贿罪，且数额特别巨大"。"鉴于被告人赵文亮有索贿的法定从重情节，也存在重大立功、坦白，认罪悔罪，大部分赃款赃物已退缴，主动交代收受行贿人贿赂的事实等法定、酌定从轻、减轻情节，法院以被告人赵文亮犯受贿罪，判处有期徒刑9年，并处罚金人民币100万元。对已经扣押在案的被告人赵文亮犯罪所得依法予以追缴，尚未追缴到案的，继续追缴，上缴国库；未随案移送的涉案财物，由查封、扣押、冻结机关依法处理。被告人赵文亮当庭表示认罪服判，不上诉。"② 本案对被告人大幅度减轻处罚，显然只考虑了被告人的从宽情节，而对其受贿数额特别巨大、索贿、赃款未追缴到案等从重情节未加考量，导致量刑畸轻。

三、 量刑指导意见和指导性案例缺失

（一） 缺乏量刑指导意见，量刑幅度不明确

为了纠正贪贿犯罪的"轻刑化"和量刑不平衡现象，早在2006年召开的第五次全国刑事审判工作会议上，最高法就提出要抓紧制定贪污、贿赂、挪用公款犯罪量刑指导意见。③ 自2010年10月1日起全国法院试行量刑规范化改革。2014年1月3日最高法颁布《关于常见犯罪的量刑指导意见》，自2014年开始全国法院对15个罪名全面实施量刑规范化工作。

---

① 马克昌：《宽严相济刑事政策研究》，清华大学出版社2012年版，第75页。
② 刘懿德：《内蒙古自治区能源局原局长赵文亮一审获刑9年》，http://www.gov.cn/xinwen/2019-12/28/content_ 5464813. htm，2020年3月27日访问。
③ 鲁生：《同罪同罚：公平正义的必然要求》，《法制日报》2006年11月14日，第5版。

2017 年最高法实施修订后的《关于常见犯罪的量刑指导意见》，并在全国进行第二批试点法院对危险驾驶等 8 个罪名进行量刑规范改革试点。但是所有上述文件均不含有贪贿犯罪案件的量刑规范化的内容。由于缺乏统一的量刑参照标准，法官自由裁量权难以得到有效控制。

（二） 缺乏指导性案例， 同案同判难

建立案例指导制度是中央确定的司法改革举措之一。我国从 2010 年底开始逐步建立和完善中国特色的案例指导制度。最高法 2010 年 11 月 26 日颁布《关于案例指导工作的规定》，标志着我国案例指导制度的正式建立。最高法 2015 年 5 月 13 日又出台《〈关于案例指导工作的规定〉实施细则》。2019 年 1 月 1 日实施的《中华人民共和国人民法院组织法》首次从法律层面确立了案例指导制度。截止到 2021 年 1 月 12 日，最高人民法院共计发布了 26 批共计 147 个指导性案例（第 9、20 号指导性案例自 2021 年 1 月 1 日起不再参照适用），其中涉及贪污贿赂罪的只有两个案例，即指导案例 3 号潘玉梅、陈宁受贿案和指导案例 11 号杨延虎等贪污案，两个案例解决的也是定罪问题而不是量刑问题。截至 2021 年 4 月 27 日，最高检共发布 28 批 110 件指导性案例，涉及刑事检察案例 82 件。其中职务犯罪案例 10 件，分别是第 3 号林志斌徇私舞弊暂予监外执行案，第 4 号崔某环境监管失职案，第 5 号陈某、林某、李甲滥用职权案，第 6 号罗甲、罗乙、朱某、罗丙滥用职权案，第 7 号胡某、郑某徇私舞弊不移交刑事案件案，第 8 号杨某玩忽职守、徇私枉法、受贿案，第 73 号浙江省某县图书馆及赵某、徐某某单位受贿、私分国有资产、贪污案，第 74 号李华波贪污案，第 75 号金某某受贿案，第 76 号张某受贿，郭某行贿、职务侵占、诈骗案。在这 10 个职务犯罪案例中，只有 75 号金某某受贿案涉及量刑问题。"金某某受贿案中，虽然被告人犯罪数额特别巨大，但其真诚悔罪，自愿认罪认罚，且具有坦白、退赃等法定从轻处罚情节，检察机关依法适用认罪认罚从宽制度办理，综合考虑案件事实、情节等情况，对金某某提出确定刑量刑建议，法院判决予以采纳并当庭宣判，金某某当庭表示服判不上诉，案件取得较好的效果。"[①] 这表明案例指导制度实施以来，仅最高检颁

[①] 闫晶晶：《监察体制改革后首次发布职务犯罪检察指导性案例背后》，《检察日报》2020 年 7 月 22 日，第 1 版。

布过一个贪贿犯罪指导案例。这完全不适应贪贿犯罪量刑指导的客观需要。

四、 量刑说理不够

《量刑程序意见（试行）》第 16 条曾强调规定："人民法院的刑事裁判文书中应当说明量刑理由。量刑理由主要包括：（一）已经查明的量刑事实及其对量刑的作用；（二）是否采纳公诉人、当事人和辩护人、诉讼代理人发表的量刑建议、意见的理由；（三）人民法院量刑的理由和法律依据。"但笔者专门通过对 222 份受贿裁判文书进行梳理发现，绝大多数的判决书都存在说理不充分的问题。法官的量刑依据是什么，量刑因素是如何影响量刑，从轻情节和从重情节在量刑中所占比例是多少，外界均无从得知。对于上述的问题，法院既不会公布裁判依据，法官也不会进行阐释，被告人及其家属甚至是普通民众，只能从判决书的最后结论段中猜测哪一因素影响了最终的量刑结果。而该结论段的普遍表达格式是："鉴于其到案后能够如实供述自己的罪行，主动交代办案机关尚不掌握的绝大部分犯罪事实，具有认罪、悔罪情节，并且检举揭发他人犯罪（或违纪、违法）线索，经查证属实积极退赃，赃款赃物已全部退缴，依法可以从轻、减轻处罚。"这种普遍雷同的表述方式无法对个案量刑的正当性、合理性作出合法性判断。

我国刑法规定的法定刑中大多都存在多种可选刑种或同一刑种的刑度跨度较大的情况，法官在断案时为何选择某一刑种或同一刑种的某一刑度，应有自己的理由，且有义务告知诉讼各方为何如此选择。[①] 然而，笔者通过数据分析，发现很多判例纵使情节相同或相近，法官定罪量刑说理基本相同，但是判决结果却相去甚远，如案号为（2019）川 0411 刑初 7 号和案号为（2019）桂 1102 刑初 262 号两份判决书。再者，对于适用缓刑的判决，法官往往会以如下方式进行简单的说理：综合被告人刘某某的犯罪数额、情节、认罪态度，宣告缓刑对其所居住社区没有重大不良影响，可对其适用缓刑。[②] 这种格式化的表述、笼统概括式的说理，并不能

---

① 焦悦勤：《刑事判决书量刑说理现状调查及改革路径研究》，《河北法学》2016 年第 2 期。

② 〔2019〕黑 0502 刑初 122 号。

让普通民众充分明白裁判结果的合理性。更有甚者，很多法院在对量刑进行裁判说理时，仅一笔带过，并没有将量刑说理部分独立成段，量刑说理部分被完全忽视了，其独立价值荡然无存。

另外，笔者通过样本统计还发现，量刑说理部分往往是置于定罪说理之后，且行文篇幅也远小于定罪说理部分，对被告人具有的量刑情节往往只是简单地列举，稍加法条予以叙述，鲜有如定罪说理部分一般翔实细致。对于控辩双方的量刑建议要么不予回应，要么就通过格式化语言予以回应，如"经本院审理查明，辩护建议予以采纳""经本院审理查明，公诉建议予以采纳"，难以显现出法官对于个案认定事实和证据分析的逻辑推导过程，这充分反映出我国在受贿犯罪量刑方面存在说理不足的现象，个案特征不明显，忽视了量刑说理部分在程序上的独立性、在价值上的必要性、在预防和惩治犯罪上的重要性。

第五章 贪污贿赂犯罪量刑规范化比较研究

第一节 英美法系国家贪污贿赂犯罪量刑标准

一、 美国贪贿犯罪量刑标准

（一） 美国 《量刑指南》 的出台及量刑改革新动向

20 世纪 30 年代前，美国刑事司法领域盛行以康复矫治主义和刑罚个别化为主要特征的量刑模式。60 年代起，随着法官自由裁量权的过度使用和司法实践中同案不同判情况的普遍存在，刑事法学家们对康复矫治主义量刑模式的担忧加剧，70 年代至 80 年代初，美国部分州率先拉开量刑改革序幕：1980 年，明尼苏达州首开实施量刑指南之先例，随后宾夕法尼亚州和华盛顿州也相继实施了量刑指南。为有效应对美国刑事司法实践中的量刑偏差和量刑失衡，促进量刑程序透明化、裁量结果均衡化，1984 年，美国国会通过量刑改革法案（the Sentencing Reform Act，简称 SRA），并创立了美国量刑委员会（The Sentencing Commission）。为积极响应国会限缩法官量刑酌处权之旨趣，初始量刑委员会随后颁布一系列量刑规范、政策声明，并于 1987 年正式颁布实施《量刑指南》 （*The Federal Sentencing Guidelines*）。在这个指南当中，其把每一具体状况的犯罪行为均与量刑表上一定的刑罚数量相对应。以量化为特征的美国联邦量刑指南面世并得以强制施行，《量刑指南》的施行"卓有成效地提升了量刑结果的合理性与一致性，促进量刑均衡，迎合了彼时民众量刑确定性的需求"。① 但是"在司法实践中量刑指南并没有取得预期效果。相反，联邦量刑指南除存在固有局限外，还诱发了许多问题"。最后，布克案又促使联邦量刑指南由强制性规范改为参考性规范。后布克时代美国量刑改革的新动向为："既要定量又要自由裁量的新型量刑模式—双轨制模式逐渐在司法实践中得到贯彻，量化量刑模式和传统量刑模式从此渐行渐远。"②

（二） 美国贪贿犯罪量刑标准

美国是英美法系国家的代表，其有众多关于贿赂的刑事立法，其中包括《联邦贿赂法》《有组织的勒索、贿赂和贪污法》《海外腐败行为防止法》等法律。

《美国法典》第 201（b）条规定了背职贿赂，第 201（c）条规定了履职贿赂。背职贿赂的法定刑为罚金或者 15 年以下监禁，或者二者并用，同时可剥夺其担任特定职位的资格。履职贿赂的法定刑为罚金或者两年以下监禁，或者二者并用。此外，对犯重型贿赂罪的官员要褫夺公职，而轻型贿赂罪的官员则不适用。在美国的刑事法律中，对受贿罪类型划分的重要依据是是否枉法。重型贿赂罪又分为重型受贿罪和重型行贿罪，但两者法定刑相同。受贿数额在美国的刑法中并不是判处拘禁刑或划分受贿罪类型的依据。根据《联邦贿赂法》第 201 条和第 666 条的规定，可以判处受贿金额 3 倍以下的罚金，可见受贿数额仅在判处罚金刑时作为罚金刑具体数额的依据。另外，根据美国《海外反腐败法》（又称《反海外贿赂法》，1977 年制定，后又经多次修改）规定，对于违反法案的公司和其他商业实体，可处以最高 200 万美元的罚金；对故意违反该法案的个人（包括官员或公司管理人员）则会被处以最高 10 万美元罚金和 5 年以下监禁，或两罚并用，并承担民事责任。

二、 英国贪贿犯罪量刑标准

英国是世界上第一个制定反腐败法律的国家，贿赂犯罪刑法治理具有

---

① 崔仕绣：《美国量刑改革的源起、发展及对我国的启示借鉴》，《上海政法学院学报（法治论丛）》2020 年第 1 期。

② 彭文华：《美国联邦量刑指南的历史、现状与量刑改革新动向》，《比较法研究》2015 年第 6 期。

悠久的历史。但随着现代商业社会贿赂形式的不断变化，英国在一个世纪之前创制的立法已难以应对贿赂犯罪治理的现实需要。作为国际经济合作组织及欧盟的重要成员国，英国缔结了相关国际与区域性反腐公约，有义务及时根据条约内容修正国内立法，由此促成了贿赂犯罪立法的全面改革。20世纪90年代英国在一系列公共领域内发生腐败丑闻之后，法律委员会在1998年提出了一份报告，全面分析了贿赂立法的不足之处，并建议制定一部统一的贿赂法案。① 2008年10月，法律委员会出台了贿赂法草案的最后版本。2010年4月8日新的《贿赂法》（*Bribery Act 2010*）获得上下两院及御批通过，并于2011年7月正式生效，取代了以往普通法与制定法中贿赂罪的相关规定。

根据英国《2010年反贿赂法》第11条第1款的规定，对犯受贿罪者的刑罚处罚，分两种情况：（1）经简易定罪，处不超过12个月的监禁，或者不超过成文法上限的罚金，或者两者并处；（2）经公诉定罪，处不超过10年的监禁，或者罚金，或者两者并处。即处罚的轻重取决于诉讼程序的不同，经简易程序定罪者，处罚较轻；经公诉定罪者，则处罚较重。此外，《2010年反贿赂法》突出了对法人行贿的打击力度，商业组织一旦被认定有罪，可能被处无限制的罚金，而且还可能被剥夺在欧盟范围内参与公共事业的资格。可见，对于处罚标准，《2010年反贿赂法》采用形式标准，根据适用诉讼程序的差异，分别规定不同的刑罚，即自然人犯受贿罪的，若为即席判决（summary conviction），可单处或并处不超过12个月的监禁或者不超过法定最高额的罚金；若适用公诉程序判决（conviction on indictment），可单处或并处不超过10年的监禁或者无限额罚金。法人犯受贿罪的，分别仅处以不超过法定最高额的罚金或者无限额罚金。

在以往制定法中，英国贿赂罪的最高刑期为7年，而在一些非常严重的贿赂案件中，由于欺诈犯罪的法定最高刑为10年，高于贿赂犯罪的法定最高刑，因而检控方往往以起诉欺诈罪来替代贿赂罪。为正确适用罪名及协调罪名之间罪刑关系，《贿赂法》提高了贿赂犯罪的刑罚供给量，将监禁刑的法定最高刑期从7年提高至10年，同时规定了无限额罚金制。根据

---

① 钱小平：《英国〈贿赂法〉立法创新及其评价》，载赵秉志主编：《刑法论丛》第30卷，法律出版社2012年版，第4页。

《2010 年反贿赂法》的规定，按普通程序审理而构成普通行贿、受贿罪和行贿外国公职人员罪的，将面临无限额罚金或最高 10 年的监禁或两者并罚；按简易程序审理而构成上述罪名的，则面临最高 12 个月的监禁或不超过法定最大数额的罚金或两者并罚。法人构成上述罪名的，则将被判处罚金，其适用简易程序的，罚金数额不超过最高法定数额（5000 英镑）；若适用普通程序的，采用无限额罚金制度，商业组织预防贿赂失职罪只能适用普通程序审理。

三、 加拿大贪贿犯罪量刑标准

根据《加拿大刑法典》第 119 条、120 条的规定，司法人员、法官、警察局长、治安官或少年法庭工作人员收受贿赂或向上述人员行贿的，应判处 14 年以下监禁，其他公职人员则处以 5 年以下监禁。在加拿大，贿赂法官、议员和警官被认为是最严重的腐败犯罪，因为该类犯罪威胁到公众对司法公正的信任，而该信任是任何一个合法政府所应具备的首要条件。该类犯罪最高刑可处 14 年监禁（属于加拿大第二严重的刑罚类型；最高刑罚类型是终身监禁，如谋杀）。其他腐败犯罪（第 121 条至第 125 条和第 426 条）也是很严重的可诉犯罪，最高刑罚可处 5 年监禁。

四、 澳大利亚贪贿犯罪量刑标准

根据透明国际发布的"全球清廉指数"，澳大利亚在该指数排行榜上多年稳居前十名左右。澳大利亚是英联邦国家，各州都有立法权。澳大利亚联邦制定的反腐败法律包括：《1995 年刑法典》《1905 年禁止秘密佣金法》《1914 年犯罪法》等。

澳大利亚《1995 年刑法典》（1995 年 8 月 3 日通过，2005 年修订）第 141 条（贿赂联邦公职人员罪）第 2 款（行贿联邦公职人员罪）规定："1. 满足以下情形，上述罪名成立：（1）某人以不诚实的手段：给予他人利益；或导致利益被给予他人；或主动给予或承诺给予他人利益；且（2）此人采取以上行为的目的在于影响公职人员（可能是他人）的职责行使；（3）且该公职人员为联邦公职人员；且（4）该职责为联邦公职人员的职责。2. 本罪刑罚：10 监禁。"第 141 条第 3 款（联邦公职人员受贿罪）规定："1. 满足以下情形，上述罪名成立：（1）该公职人员以不诚实的手段：为自己或他人索要利益；或为自己或他人收受或谋取利益；或为自己或他人同意收受或谋取利益；且（2）该公职人员采取以上行为的目的在于：（a）影响自己身为联邦公职人员的职责行使；或（b）诱导或促使他人相信或坚持相信，自己身为联邦公职人员的职责行使将受到影响。2. 本罪刑罚：10 年监禁。"《1995 年刑法典》第 142 条还规定与贿赂相关的罪名，即第 1 款的给予公职人员腐化利益罪和第 2 款的公职人员收受腐化利益罪，刑罚都是 5 年监禁。上述规定表明：在澳大利亚行贿受贿同等处罚。

澳大利亚《1914 年犯罪法》（1914 年实施，2015 年修订）第 32 条（司法腐败罪）规定："行为人满足下列任一情形，构成本罪：1. 司法人员为自己或他人不道德地索要、收受、获取、同意收受或获取、试图收受或获取任何形式的财物或利益，作为回报，实施或将要实施作为或不作为；或 2. 为使司法人员作为或不作为，行为人向司法人员不道德地给予、赠予、介绍、承诺，或主动给予、授予、介绍，或试图介绍任何形式的财物或利益。刑罚：10 年监禁。"《1914 年犯罪法》第 73 A 条（议员受贿罪）规定："如果议员为自己或他人索要、收受、获取或同意索要、收受、获取任何形式的财物和利益，导致任何形式的不正当行使权力或职责，则构成本罪。刑罚：2 年监禁。"第 73B 条（行贿议员罪）规定："任何以影响议员权力行使或引诱其退出议会或议会两院的任何委员会为目的，给予、赠予、承诺或主动给予、赠予议员或他人任何形式的财物或利益，则构成本罪。刑罚：2 年监禁。"

五、 新西兰贪贿犯罪量刑标准

透明国际公布的廉政指数表明，新西兰的清廉指数曾多次位居世界第一：2010 年其与新加坡并列第一，2012 年其与丹麦、芬兰并列第一，2016 年其与丹麦并列第一。

新西兰《犯罪法》第 100 条（司法腐败）第 1 项规定："任何司法官员为本人或其他任何人，非法地接受、获取、同意接受、索取或者试图获取任何贿赂，以作为其司法职责内实施行为或不实施行为，或将实施行为或不实施行为的报酬的，处 14 年以下有期徒刑。"第 101 条（司法官员的贿赂等）规定："（1）任何意图影响司法官员在其司法职责内的作为或不作为的个人，非法地向他人给予、提供或同意给予任何贿赂的，处 7 年以下有期徒刑。（2）任何意图影响任何法院的司法官员、书记官或副书记官在其司法职责内不属于第 1 款规定的作为或不作为的个人，非法地向他人给予、提供或同意给予任何贿赂的，处 7 年以下有期徒刑。"第 102 条（内阁部长的腐败和贿赂）规定："（1）内阁部长或执行委员会成员为本人或其他任何人，非法地接受、获取、同意接受、索取或者试图获取任何贿赂，以作为其部长或执行委员会成员职责内实施行为或不实施行为，或将实施行为或不实施行为的报酬的，处 14 年以下有期徒刑。（2）任何意图影响内阁部长或执行委员会成员在其部长或者执行委员会成员职责内实施行为或不实施行为的个人，非法地向他人给予、提供或同意给予任何贿赂的，处 7 年以下有期徒刑。"第 103 条规定了议会成员的贿赂罪。第 104 条第 1 项规定："任何腐败的执法官员为本人或其他任何人，非法地接受、获取、同意接受、索取或者试图获取任何贿赂，以作为其司法职责内实施行为或不实施行为，或将实施行为或不实施行为的报酬的，处 7 年以下有期徒刑。"第 105 条（公务员的腐败和贿赂）规定："（1）无论是在新西兰还是其他地方，任何公务员为本人或其他任何人，非法地接受、获取、同意接受、索取或者试图获取任何贿赂，以作为其公务职责内实施行为或不实施行为，或将实施行为或不实施行为的报酬的，处 7 年以下有期徒刑。（2）任何意图影响公务员在其公务职责内实施行为或不实施行为的个人，非法地向他人给予、提供或同意给予任何贿赂的，处 7 年以下有期徒刑。"

六、 新加坡贪贿犯罪量刑标准

20 世纪 40 至 50 年代，新加坡和许多其他东南亚国家一样，贪污腐败横行无忌，严重阻碍了新加坡的发展。1952 年，新加坡政府成立了反贪污调查局，反贪局创建初期，由于民众怀疑，加上缺乏配套的法律制度，反贪污调查局并没有发挥很大功用。1959 年，新加坡建立自治政府，以李光耀为首的人民行动党上台执政，采取严厉举措严惩贪腐，1960 年《防止贪污法》颁布，从此新加坡逐步走出腐败高发期。《反贪污法》赋予反贪污调查局极大权限。反贪局既是行政机构，又是执法机关。有权在没有逮捕证的情况下逮捕嫌疑人；有权没收贪污罪犯的全部受贿财物；有权检查和冻结嫌疑人的银行账户；有权入室搜查、检查和扣押认为可以作为证据的任何物品；有权进入各部门、机构，要求其官员和雇员提供调查人员认为需要的任何物品、文件和内部资料等。"透明国际"公布了 2010 年度全球腐败指数报告：丹麦、新西兰和新加坡三国并列第一。从贪腐盛行到清廉度全球第一，新加坡用了 60 年。

现行的《预防腐败法》（又称《反贪污法》，生效于 1960 年 6 月 17日，至今已进行了 10 余次修改），全文共 37 条，由 6 章组成，详细明确地规定了贿赂的内容和范围、受贿的形式、惩治贿赂的机构及其职权和调查程序等，是一部融实体规定、诉讼程序和部门组织法于一体的综合性法律。

《预防腐败法》第 5 条规定："任何人单独或者与他人共同实施下列行为的，构成犯罪，并应当处以 10 万新元以下的罚金，或者处以 5 年以下监禁，或者二者并处：（a）为本人或他人利益非法索取、收受或同意收受任何贿赂；或者（b）为他人或第三人的利益向该人非法给予、允诺或者提供贿赂，以此作为下列事实的诱因或者报酬：……。"第 7 条规定，犯有第 5 条之罪的人，"如果其犯罪所涉事务或者交易涉及与政府、政府部门或者公共团体签署的合同或者提议签署的合同，或者是完成上述合同任务而签署分包合同，应当定罪，并处以 10 万新元以下的罚金，或者 7 年以下监禁，或者二者并处"。第 11 条"国会议员贿赂罪"规定："任何人有下列情形的，构成犯罪，应当处以 10 万新元以下的罚金，或者 7 年以下监禁，或者二者并处：（a）向国会议员提供任何贿赂，作为国会议员在其议员职权范围内实施或不实施任何行为的诱因或者酬金；（b）国会议员索取或授受任何贿赂，作为国会议员在其议员职权范围内实施或不实施任何行为的诱因或者酬金。"

另外，新加坡贪贿犯罪处罚标准体现了剥夺自由刑与经济制裁相结合。即对贪贿者，除给予监禁的刑事处罚外，还要对其进行经济制裁。经济制裁除判处罚金外，对贪贿的钱款以罚款的形式全部追加，不让罪犯在经济上占便宜。[①]

---

① 刘守芬、李淳主编：《新加坡廉政法律制度研究》，北京大学出版社 2003 年版，第 77 页。

第二节　大陆法系国家贪污贿赂犯罪量刑标准

一、 德国贪贿犯罪量刑标准

德国是清廉国家之一。在 2013 年透明国际组织公布的清廉指数排名中，德国以 78 分位列第 12 位，在西方七国集团中，仅次于以 81 分位列第 9 位的加拿大。

（一） 贪污犯罪

1999 年 1 月 1 日起生效的《德国刑法典》并没有贪污罪的罪名，但一般认为，该法第 246 条规定的侵占罪即包含了贪污罪，该罪规定于刑法分则第 19 章 "盗窃及侵占犯罪"。该条规定：为自己或第三人侵占他人动产，如行为在其他条款未规定更重之刑的，处 3 年以下自由刑或罚金。如果侵占的对象是行为人保管的不动产，处 5 年以下自由刑或罚金。同时明确，犯本罪未遂的，应当处罚。

（二） 贿赂犯罪

《德国刑法典》第 331 条（受贿）规定："（一）公务员或对公务负有特别义务的人员，针对履行其职务行为而为自己或他人索要、让他人允诺或收受他人利益的，处 3 年以下自由刑或罚金刑。（二）法官或仲裁员，以其已经实施或将要实施的裁判行为作为回报，为自己或他人索要、让他人允诺或接受他人利益的，处 5 年以下自由刑或罚金刑。犯本罪未遂的，亦应处罚。"第 331 条中规定的受贿罪包括两种类型，区别主要是主体的不同：一是公务员或者从事特别公务的人员为履行其职务行为而受贿，判处 3 年以下自由刑或罚金刑；二是法官或者仲裁人对现在或将来的职务行为而受贿，判处 5 年以下自由刑或罚金刑。

《德国刑法典》第 332 条（索贿）规定："（一）公务员或对公务负有特别义务的人员，以已经实施或将要实施违反或将要违反其职责的职务行为作为回报，为自己他人索取、让他人允诺或收受他人利益，处 6 个月以上 5 年以下自由刑或罚金刑。情节较轻的，处 3 年以下自由刑或罚金刑。犯本罪未遂的，亦应处罚。（二）法官或仲裁员，以已经实施或将要实施违反或将要违反其裁判义务的裁判行为作为回报，为自己或他人索要、让他人允诺或收受他人利益的，处 1 年以上 10 年以下自由刑，情节较轻的，处 6 个月以上 5 年以下自由刑。"即索贿行为要加重处罚。

《德国刑法典》第 333 条（给予利益）规定："（一）针对公务员或对公务负有特别义务的人员或联邦国防军士兵的职务上的行为，为其本人或第三人提供、允诺或给予利益的，处 3 年以下自由刑或罚金刑。（二）以法官或仲裁员已经实施或将要实施的裁判行为作为回报，向其本人或第三人提供、允诺或给予利益的，处 5 年以下自由刑或罚金刑。"《德国刑法典》第 334 条（违反公职的行贿）规定："（一）以公务员、对公务负有特别义务的人员或联邦国防军士兵已经实施或将要实施违反或将要违反其职责的职务行为作为回报，向其本人或第三人提供、允诺或给予利益，处 3 个月以上 5 年以下自由刑或罚金刑，情节较轻的，处 2 年以下自由刑或罚金刑。（二）以法官或仲裁员 1. 已实施违反其裁判义务的裁判行为作为回报，或 2. 将要实施违反其裁判义务的裁判行为作为回报，向法官或仲裁员本人或第三人提供、允诺或给予利益的，在第一项情形下处 3 个月以上 5 年以下自由刑，在第二项情形下处 6 个月以上 5 年以下自由刑。犯本罪未遂的，亦应处罚。"即受贿行贿同等处罚，为谋取违法利益而行贿的要加重处罚。《德国刑法典》第 335 条还对索贿和行贿的特别严重情形的处罚标准作出了规定。

从以上规定可以看出，德国刑法对受贿罪的区分也按不同的行为类型划分，主要以受贿与索贿的不同情形、是否违背职务义务，以及公务员的身份不同为具体依据。违背职务义务的受贿比不违背职务义务的受贿处罚更重，法官或仲裁员受贿的处罚比公务员的处罚要重。德国刑法废除了死刑，保留了无期徒刑，其自由刑上限为 15 年，受贿罪并未配置无期徒刑，自由刑最低为 1 个月，最高为 10 年，可见德国对受贿罪的规定严而不厉。受贿的具体数额在德国刑法上并没有实际的意义，且也没有构成犯罪的最低数额的要求。

二、 法国贪贿犯罪量刑标准

从全球范围而言，法国是较为廉洁的国家之一（在"透明国际"廉政指数排名中位列 20—24 名之间）；但单就发达国家特别是欧洲而言，法国则是腐败问题较为严重的一个国家。法国通过立法确立了一些行之有效的预防腐败制度。如《政治生活资金透明法》（1988 年）、《预防腐败和经济生活与公共程序透明法》（1993 年）。1993 年法国"预防贪污腐败中心"成立，这是专职的预防腐败机构，挂靠法国司法部，受法国总理直接领导，由来自税收、警察、宪兵、海关、司法和内政部门不同行业的专家组成。中心的基本任务是收集政府和经济部门中有关贪污腐败的信息，分析腐败案件的类型，总结反腐败经验，研究利用新科技手段进行贪污腐败的可能性并及时发现新的腐败形式。中心每年向总理和司法部部长提交一份年度报告，就可能出现腐败特别是最容易滋生腐败的部门进行分析并提出预防性建议和制裁措施。其贪贿犯罪量刑标准规定在《法国刑法典》中。[①]

（一） 公职人员受贿和权势交易罪

《法国刑法典》第 432—11 条规定："行使公安司法权力、承担公用事业任务或经公共选举委任职务之人，在任何时间，直接或间接地，为自己或他人索取或者在无权的情况下，授受奉送、许诺、赠予、礼品或任何好处，以期实现下列目的，处 10 年监禁并科 100 万欧元罚金，罚金数额可升至犯罪所得收益的 2 倍：1. 为了完成或已经完成、为了放弃完成或已经放弃完成属于其职务、职能或委任权限范围之行为，或者由其职务、职能或委任权限提供便利之行为；2. 为了滥用或已经滥用其现实影响或预计影响，意图从权力机关或政府部门获得优待、职位、市场或其他任何有利的决定。"

（二） 非法获取利益罪

《法国刑法典》第 432—12 条规定："行使公安司法权力、承担公用事业任务或经公共选举委任职务之人，履行职责时，在其完全或部分负责监督、行政管理、清算或支付的企业或业务活动中，直接或间接获取、收受或保有任何利益的，处 10 年监禁并科 50 万元欧元罚金，罚金数额可升至犯罪所得收益的 2 倍。"

---

① 《最新法国刑法典》，朱琳译，法律出版社 2016 年版，第 206—211 页。

（三） 窃取或侵吞财产罪

《法国刑法典》第 432—15 条规定："行使公安司法权力、承担公用事业任务、公共财务会计人员、公共财产保管人员或其下属，毁灭、挪用或窃取文书、凭证、公共或私人资金、票据、文件、类似凭证或者因职务或任务而交予其的其他任何物品的，处 10 年监禁并科 100 万欧元罚金，罚金数额可升至犯罪所得收益的 2 倍。犯前款所指轻罪未遂的，处相同刑罚。"

（四） 个人行贿和权势交易罪

《法国刑法典》第 433—1 条规定："任何人，在任何时候，为了自己或他人利益，无权但直接或间接提出给予奉送、许诺、赠予、礼品或任何好处，从而行使公安司法权力、承担公用事业任务或经公共选举委任职务之人实施如下行为的，处 10 年监禁并科 100 万欧元罚金，罚金数额可升至犯罪所得收益的 2 倍：1. 为了完成或放弃，或者因为已经完成或放弃，其职务、任务或委托职责范围内的行为，或由其职务、任务或委托职责提供便利的行为；2. 为了利用，或者因为已经利用，其实际或预计影响，意图从权力机关或政府部门获得优待、职位、市场或其他任何有利的决定。行使公安司法权力、承担公用事业任务或经公共选举委任职务之人，于任何时候，无权但直接或间接为本人或他人索要奉送、许诺、赠予、礼品或任何好处，以完成或放弃或者已经完成或放弃第 1 项所指之行为，或为了在第 2 项所指条件下滥用或已经滥用其影响，顺从其请求者，处相同刑罚。"

《法国刑法典》第 433—2 条规定："任何人，在任何时候，直接或间接索要或同意给予奉送、许诺、赠予、礼品或任何好处，以滥用或已经滥用其实际影响或预计影响，从而为自己或他人从权力机关或政府部门获得优待、职位、市场或其他任何有利决定的，处 5 年监禁并科 50 万欧元罚金，罚金数额可升至犯罪所得收益的 2 倍。顺从前款之请求的，或者于任何时候，无权但直接或间接向他人提议给予奉送、许诺、赠予、礼品或任何好处，以使其滥用或已经滥用其现实影响或预计影响，意图为自己或他人从权力机关或政府部门获得优待、职位、市场或其他任何有利决定的，处相同刑罚。"

三、 意大利贪贿犯罪量刑标准

意大利在社会发展中始终饱受腐败问题的困扰。根据世界银行的一项研究结果，意大利国内每年因贪污腐败造成的损失约为 600 亿欧元，占到欧盟整体损失的一半，凸显出意大利国内腐败现象的严重。[①] 2012 年意大利出台反腐败专项法律。根据 2014 年第 114 号法律意大利成立了新的反腐败机构——国家反腐败局。意大利反腐败局的职责主要为：（1）批准国家反腐败计划；（2）分析造成腐败的原因和因素，提出能够有助于预防和打击腐败的措施；（3）监督、监控公共行政部门执行反腐败计划和行政透明度规则。2019 年通过的第 3 号法律，扩大了意大利刑法对腐败犯罪的管辖权范围，通过修订意大利《刑法典》第 9 条和第 10 条，扩大了对腐败犯罪的管辖范围。意大利现行法律中有关惩治贪污贿赂犯罪行为的法律规定，主要集中于《意大利刑法典》第二编第二章第一节"公务员侵犯公共管理的犯罪"中。其中既对贪污犯罪和受贿犯罪分别规定了不同的法定刑，也对不同类型的贪污犯罪和不同类型的受贿犯罪分别规定了不同的法定刑。

（一） 贪污犯罪

《意大利刑法典》第 314 条（贪污）规定："公务员或受委托从事公共服务的人员，因其职务或服务原因占有或者掌握他人的钱款或动产，将其据为己有的，处以 3 年至 10 年有期徒刑。当犯罪人仅以暂时使用特别为目的，并且在暂时使用后立即予以归还时，适用 6 个月至 3 年有期徒刑。"第 316 条（利用他人的错误贪污）规定："公务员或受委托从事公共服务的人员，在行使其职务或服务时，利用他人的错误，为自己或第三人接受或者非法保留钱款或其他利益的，处 6 个月至 3 年有期徒刑。"第 316 条—2（侵吞国家财产）规定："不属于公共行政机关的人，在从国家、其他公共机构或欧洲共同体获得旨在促进公益活动或事业的开展和推行的资助、补助或经费，不将其用于上述目的，处以 6 个月至 4 年有期徒刑。"

---

① 徐伯黎：《意大利：反腐败没有等待时间》，《检察日报》2015 年 9 月 22 日，第 8 版。

（二） 贿赂犯罪

2012 年 11 月 6 日，意大利国会两院通过《关于预防和惩治公共行政部门腐败和违法行为的规定》（第 190 号法律），该法将意大利《刑法典》第 317 条至 319 条修改。该法律自 2012 年 11 月 28 日起生效，被简称为"反腐败法"。该法律从预防和惩处两个方面为打击腐败现象提供了法律武器，并且特别注重利用刑事制度与腐败做斗争。[①]

2012 年 11 月 6 日，意大利国会两院通过《关于预防和惩治公共行政部门腐败和违法行为的规定》（第 190 号法律），该法将意大利《刑法典》第 317 条至 319 条修改为（全部加重了刑罚）：[②]

1. 索贿（Concussione）。第 317 条规定，公务员或者受委托从事公共服务的人员，滥用其身份或者权力，强迫或者诱使他人非法地向自己或者第三人给予或者许诺给予钱款或其他利益的，处 6 年以上 12 年以下有期徒刑。

2. 因职务行为受贿（Corruzione per l'esercizion della funzione）。第 318 条规定，公务员因履行其职务行为而为自己或者第三人接受表现为钱款或者利益的，处以 1 年以上 5 年以下有期徒刑。如果公务员因已经履行的职务行为而接受上述报酬，处 1 年以下有期徒刑。

3. 因违反职责义务行为受贿（Corruzione per un atto contrario ai doveri d'ufficio）。第 319 条规定，公务员为不履行或者拖延其职务行为或者因曾未履行或曾拖延其职务行为等，为自己或者第三人接受钱款或者其他利益的，或者接受有关许诺的，处 4 年以上 8 年以下有期徒刑。

4. 在司法行为中受贿（Corruzione in atti giudiziari）。第 319 条第三款规定，如果实施第 318 条和第 319 条列举的行为是为了帮助或者损害诉讼活动中的一方当事人，处 3 年以上 8 年以下有期徒刑。如果这些行为导致对某人不公正地判处 5 年以下有期徒刑，处 5 年以上 12 年以下有期徒刑。如果导致对某人判处 5 年以上有期徒刑或者无期徒刑，处 6 年以上 20 年以下有期徒刑。

---

① ［意］多纳多·沃扎：《意大利预防和打击腐败的最新立法》，载《意大利反腐败法》，黄风译，中国方正出版社 2013 年版，第 129 页。

② 《意大利反腐败法》，黄风译，中国方正出版社 2013 年版，第 32—33 页。

《意大利刑法典》第 321 条规定："第 318 条、第 319 条、第 319 条—2、第 319 条—3 以及与第 318 条和第 319 条相联系的第 320 条规定的刑罚，也适用于向公务员或受委托从事公共服务的人员给予或者许诺给予钱款或其他利益的人。"即行贿受贿同等处罚。另外，《意大利刑法典》第 322 条还规定教唆行贿罪，对教唆行贿的分别"处以第 318 条第一款规定的刑罚，并且减少三分之一"或"处以第 319 条规定的刑罚，并且减少三分之一"。

纵观意大利的反贪污贿赂立法，其刑罚处罚具有以下特点：一是严而不厉。虽然意大利刑法中对贪污犯罪规定的最高刑为 10 年有期徒刑，受贿犯罪的最高刑为 20 年有期徒刑，但其在入罪上并没有规定起点数额，即一旦实施贪污受贿行为，不论贪污受贿数额大小，一概构成犯罪。二是规定细致。意大利刑法针对贪污和受贿情形，分别规定了详细的客观手段，并规定了各种手段应受的刑罚处罚。

四、 俄罗斯贪贿犯罪量刑标准

制定统一的反腐败法典，始终是俄罗斯联邦政治体制改革的一项内容。1992 年、1994 年、1999 年、2003 年和 2008 年 4 月先后提出过五部反腐败法草案，但是均遭到否决。2008 年 5 月，梅德韦杰夫总统上任后，重组了俄罗斯联邦总统直属反腐败委员会，接着在 2008 年 7 月 31 日批准了《国家反腐败计划》，并于 2008 年 12 月 25 日签署了俄罗斯历史上首部反腐败法律——《俄罗斯反腐败法》。《俄罗斯反腐败法》第 13 条规定："对俄罗斯联邦公民、外国公民和无国籍人实施的腐败违法行为，依照俄罗斯联邦法律承担刑事责任、行政责任、民事法律责任和纪律责任。"腐败犯罪量刑标准由《俄罗斯联邦刑法典》加以规定。

《俄罗斯联邦刑法典》第 290 条（受贿）规定："一、公职人员亲自或通过中间人接受金钱、有价证券、其他财产或财产性质的利益等形式的贿赂，从而实施有利于行贿人或其被代理人的行为（不作为），如果此种行为（不作为）属于公职人员的权限，或者公职人员由于职务地位有可能促成此种行为（不作为），以及利用职务之便进行一般庇护或纵容，处数额为最低劳动报酬 700 倍到 1000 倍或被判刑人 7 个月到 1 年工资或者其他收入的罚金，或处 5 年以下的剥夺自由，并处 3 年以下剥夺担任一定职务或者从事某种活动的权利。二、公职人员受贿从而实施非法行为（不作为）的，处 3 年以上 7 年以下的剥夺自由，并处 3 年以下剥夺担任一定职务或者从事某种活动的权利。三、担任俄罗斯联邦国家职务或者俄罗斯联邦各主体国家职务的人员以及地方自治机关首脑实施本条第一款、第二款所规定行为的，处 5 年以上 10 年以下剥夺自由，并处 3 年以下剥夺担任一定职务或者从事某种活动的权利。四、实施本条第一款、第二款、第三款规定的行为，有下列情形之一的：①有预谋的团伙或有组织的团伙实施的；②多次实施的；③有索贿情节的；④数额巨大的，处 7 年以上 12 年以下的剥夺自由，并处或不并处没收财产。"

《俄罗斯联邦刑法典》第 291 条（行贿）规定："一、向公职人员本人或通过中间人向公职人员行贿的，处数额为最低劳动报酬 200 倍至 500 倍或被判刑人 2 个月至 5 个月工资或者其他收入的罚金，或处 3 年以下的剥夺自由。二、向公职人员行贿，使其实施明知非法的行为（不作为），或多次行贿的，处数额为最低劳动报酬 700 倍至 1000 倍或被判刑人 7 个月至 1 年工资或者其他收入的罚金，或处 8 年以下的剥夺自由。"

从上述规定可以看出，《俄罗斯联邦刑法典》对受贿罪法定刑的设置根本上是从公职人员违背职责义务的程度出发进行的区分，并对受贿后实施非法行为规定了较重的法定刑。刑法典还根据犯罪人的官职级别，对担任国家职务的人员犯受贿罪也规定较重的法定刑。此外，其以工资和劳动报酬为依据设置罚金刑也别具特色。

另外，《俄罗斯联邦刑法典》第 160 条（侵占或盗用罪）中专门规定，"利用自己职务地位的人员实施的"，要加重处罚。

五、 日本贪贿犯罪量刑标准

日本现行刑法典于 1907 年 4 月 24 日公布，1908 年 10 月 1 日实施并沿用至今。其中，关于受贿罪共规定有七个罪名，分别为第 197 条至第 197 之 4 规定的单纯受贿罪、受托受贿罪、事前受贿罪、向第三者提供贿赂罪、加重受贿罪、事后受贿罪、斡旋受贿罪。

单纯受贿罪、受托受贿罪和事前受贿罪。《日本刑法典》第 197 条规定："公务员或仲裁人就其职务收受、要求或约定贿赂，处 5 年以下惩役；实施上述行为时接受请托的，处 7 年以下惩役。将要成为公务员或者仲裁人的人，就其将要担任的职务，接受请托，收受或约定贿赂，事后成为公务员或者仲裁人的人，处 5 年以下惩役。"

向第三者提供贿赂罪。《日本刑法典》第 197 条之二规定："公务员或仲裁人，就其职务上的事项，接受请托，使请托人向第三者提供贿赂，或者要求、约定向第三者提供贿赂的，处 5 年以下惩役。"

加重受贿罪和事后受贿罪。该法第 197 条之三规定："公务员或仲裁人犯前 2 条之罪，因而实施不正当行为，或者不实施适当行为的，处 1 年以上有期徒刑。公务员或仲裁人，就其职务上实施不正当行为或者不实施适当行为，收受、要求或约定贿赂，或者使他人向第三者提供贿赂，或者要求、约定向第三者提供贿赂的，与前项同。曾任公务员或仲裁人的人，就其在职时接受请托在职务上实施不正当行为，或者不实施适当行为，收受、要求或约定贿赂的，处 5 年以下惩役。"

斡旋受贿罪。《日本刑法典》第 197 条之四规定："公职人员接受请托，使其他公务员在其职务上实施不正当行为，或者不实施适当行为，作为其进行或已经进行斡旋的报酬而收受、要求或约定贿赂的，处 5 年以下惩役。"

在受贿罪法定刑设定的依据方面，体现出了紧密结合法益之受侵害程度的特点。而就法定刑的严厉程度而言，日本刑法中所规定的七个受贿罪名之中，有五个罪名的法定刑是相同的，均为五年以下惩役，只有受托受贿罪与加重受贿罪的法定刑与其他五个罪名的法定刑有所差别，为一年以上惩役。

行贿罪。《日本刑法典》第 198 条规定："提供第 197 条至 197 条之四规定的贿赂的，或者就此进行申请或者约定的，处 3 年以下惩役或 250 万日元以下的罚金。"

另外，《日本刑法典》第 351 条规定了业务上侵占罪，即"侵占在业务上由自己占有的他人的财物的，处 10 年以下惩役"。

六、 韩国贪贿犯罪量刑标准

韩国在现代化进程中曾以出现严重腐败现象而闻名于世，解决腐败问题也曾成为长期困扰韩国的一个难题。20 世纪 90 年代后，韩国反腐败的基本思路和措施发生转变，在继续以严厉惩罚措施遏制腐败的同时，更注重寻找腐败的源头，从政治经济制度上着手进行反腐败，提出了惩防并重、预防为主的综合治理的反腐败思路和措施。为进一步推进韩国反腐败的法治化进程，2001 年 6 月 28 日，韩国国会审议通过了《反腐败法》，同年 7 月 24 日，该法正式颁布实施。2015 年 3 月 3 日，韩国国会正式通过被韩国媒体称为史上最严厉的反腐败法案《禁止收受不当请托和财物的法案》（又被称作《金英兰法》。）① 根据该法案，不管行为是否与其职务有关，禁止公务人员、媒体、私立学校和幼儿园从业人员、私立学校所属财团理事长和理事及其配偶一次性收受 100 万韩元（约合 5602 元人民币）以上现金、等值物或招待，违反者将受到 3 年以下有期徒刑惩罚或支付受贿财物 5 倍以上的罚金；如果一次性收受财物不满 100 万韩元，但与职务相关，则违反者要处以收受金额 2 到 5 倍的罚金；收受的财物不满 100 万韩元、与职务无关，但公务人员在一年内从同一对象处合计收到超过 300 万韩元的财物也属违法。该法案同时禁止公务人员的配偶收取贿赂。2016 年 9 月 28 日该法案实施。经过长达半个多世纪腐败与反腐败的较量与博弈，韩国逐渐走出了反腐败困境。

韩国贪贿犯罪定罪量刑标准主要规定在韩国《刑法典》中。韩国《刑法典》于 1953 年 9 月 18 日制定，1953 年 10 月 3 日开始施行，截至目前进行了多次修订，均未对受贿犯罪的立法内容作任何改动。韩国受贿犯罪的规定见于其《刑法典》第 129 条至第 134 条之中。

受贿、事前受贿罪。韩国《刑法典》第 129 条规定："（一）公务员或者仲裁人，收受、索取或者约定与职务有关的贿赂的，处 5 年以下劳役或者 10 年以下停止资格。（二）将担任公务员、仲裁人者，接受请托而收受、索取或者约定与其即任职务有关的贿赂，而后成为公务员或者仲裁人的，处 3 年以下劳役或者 7 年以下停止资格。"

提供贿赂予第三人罪。韩国《刑法典》第 130 条规定："公务员或者仲裁人依其职务，接受不正当请托，而将贿赂供与、要求供与或者约定供与第三人的，处 5 年以下劳役或者 10 年以下停止资格。"

受贿与不正处理、事后受贿罪。韩国《刑法典》第 131 条规定："（一）公务员或者仲裁人犯前二条之罪，而实施不正行为者，处 1 年以上有期劳役。（二）公务员或者仲裁人实施违背职务之不正行为后，收受、

---

① 徐伯黎：《韩国：通过史上最严反腐败法案》，《检察日报》2015 年 4 月 7 日，第 8 版。

索取或者约定贿赂，或者将贿赂供与、要求供与或者约定供与第三人的，处罚同前项。（三）曾任公务员、仲裁人者在职期间接受请托，实施违背职务之不正行为后，收受、索取或者约定贿赂的，处5年以下劳役或者10年以下停止资格。（四）前三项情形下，可以并处十年以下停止资格。"

斡旋受贿罪。韩国《刑法典》第132条："公务员利用其地位，斡旋属于其他公务员职务的事项，收受、索取或者约定贿赂的，处3年以下劳役或者7年以下停止资格。"

转达贿赂物。韩国《刑法典》第133条规定："（一）对129条至前条所列贿赂予以约定、供与或者表示供与的，处5年以下劳役或者100万元以下罚金。（二）以提供前款行为为目的，向第三人交付财物或者知情而收受交付的，处罚同前项。"

韩国《刑法典》第134条是关于没收和追征的规定："行为人或者知情的第三人所收受的贿赂或者用于贿赂的财物，予以没收。无法没收的，追征与其相当的价额。"

韩国《刑法典》针对受贿罪的规定，就法定刑之严厉程度而言，在自由刑方面一般不超过五年劳役，仅有受贿与不正处理的情形会判处一年以上劳役，法定刑幅度比较宽泛。韩国受贿罪法定刑的不同之处体现在刑罚种类较丰富，除了自由刑，并且有附加没收、追征贿赂财物或相当价额之规定以外，还可以选择适用资格刑及罚金刑。

此外，韩国《刑法典》第356条规定了业务上的侵占与背信罪。

第三节　我国香港、澳门特区及台湾地区贪污贿赂犯罪量刑标准

一、　我国香港特区贪贿犯罪量刑规定

20世纪70年代以前，我国香港官吏贪污成风，其中又以警界最为严重。鉴于原有的《防止贪污条例》已不足以震慑政府公务人员的贪污受贿行为，1971年5月14日，《防止贿赂条例》以加重对贪污受贿的惩治力度。1974年2月15日，在《总督特派廉政专员公署条例》生效的同一天，

香港廉政公署正式成立。廉政公署是由廉政专员独立领导并直接向香港政府首长负责的反贪腐执法机构。因廉政专员直接向行政首长汇报工作，所以其可以独立并主动地对贪污案件进行调查和处理，大大提高了其惩治腐败的效率和力度。"香港廉政公署扭转了曾经香港地区严重的贪污腐败局面，为整个地区的稳定和发展起到了不可低估的作用。"[1] 现在我国香港是世界上最廉政的地区之一。根据透明国际"清廉指数"中可见，在亚洲地区，香港的廉洁程度排在新加坡之后，是亚洲清廉指数排名第二的地区。

从刑事立法方面看，我国香港现行的反贪法律中主要是《防止贿赂条例》。《防止贿赂条例》包含了我国香港对贪污贿赂的定义、各项罪名和相关细节及刑罚等。

一是犯官方雇员索取或接受利益罪者，判处 10 万元罚金，并处 3 年监禁。

二是犯公职人员索取或接受利益作为职责事务诱因或报酬罪者，一经公诉程序定罪，可判处 50 万元罚金，并处 7 年监禁；一经简易程序定罪，可判处 10 万元罚金，并处 3 年监禁。犯公职人员索取或接受利益作为合约事务诱因或报酬罪者，一经公诉程序定罪，可判处 50 万元罚金，并处 10 年监禁；一经简易程序定罪，可判处 10 万元罚金，并处 3 年监禁。

三是代理人索取或接受利益罪者，一经公诉程序定罪，可判处 50 万元罚金，并处 7 年监禁；一经简易程序定罪，可判处 10 万元罚金，并处 3 年监禁。四是犯官方雇员拥有来历不明财产罪者，处罚最重。一经公诉程序定罪，可判处 100 万元罚金，并处 10 年监禁；一经简易程序定罪，可判处 50 万元罚金，并处 3 年监禁。

从上述规定看，我国香港特区贪贿犯罪处罚规定具有以下特点：一是法网严密。在香港，凡是公务人员索取或接受某种好处，或者有人向公务人员索取或接受某种好处，作为其做某种事项或不做某种事项的酬谢和诱饵，均属犯罪行为。贪污等于贿赂，行贿等于受贿，凡公务人员生活水准和拥有的财产与其薪金收入不相称，又无法解释这种现象，应推定为贪污所得。为了防止腐败分子规避处罚，对财产来历不明者设置了比一般贪污受贿更为严厉的刑罚。二是严格适用资格刑。贪污受贿犯罪者，不仅处以

① 李郁：《廉政公署，香港的"防腐剂"》，《法治周末》2010 年 7 月 29 日，第 19 版。

罚金、监禁等刑罚，而且不得受雇于某些机构。如任何人犯《防止贿赂条例》所规定的犯罪，10 年内不得担任行政局、立法局、市政局议员及任何其他公共机构的成员。

二、 我国澳门特区贪贿犯罪量刑规定

1999 年澳门回归后，根据澳门基本法第 59 条，组建了全新的反贪机构——"廉政公署"。在刑事方面，廉政公署的主要职责是：防止贪污和欺诈行为；对贪污行为及公务员作出的欺诈行为、选民登记中的犯罪行为以及选举中的贪污和欺诈行为进行刑事侦查。2000 年 8 月 7 日，廉政公署组织法获得立法会一致通过，并由行政长官签署命令颁布。该法律的通过反映特区政府肃贪倡廉的决心。2006 年 11 月 6 日，"透明国际"公布 2006 国际"清廉指数"，澳门首次被纳入评选之列，在亚太地区 25 个国家及地区中排行第 6，仅次于新西兰、新加坡、澳洲、香港及日本。

1996 年 1 月 1 日起生效的《澳门刑法典》，在其第二卷分则之五编"妨害本地区罪"的第五章"执行公务职务时所犯之罪"里对贿赂等渎职犯罪作了规定。该章第二节只有三条，即第 337 条至第 339 条，规定了四个罪名，即受贿作不法行为罪、受贿作合规范之行为罪、行贿作不法行为罪、行贿作合规范之行为罪。这四个罪名构成澳门刑法中普通贿赂罪的基础。

《澳门刑法典》把受贿行为分为两种：一种是"受贿作不法行为"，还有一种是"受贿作合规范之行为"，对这两种受贿行为分别设置了不同的法定刑。

根据《澳门刑法典》第 337 条的规定，对于受贿作不法行为者，处 1 年至 8 年徒刑；如行为人未实行该罪行之事实，处最高 3 年徒刑或科罚金。如行为人在作出该罪行之事实之前，因已拒绝接受曾答应接受所给予之利益或承诺，又或将该利益返还，或如为可替代物质将其价值返还者，则不予处罚。根据《澳门刑法典》第 338 条的规定，对于受贿作合规范之行为者，处最高 2 年徒刑，或处罚金。如行为人在作出该罪行之事实之前，因已拒绝接受曾答应接受所给予之利益或承诺，又或将该利益返还，或如为可替代物质将其价值返还者，则不予处罚。

《澳门刑法典》把行贿行为分为两种：一种是"行贿作不法行为"，还有一种是"行贿作合规范之行为"，对这两种受贿行为分别设置了不同的

法定刑。

根据《澳门刑法典》第339条规定，行贿作不法行为罪的处罚是最高3年徒刑或者罚金。行贿作合规范之行为罪处最高6个月徒刑或最高60日罚金。

从上述规定看，"澳门对贿赂犯罪采取了轻刑化的刑事政策，但由于澳门采取了严格的数罪并罚的制裁制度，使贿赂犯罪在实际的执行中，被处以极重的刑罚"。[1] 如澳门前运输工务司司长欧文龙贪腐案。2006年廉政公署完成对运输工务司前司长欧文龙涉嫌严重贪污案件的初步调查工作，并于2007年4月12日将案件移送检察院。2008年1月，欧文龙因受贿、清洗黑钱及滥用职权等57项罪名成立被判监27年。2009年4月，欧文龙再被控受贿、清洗黑钱及滥用职权罪24项罪名成立，被判加刑1年半判监28年6个月。2012年5月31日，特区终审法院公开宣判欧文龙第三阶段贪污案，合议庭一致裁定，欧文龙再有9项受贿作不法行为罪和清洗黑钱罪成立，连同前两个阶段81项罪成，合共可判监417年。但基于特区有关法律规定，数罪并罚时单一刑罚徒刑不得超过30年，故判处欧文龙29年徒刑，另加24万澳门元罚款。若不缴纳罚金，将转为6个月徒刑；此外，其贪污所得3000多万澳门元赃款将全部充公。[2]

三、 我国台湾地区贪贿犯罪量刑规定

20世纪80年代末期，我国台湾地区在取得经济发展之际，"黑金"问题严重，导致买票贿选、政治暴力、内线交易、贪污等社会问题丛生。在这种背景下，全面扫除黑金、肃贪查贿成为当时台湾地区的一致呼声与诉求。2006年2月3日，我国台湾地区修改法院组织法，增订第63—1条特侦组制度："最高法院检察署"设特别侦查组，职司下列案件：一、涉及"总统"、"副总统"、"五院院长"、"部会首长"或"上将"阶军职人员的贪渎案件；二、选务机关、政党或候选人于"总统""副总统"或"立法委员"选举时，涉嫌"全国性"舞弊事件或妨害选举的案件；三、特殊重大贪渎、经济犯罪、危害社会秩序，经"最高法院检察署检察总长"指定

---

① 石磊：《澳门贿赂犯罪研究》，中国人民公安大学出版社2009年版，第269页。

② 刘冬杰：《受贿洗钱澳门前运输工务司司长获刑》，《法制日报》2012年6月1日，第8版。

的案件。"特侦组"成立后，特侦组成立以来，成功侦办了台湾地区时任领导人陈水扁贪污案、台北市长马英九"首长特别费"案、我国台湾地区高等法院多位法官集体贪污案、我国台湾"行政院"前秘书长林益世贪污案等具有重大社会影响的案件，绩效卓著。[1] 2010 年 7 月 20 日，我国台湾地区正式宣布设置"法务部廉政署"，以推动岛内廉政革新。2011 年 4 月 1 日，我国台湾"立法院"通过了"廉政署组织法"，规定"廉政署"隶属于"法务部"，负责廉政政策、相关法规的拟定、协调及推动，并负责贪渎预防与相关犯罪调查，此外，还包括对"政风"的业务督导、考核等。2011 年 7 月 20 日，"法务部廉政署"在中国台北正式挂牌成立，首任署长周志荣在媒体上强调，只要是"廉政署"职权范围之内，"谁敢贪我们就办谁"，并表示"廉政署"上路后，首要整饬的是不肖贪渎警员和司法官。[2]

我国台湾地区的反贪污贿赂刑事立法虽然深受西方法治的影响，但同时也具有较深厚的中华法治文化底蕴。台湾地区目前关于惩治贪污贿赂犯罪的刑事立法，主要集中在"刑法"和"贪污治罪条例"中。为惩治贪腐犯罪的特殊需要，补充和完善刑法中的有关规定，台湾地区于 1963 年 7 月 15 日公布施行了专门惩治贪污贿赂犯罪的单行刑事法律——"戡乱时期贪污治罪条例"，并于 1973 年 8 月 17 日修正公布。1991 年 5 月，台湾地区终止"戡乱时期"后，于 1992 年 7 月 17 日，"戡乱时期贪污治罪条例"修正为"贪污治罪条例"，并修正公布全文 18 个条文。

我国台湾地区现行的"贪污治罪条例"（1992 年），将贪污犯罪区分为重大贪污行为，较重贪污行为，较轻的贪污行为三类：（1）重大贪污受贿行为："窃取或侵占公用或公有器材、财物者；借势或借端勒索、勒征、强占或强募财物者；建筑或经办公用工程或购买公用器材物品，浮报价额、数量、收取回扣或有其他舞弊情事者；以公用运输工具装载违禁物品或漏税物品者；对于违背职务之行为，要求、期约或收受贿赂或其他不正利益者。"（2）较重贪污受贿行为："意图得利，擅提或截留公款，或违背法令收债税捐或公债者；利用职务上之机会，诈取财物者；对于职务上之行为，要求、期约或收受贿赂或其他不正利益。"（3）较轻贪污受贿行为：

---

① 张自合：《面临挑战的台湾特侦组》，《法制日报》2015 年 11 月 3 日，第 11 版。
② 汪闽燕：《台湾"廉政署"：成立两周已接获大量检举——专访台湾"廉政署"署长周志荣》，《法制日报》2011 年 8 月 9 日，第 12 版。

"意图得利，抑留不发职务上应发之财物者；募集款项或征用土地、财物，从中舞弊者；窃取或侵占职务上持有之非公用私有器材、财物者；对于主管或监督之事务，直接或间接图利者；对于非主管或监督之事务，利用职权机会或身份图利者。"

该条例对上述三类贪污罪分别规定了三个档次的量刑幅度：对重大贪污受贿行为处无期徒刑或 10 年以上有期徒刑，得并科新台币 300 万元以下罚金；对较重贪污受贿行为处 7 年以上有期徒刑，得并科新台币 200 万元以下罚金；对较轻贪污受贿行为处 5 年以下有期徒刑，得并科新台币 100 万元以下罚金。此外，条例还规定，因犯贪污贿赂犯罪而被宣告有期徒刑以上之刑者，并处剥夺公权。依台湾地区"刑法"第 36 条规定，剥夺的公权包括：（1）为公务员之资格；（2）为公职候选人之资格；（3）行使选举、罢免、创制、复决四权之资格。

由此可见，台湾地区刑事立法立足于贪贿犯罪侵犯的主要是公务行为的廉洁性，而主要以贪贿的行为方式并结合贪贿的对象作为罪轻罪重的标准，从而将贪贿犯罪分为三个级别并相应规定了三个档次的法定刑，同时也将贪贿的数额作为贪贿犯罪量刑的依据之一。

第四节　域外贪污贿赂犯罪量刑标准的借鉴和启示

不论是英美法系、大陆法系，还是我国的香港、澳门特区和台湾地区的贪贿犯罪立法，由于各国、各地区政治、经济、文化、历史传统的不同，贪贿犯罪立法呈现出不同的特点，但纵观这些贪贿犯罪立法，仍存在着不少共通的地方。这些共通之处非常值得我们借鉴，现列举如下。

一　贪贿犯罪法定刑配置较为轻缓

反腐不等于重刑。除越南等极少数国家外，其他国家对贪贿犯罪已废除死刑适用，大多数国家贪贿犯罪的法定刑基本上都在 10 年以下。清廉排名靠前的国家，对贪贿犯罪规定的都是轻刑。最新 2021 国际清廉指数排行榜出炉，在全球 180 个国家和地区中，新西兰以 88 分（最高 100 分）排名全球第一，与丹麦、芬兰并驾齐驱。在新西兰普通的受贿罪法定刑是 7 年以下有期徒刑。芬兰普通受贿的刑罚是罚金或 2 年以下有期徒刑，即使是加重的受贿（包括加重的议会议员受贿罪），刑罚也只有"最低 4 个月最高 4 年的有期徒刑"。它的刑罚威慑力源于构成腐败犯罪的起点较低。"不论实际上是否影响了公职行为，只要收受了贿赂就足以构成刑罚的条件，利益贿赂不仅仅局限在金钱，也包括对公职人员家庭、子女未来的承诺等，只要公务员的行为会削弱公众对政府行为公正性的信心，该公务员的受贿罪名就成立。"[1] 瑞士是世界上公民政治参与程度最高的国家，同时也是最廉洁的国家之一。《瑞士联邦刑法典》第 288 条（贿赂）规定："向当局成员、官员、法官、仲裁人、官方聘请的鉴定人、军人成员提供、允诺、给予或让他人给礼物或其他利益，使其违反职务义务或服役义务，处监禁刑。可并处罚金。"而根据第 36 条（监禁刑）规定，监禁刑最低为 3 天，法律未作特别规定的，最高之监禁刑为 3 年。没有规定重刑，却建成了当代最廉洁的社会，极有法治意义。

二、 区分履职贿赂与背职贿赂

区分履职贿赂与背职贿赂是十分必要的。"因为二者的社会危害性明显不同。履职贿赂中，行为人只是违反了对于公职的一般忠诚义务，而背职贿赂中行为人不但违反了忠诚义务，而且违背了法定的特殊义务。"[2] 美国、意大利、日本、韩国都有专门区分履职贿赂与背职贿赂的条款。如根据《俄罗斯联邦刑法典》第 290 条规定，一般的受贿罪（公职人员受贿）处 5 年以下的剥夺自由，但"公职人员受贿从而实施非法行为（不作为）的，处 3 年以上 7 年以下的剥夺自由"。在意大利，因职务行为受贿的，处 6 个月以上 3 年以下有期徒刑。如果公务员因已经履行的职务行为而接受上述报酬，处 1 年以下有期徒刑。因违反职责义务行为受贿的，则处 2 年以上 5 年以下有期徒刑。在葡萄牙，"受贿实施不法行为罪"最高法定刑为 8 年，而"受贿实施合法行为罪"最高刑为 2 年。

---

① 伍捷：《芬兰清廉建设的经验与启示》，《红旗文稿》2013 年第 22 期。

② 余高能：《各国贿赂犯罪立法分类比较研究》，《西北大学学报（哲学社会科学版）》2014 年第 4 期。

三、 特殊官员从重或加重处罚

1. 位高权重官员。不少国家均有对位高权重的受贿官员更是要求从严惩处。如《俄罗斯联邦刑法典》第 290 条规定，一般的受贿罪（公职人员受贿）处 5 年以下的剥夺自由，并处 3 年以下剥夺担任一定职务或从事某种活动的权利。但"担任俄罗斯联邦国家职务或担任俄罗斯联邦各主体国家职务的人员、以及地方自治机关首脑"，实施受贿行为的，处 5 年以上 10 年以下剥夺自由，并处 3 年以下剥夺担任一定职务或从事某种活动的权利。如《美国量刑指南》规定，如果贿赂涉及获选官员、享有高层决策权或敏感职位官员的，增加 8 个犯罪等级。在新西兰，一般公务员受贿处 7 年以下有期徒刑，而内阁部长或执行委员会成员受贿则处 14 年以下有期徒刑。

2. 司法人员（包括法官、警察局长、治安官等）或仲裁员。根据《德国刑法典》第 331 条规定，普通公务员受贿的，处 3 年以下自由刑或罚金刑，而法官或仲裁员受贿的，处 5 年以下自由刑或罚金刑。根据《加拿大刑法典》第 119 条、120 条规定，司法人员、法官、警察局长、治安官或少年法庭工作人员收受贿赂的，应判处 14 年以下有期徒刑，其他公职人员则处 5 年以下有期徒刑。澳大利亚、新西兰等国都有对司法人员从重处罚的规定。《意大利刑法典》第 319 条第 3 款规定，如果实施第 318 条和第 319 条列举的行为是为了帮助或者损害诉讼活动中的一方当事人，处 3 年以上 8 年以下有期徒刑。如果这些行为导致对某人不公正地判处 5 年以下有期徒刑，处 4 年以上 12 年以下有期徒刑。如果导致对某人判处 5 年以上有期徒刑或者无期徒刑，处 6 年以上 20 年以下有期徒刑。

此外，有的国家，如新西兰、新加坡等，还专门对国会议员受贿罪作出特别规定。

四、 行贿受贿同等处罚

绝大多数国家行贿与受贿同等处罚。"刑罚是对法益侵害的反应并服务于预防目的的需要，受贿罪与行贿罪之间的依存关系和紧密联系，意味着二者在犯罪的性质、特点、程度、规律上相同或相关，这就决定了刑法在对二者进行反应时的共通性和相关性，表现为法定刑种类在总体上和主刑上的基本一致性。"① 如《德国刑法典》第 331 条受贿与第 333 条行贿的规定各有两款明确了法定刑，二者内容一一对应且法定刑完全相同，各自的第 1 款都是"处 3 年以下自由刑或罚金"，各自的第 2 款都是"处 5 年以下自由刑或罚金"。《法国刑法典》第 432—11 条、第 433—1 条、第 433—2 条分别规定了几种情形的贿赂犯罪，但每一条都同时包括受贿与行贿，而且都只规定受贿罪的法定刑，对于行贿罪法定刑的规定则都是"处相同之刑罚"。《意大利刑法典》在规定多个法条的受贿罪法定刑基础上，第 321 条规定"对行贿者的刑罚"："第 318 条第 1 款、第 319 条、第 319 条—2、第 319 条—3 以及与第 318 条相联系的第 320 条规定的刑罚，也适用于向公务员或受委托从事公共服务的人员给予或者许诺给予钱款或其他利益的人。"新西兰《犯罪法》第 105 条（公务员的腐败和贿赂）规定："（1）无论是在新西兰还是其他地方，任何公务员为本人或其他任何人，非法地接受、获取、同意接受、索取或者试图获取任何贿赂，以作为其公务职责内实施行为或不实施行为，或将实施行为或不实施行为的报酬的，处 7 年以下有期徒刑。（2）任何意图影响公务员在其公务职责内实施行为或不实施行为的个人，非法地向他人给予、提供或同意给予任何贿赂的，处 7 年以下有期徒刑。"《菲律宾刑法典》第 210 条、第 211 条、第 211 条 A 规定了不同的受贿罪名，只有第 212 条是行贿罪名，该条规定："任何人向公职人员提供前述条款中规定的对价、许诺、礼物的，处与受贿公职人员相同的刑罚，但剥夺资格与暂停资格除外。"

五、 贪贿数额不是犯罪量刑的主要标准

各国普遍根据受贿犯罪所保护的法益建构定罪量刑标准，而不是注重受贿犯罪数额。如新加坡，接受或赠予 1 元都算受贿或行贿，曾经有一人为了免交交警的罚款，私下塞给交警 20 元钱，结果被交警举报，被判入狱 3 个星期，就算给予执法人员一包价值 5 角钱的咖啡粉，也可能被视为行贿而被判刑。② 瑞典人普遍认为贿赂行为的性质无法容忍，因而规定构成

---

① 夏勇：《贿赂犯罪的对向关系与刑罚处罚》，《人民检察》2013 年第 5 期。
② 吕元礼：《小贪即惩才不会成大贪》，《南方日报》2011 年 6 月 9 日，第 A07 版。

贿赂没有数额方面的限制。他们认为，贿赂一旦有了数额标准，那就意味着对部分贿赂行为的容忍。曾有警察因调查一宗失窃案错过吃饭时间，失主得知后过意不去，为警察买了几个汉堡。事后，这几名警察被罚薪三个月。在丹麦，只要公职人员违反规定收受财物或者其他好处，都可能构成受贿罪。[1] 有人为提前拿到驾驶证，给承办警官送钱（警官收受的是 500 丹麦克朗，约合 555 元人民币），东窗事发后行贿受贿两方都被绳之以法。在别的国家很可能被认为是一桩小事。然而，在对腐败"零容忍"的丹麦，仍然无法容忍，必须严惩。[2]

---

① 王玄玮：《北欧国家何以如此廉洁》，《检察风云》2015 年第 22 期。
② 许春华：《丹麦为什么不腐败?》，《南风窗》2012 年第 22 期。

第六章　贪贿犯罪量刑规范化之完善

第一节　贪贿犯罪量刑规范化之实体法的完善

一、贪贿犯罪法定刑的完善

（一）贪污罪、受贿罪应当分别设置法定刑

1. 贪污罪、受贿罪存在重大差异，应当分别设置法定刑

贪污罪与受贿罪应该单独设置法定刑，在刑法学界已基本达成共识。[①]理由主要是：

（1）两者侵犯的法益不同。根据我国刑法理论，贪污罪侵犯的法益是国家工作人员职务行为的廉洁性与公共财产的所有权；而受贿罪侵犯的法益是国家工作人员职务行为的不交易性以及公众对职务行为公正性的信赖。二者侵犯法益的内容并不相同，这就决定了二者在定罪量刑的标准上不宜一刀切。贪污罪具有渎职和侵犯公共财产所有权的双重属性，而受贿犯罪则是纯粹的渎职犯罪。

（2）两者社会危害性的表现不同。贪污罪的社会危害性主要体现在数

[①] 参见刘灿国：《论我国受贿罪立法之完善》，《山东社会科学》2008年第10期；焦占营：《贿赂犯罪法定刑评价模式之研究》，《法学评论》2010年第5期；赵秉志：《贪污受贿犯罪定罪量刑标准问题研究》，《中国法学》2015年第1期；王刚：《我国受贿罪处罚标准立法评析》，《环球法律评论》2016年第1期；姜涛：《贪污受贿犯罪之量刑标准的再界定》，《比较法研究》2017年第1期；韩晋萍：《受贿罪刑罚制度研究》，法律出版社2019年版，第58—63页；徐永伟、王磊：《受贿罪之刑罚配置：现实症结、理念省思与体系重塑》，《湖南社会科学》2019年第6期；等等。

额上，而受贿犯罪的社会危害性集中表现在对国家工作人员职务行为的正当性、公正性和廉洁性的破坏上。中国企业改革与发展研究会副会长周放生在接受新华社记者采访时坦言，国企高管腐败 100 万元，平均要输送 1 亿元的交易额，背后存在的安全、环保、质量问题，给社会、国家带来难以估量的损失。① 海南省三亚市河道监察队原队长罗某等 3 名国家工作人员，利用职务之便收受非法砂场的好处费共计 1.4 万元，致国家河砂矿产资源损失达 1949.14 万元，同时非法采砂严重威胁到海南东环高铁的运行安全。但法院最终以受贿罪、滥用职权罪分别只判处 3 名行政执法人员 2 年 6 个月至 1 年 6 个月不等的有期徒刑。② 海南高速前总经理陈某，贱卖国有资产，非法多次收受他人财物 701.5 万元，将价值 46 亿元的项目 440 万元卖出，为他人谋取利益，但仅被判处有期徒刑 15 年。③ 安徽省国土资源厅原巡视员杨某在 2003—2012 年间，收受他人财物共计折合人民币 1653.0186 万元、港币 30 万元（其中索贿人民币 130 万元），并因滥用职权导致国家财产损失 18.9 亿元，情节特别严重，最终也就判处无期徒刑。④ "在当前的受贿罪定罪量刑中，数额标准权重过高存在不合理性，同时也给受贿罪的准确定罪量刑带来诸多不利影响。"⑤ 决定受贿行为社会危害性轻重的情节有很多，特别是因受贿给国家和人民利益遭受重大损失，是对受贿犯量刑必须考虑的重要情节之一，受贿罪简单地按贪污罪处罚，严重背离罪责刑相适应原则。

2. 贪污罪和受贿罪的法定刑如何设置

如果两罪法定刑分立，刑罚应当如何配置？对此，学界存在不同看法。如张智辉教授曾认为："贪污罪是由主动出击而构成的犯罪，受贿罪是由被动接受所构成的犯罪，前者的社会危害性远远大于后者。……受贿罪并没有贪污罪那么大的社会危害性，不应当将其与贪污罪同等处罚。"⑥

---

① 杨烨：《国家正酝酿出台防止国有资产流失政策，国企改革将设政策"红线"》，《经济参考报》2014 年 11 月 13 日，第 1—2 版。

② 邢东伟、张映忠、韩勇：《河道监察人员受贿致国家损失近 2000 万》，《法制日报》2013 年 12 月 12 日，第 8 版。

③ 吴侨发：《海南高速贪腐窝案起底：价值 46 亿元项目 440 万元卖出》，《经济观察报》2014 年 3 月 3 日，第 30 版。

④ 苗子健：《安徽省国土厅原巡视员杨先静致国家损失近 19 亿，一审被判无期》，http://ah. people. com. cn/n/2014/1104/c358266-22809751. html，人民网，2015 年 1 月 20 日访问。

⑤ 杜竹静：《受贿罪数额权重过高的实证分析》，《中国刑事法杂志》2014 年第 1 期。

⑥ 张智辉：《刑法理性论》，北京大学出版社 2006 年版，第 224—225 页。

赵秉志教授也认为："较之于贪污罪，受贿罪具有略小的社会危害性。"① 也有的认为："贿赂犯罪与贪污罪同属渎职犯罪，其侵害的法益基本一致，危害性也差别不大，所以应当对二者设置轻重大体相当的法定刑。"② 笔者认为受贿罪的法定刑宜高于贪污罪。理由是：

首先，从案发现状看。20 世纪 80 年代到 90 年代，贪贿犯罪中主要是贪污案件，如 1988 年检察机关立案侦查贪污案件 16200 件，贿赂案件仅 4800 件。随着财务制度的健全特别是国家发票管理制度的完善，贪污数量不断减少。2006 年检察机关立案侦查的贿赂案件数首次超过贪污案件，2009 年检察机关立案侦查的贿赂犯罪人数超过贪污犯罪人数。③ 目前，贿赂犯罪已占贪贿犯罪案件近八成。贪污实质上侵犯了公共财产的所有权，涉案数额大体上能体现其社会危害性，这也是"79 刑法"将其纳入侵犯财产罪的立法理由。而受贿是典型的渎职行为，其社会危害性更多是通过违背职责的程度、谋取利益的性质、权钱（利）交易衍生其他更为严重的后果等来体现。贿赂犯罪一般发生在"一对一"场合，证据比较单一，案件侦破难，犯罪黑数高。"刑罚的确定性越小，其严厉性就应该越大。"④

其次，从量刑标准看。犯罪数额在贪污罪和受贿罪的社会危害性评价中的作用不同。"贪污罪的社会危害性主要通过犯罪数额集中反映，退缴赃款客观上对贪污犯罪中法益恢复的维度具有重要评价功能，通过退赃行为客观上降低了贪污罪的社会危害性，而受贿罪的社会危害性主要通过职务行为的违法程度以及危害后果决定，退赃情节起到的减刑作用小于贪污罪。"⑤

（二） 逐步废除贪贿犯罪的死刑

废除贪污罪的死刑，应保留受贿罪的终身监禁。

首先，应废除贪污罪的死刑。

严刑峻法既不是控制犯罪的理想手段，也与人道主义和人权观念背道

---

① 赵秉志：《论中国贪污受贿犯罪死刑的立法控制及其废止——以〈刑法修正案（九）〉为视角》，《现代法学》2016 年第 1 期。

② 余高能：《比较法视野下中国反贿赂犯罪刑事立法之完善》，中国社会科学出版社 2017 年版，第 216 页。

③ 2006 年检察机关立案侦查贪污案件 10337 件 13406 人，贿赂案件 11702 件 12525 人；2009 年检察机关立案侦查贪污案件 8865 件 13294 人，贿赂案件 12897 件 14253 人。

④ ［英］吉米·边沁：《立法理论——刑法典原理》，孙力、陈兴良等译，中国人民公安大学出版社 1993 年版，第 69 页。

⑤ 陈俊秀：《贪污罪和受贿罪法定刑并轨制的法治逻辑悖论——基于 2017 年公布的 2097 份刑事判决书的法律表达》，《北京社会科学》2019 年第 4 期。

而驰。根据国际大赦组织 2018 年 4 月发布的 2017 年报告，至 2017 年底，全球已有 106 个国家完全废除了死刑，加上实务上废除死刑的国家，共有 142 个、超过全球三分之二的国家在法律或实务上废除了死刑。贪贿犯罪中有死刑的国家更少了。当今世界上适用死刑不引渡的国际惯例，很多国家以此为理由拒绝我国对这类逃匿罪犯的引渡请求，而且这种做法是符合联合国《反腐败公约》的。这样就会使越来越多的腐败分子逃匿在外，使国家打击贪污受贿犯罪分子的意图得不到实现。[①] 2019 年 1 月 30 日和 2 月 18 日，意大利米兰上诉法院刑事第五庭分别作出判决，不接受中国主管机关作出的对 X 某和 Q 某某被引渡又不适用死刑的承诺，拒绝向中国引渡涉嫌贪污罪和洗钱犯罪的 X 某和 Q 某某，原因就在于我国贪贿犯罪立法中有死刑条款。《中华人民共和国刑法修正案（八）》（以下简称《刑八》）和《中华人民共和国刑法修正案（九）》（以下简称《刑九》）两次共计废除 22 个死刑罪名，使《刑法典》中的死刑罪名从 68 个降为 46 个，而"这两次修正案所废除死刑的罪名几乎都是实践中死刑适用数量极少或者多年来鲜有适用死刑的罪名"。[②] "在事实层面，死刑可以'杀一儆百'的论断，无法得到实证研究及一般心理规律的明确支持，理应受到质疑。"[③]

其次，暂时保留受贿罪的死刑和终身监禁。

第一，保留受贿罪的死刑。如前所述，受贿罪的社会危害性重于贪污罪。受贿罪保护的法益是国家工作人员职务行为的不可收买性。公职人员的"权钱交易"行为，为广大民众所痛恨。2021 年 1 月 5 日，天津市第二中级人民法院公开宣判由天津市人民检察院第二分院提起公诉的中国华融资产管理股份有限公司党委原书记、董事长赖小民受贿、贪污、重婚一案，对被告人赖小民以受贿罪判处死刑，剥夺政治权利终身，并处没收个人全部财产；以贪污罪，判处有期徒刑 11 年，并处没收个人财产人民币 200 万元；以重婚罪，判处有期徒刑 1 年。决定执行死刑，剥夺政治权利终身，并处没收个人全部财产。经审理查明，2008 年至 2018 年，被告人赖小民利用职务上的便利，以及职权和地位形成的便利条件，通过其他国家工作人员职务上的行为，为有关单位和个人提供帮助，直接或通过特定

---

① 张阳：《〈联合国反腐败公约〉下我国职务犯罪追赃机制研究》，法律出版社 2017 年版，第 215—216 页。

② 林维：《中国死刑七十年：性质、政策及追问》，《中国法律评论》2019 年第 5 期。

③ 梁根林、马永强：《中国民众的死刑观念：观察、猜想与解析》，《清华法学》2020 年第 6 期。

关系人非法收受、索取相关单位和个人给予的财物，共计折合人民币17.88 亿余元。此外，赖小民还犯有贪污罪、重婚罪。天津市第二中级人民法院认为："被告人赖小民的行为构成受贿罪、贪污罪、重婚罪。赖小民受贿犯罪数额特别巨大，情节特别严重，主观恶性极深。在二十二起受贿犯罪事实中，有三起受贿犯罪数额分别在 2 亿元、4 亿元、6 亿元以上，另有六起受贿犯罪数额均在 4000 万元以上。同时，赖小民具有主动向他人索取贿赂和为他人职务调整、提拔提供帮助收受他人财物等从重处罚情节。赖小民在犯罪活动中，利用国有金融企业负责人的职权，违规决定公司重大项目，越级插手具体项目，为他人谋取不正当利益，危害国家金融安全和金融稳定，社会影响极其恶劣。赖小民目无法纪，极其贪婪，大部分犯罪行为均发生在党的十八大之后，属于典型的不收敛、不收手、顶风作案，并使国家和人民利益遭受特别重大损失，社会危害极大，罪行极其严重，依法应予严惩。""赖小民一案成为新中国成立以来人民法院受理的职务犯罪案件中受贿数额最大的一例，其犯罪数额、危害程度、犯罪情节、犯罪手段等，触目惊心，让人瞠目结舌。"[①] "此案集政治问题和经济问题交织、金融乱象和金融腐败叠加于一体，擅权妄为、腐化堕落、道德败坏、生活奢靡、甘于被'围猎'成为其腐败犯罪行为的关键词，呈现复杂多样的形态和特点。"[②] 实践表明：目前保留受贿罪的死刑仍有必要。

第二，终身监禁只适用于受贿犯罪，并成为死刑替代措施。《刑九》将终身监禁入刑后，"在学界形成了两大理论阵营的对立"。支持说认为，终身监禁是宽严相济刑事政策下对贪贿犯罪慎用死刑与严惩腐败的有机结合，尤其对于严格限制死刑适用具有重要意义；终身监禁的确立有利于实现罪刑均衡，强化一般预防，并在废除死刑的国际趋势和从严惩贪的社会民意之间达成了某种平衡和默契，具有开创意义。反对说认为，终身监禁不具备刑罚的正当理由即报应的正义性与预防犯罪的合目的性，对被判处死缓的特重大贪污、受贿犯增设不得减刑、假释的终身监禁，不符合报应所追求的罪刑均衡，也不符合我国 1997 年刑法第 5 条规定的罪责刑相适应原则。有的学者认为，《刑九》关于终身监禁的规定，立法仓促，严谨不

① 林维：《适时运用重刑依法严惩腐败》，《法治日报》2021 年 1 月 6 日，第 6 版。
② 钟纪言：《严惩监守自盗的金融"内鬼" 推动加强行业监管化解系统风险——赖小民案以案促改工作启示》，《中国纪检监察报》2021 年 1 月 18 日，第 6 版。

足，导致该措施的出台，产生"自相矛盾"等逻辑问题，[①] 但从实践看，"尽管存在观点争议，但不可否认的是，在严格控制死刑适用的背景下，基于加大对腐败犯罪惩治力度的需要，终身监禁确实产生了提高威慑力度的积极功能，其适用应当具有重要的犯罪规制意义"。[②] 实证研究表明："立足于中国的民意、立法、司法、文化和政策等五个维度，终身监禁的死缓具有谨慎适用的余地。"[③]

《刑九》规定的适用于贪贿犯罪的终身监禁，不是独立的刑种，而是一种死缓执行方式。而死缓又是死刑的执行方式，终身监禁仍是依附于死刑的。《刑九》实施后，所有被判终身监禁的都是受贿罪的案犯。建议在刑法中规定："犯受贿罪被判处死刑的，根据犯罪情节等情况可以判处死刑缓期二年执行，同时裁判决定在其死刑缓期执行二年期满依法减为无期徒刑后，终身监禁，不得减刑、假释。"

《刑九》设置终身监禁，旨在使终身监禁成为死刑替代措施。关于终身监禁是不是一种死刑替代措施，目前认识不一致。一种观点认为："从立法目的与死刑政策的角度来看，终身监禁是部分死刑立即执行的替代措施。"[④] 另一种观点认为，终身监禁不是一种死刑替代措施。"死刑立即执行的废止，不需要任何替代措施"，"从逻辑上说，终身监禁从属于死缓，死缓本身就属于死刑"。[⑤] 有的认为，"我国没有必要确立死刑替代措施"。[⑥] 笔者赞同第一种观点。法律解释的目标在于探求法律文本本身的合理意思。在法律文本的用语不明确时，探求立法原意即立法者在制定法律时的意图和目的以及立法时赋予刑法条文的原初含义尤其必要。目前有一些学者对立法原意的存在持否定观点。[⑦] 笔者认为，不能否定立法原意的存在。"立法原意是客观存在的，不是虚构的；是确定的，不是不可把握的，否则，何以有法律的统一理解、遵守和执行。"[⑧] 立法原意在大多情况

---

① 张继成：《对增设"终身监禁"条款的法逻辑解读》，《政法论坛》2019年第3期。
② 刘仁文主编：《新中国刑法70年》，中国法制出版社2019年版，第189—190页。
③ 梁根林、王华伟：《死刑替代措施的中国命运：观念、模式与实践》，《中国法律评论》2020年第5期。
④ 黄永维、袁登明：《〈刑法修正案（九）〉中的终身监禁研究》，《法律适用》2016年第3期。
⑤ 张明楷：《终身监禁的性质与适用》，《现代法学》2017年第3期。
⑥ 王志祥：《贪污、受贿犯罪终身监禁制度的立法商榷》，《社会科学辑刊》2016年第3期。
⑦ 张志铭：《法律解释操作分析》，中国政法大学出版社1998年版，第37—46页；张明楷：《刑法格言的展开》，法律出版社2013年版，第11—13页。
⑧ 乔晓阳主编：《立法法讲话》，中国民主法制出版社2000年版，第174页。

下，可以通过研究立法背景资料、不同部门法规范之间的关联以及法律条文本身语义等方法探明。"全国人大法律委员会 2015 年 8 月 16 日在《关于〈中华人民共和国刑法修正案（九）〉（草案二次审议稿）主要问题的修改情况的汇报》中明确将终身监禁视为贪污受贿罪死刑立即执行的替代措施。"① 曾参与《刑法修正案（九）》起草和修改的全国人大常委会法工委的同志指出："特别需要明确的是，这里规定的'终身监禁'不是独立的刑种，它是对罪当判处死刑的贪污受贿犯罪分子的一种不执行死刑的刑罚执行措施。从这个意义上讲，也可以说是对死刑的一种替代性措施。"② 最高法 2015 年 10 月 29 日颁布的《关于〈中华人民共和国刑法修正案（九）〉时间效力问题的解释》第 8 条规定："对于 2015 年 10 月 31 日以前实施贪污、受贿行为，罪行极其严重，根据修正前刑法判处死刑缓期执行不能体现罪刑相适应原则，而根据修正后刑法判处死刑缓期执行同时决定在其死刑缓期执行二年期满依法减为无期徒刑后，终身监禁，不得减刑、假释可以罚当其罪的，适用修正后刑法第三百八十三条第四款的规定。"可见，最高法也是将终身监禁视为贪污、受贿犯罪死刑立即执行的替代措施的。由此可见，将终身监禁视为贪污、受贿罪死刑立即执行的替代措施是能够成立的。何况"大样本的中国死刑民意调查结果显示，我国多数民众仍然一般性地支持死刑，但是如果提供了适当的死刑替代措施，死刑的民意支持率则迅速而显著地降低。考虑到死刑民意对死刑存废的制约，应当充分肯定死刑替代措施的刑罚理念与立法策略"。③

当然，将终身监禁作为死刑的替代措施，并非要求目前就一概不能适用死刑立即执行。《刑九》实施以来，司法实践中既有判处终身监禁的，又有死刑立即执行的。《刑九》实施以来，已有 1 个死刑立即执行案例（被告人赖小民受贿案）和 11 个终身监禁案例。如果没有终身监禁作为死刑替代措施，那这 11 个案件都得判处死刑立即执行，这显然不具有法理的正当性和实践的合理性。通过这种终身监禁的适用，使死刑在受贿犯罪中事实上逐渐得到废除，并为在适当的时候从立法上彻底废除贪贿犯罪死刑奠定基础。

---

① 赵秉志、袁彬：《刑法最新立法争议问题研究》，江苏人民出版社 2016 年版，第 194 页。
② 郎胜主编：《中华人民共和国刑法释义》，法律出版社 2015 年版，第 657 页。
③ 梁根林、王华伟：《死刑替代措施的中国命运：观念、模式与实践》，《中国法律评论》2020 年第 5 期。

（三） 废除没收财产刑

笔者认为，没收财产刑应当废除。[1] 理由是：（1）没收财产刑不符合市场经济的要求。随着市场经济的发展，人们越来越认识到财产及财产权的重要性。只有国民财产的极大丰富，才能使我国走向繁荣昌盛。因此，对于公民个人所有的财产，国家应予以充分尊重。公共财产神圣不可侵犯、私人财产也不例外。充分有效地发挥财产价值，是市场经济的必然要求。没收财产固然可以增加国库财富，但却堵塞了增加国库财富的源泉，因而不符合经济性原则。没收财产的存在，是与市场经济的要求和时代精神相违背的。（2）没收财产不符合刑罚目的。现代刑罚理论认为，刑罚不是单纯地惩罚已然犯罪，而是为了改造和教育犯罪人，使其重返社会。从功利角度看，没收财产显然不利于罪犯的教育改造。由于犯罪人的财产被没收，在短时间内难以获得必要的生活资料，生活窘迫。在这样的情况下，犯罪人刑满释放后要予以生存最好的方法仍然是先犯罪，特别是财产犯罪和经济犯罪。没收财产在数额上无限制，在适用时会因经济状况不同而导致实质上的不平等，从而会增加犯罪人的反社会情绪，正像刑事古典学派的重要人物边沁所说的："没收是几乎在整个欧洲都残存的野蛮之刑。它适用于许多犯罪，尤其是国事罪。这样的刑罚是极其令人厌恶的，因为它只能在危险业已消失之后才适用；更大胆地说，因为强化了理应尽可能消除的敌对情绪与复仇精神。"[2]

"随着刑罚人道化以及对公民合法财产权益的重视，没收财产刑在世界范围内经历了由盛而衰乃至逐渐退出历史舞台的命运。"目前世界各国刑法普遍原则上废除了没收财产刑。[3] 罚金刑与没收财产刑的本质和适用对象是相同的，用罚金替代没收财产，丝毫不影响财产刑的执行。为了保证执法的公正性，真正发挥财产刑的威慑力，建议将罚金刑与没收财产刑合并为罚金刑。[4] 第十三届全国人大常委会第二十四次会议 2020 年 12 月

---

① 张兆松：《刑事检察理论研究新视野》，中国检察出版社 2005 年版，第 422—423 页。

② ［英］吉米·边沁：《立法理论——刑法典原理》，孙力等译，中国人民公安大学出版社 1993 年版，第 73 页。

③ 刘仁文、时方：《论没收财产刑的改革》，《人民法院报》2020 年 1 月 2 日，第 6 版。

④ 令人欣喜的是：《刑十一》对职务侵占罪和非国家工作人员受贿罪的法定刑作出了重大修改，普遍增设了罚金刑，但未再规定没收财产刑。

26 日通过的《中华人民共和国刑法修正案（十一）》（以下简称《刑十一》）对职务侵占罪和非国家工作人员受贿罪作出重大修改，其中对财产刑的修改就表现在两个方面：（1）加强对罚金刑的适用。每档量刑都增加了"并处罚金"的规定，罚金成为本罪必须适用的附加刑，而不是"可以"适用罚金。（2）取消"数额巨大"的附加刑"可以并处没收财产"。《刑十一》完全废除了没收财产刑的适用。对这一修改，笔者持充分肯定态度。长期以来的司法实践证明：没收财产刑弊多利少，应当予以废除。废除了没收财产刑，代之以罚金刑，"这是一种正确的立法选择，也为今后类似的立法修改和最终彻底废除没收财产刑奠定先例和基础"。①

（四） 增设资格刑

即在贪贿犯罪一章中应当单设剥夺资格刑的条款。对贪污、受贿的犯罪人在判处自由刑或者罚金刑以外，应当附加或者独立适用剥夺政治权利，抑或"必并科"禁止从事相关职业。不仅如此，在禁止从事相关职业的 3 年至 5 年的期限之外，增加一定条件下"终身禁止"的规定（判处职务上的"无期徒刑"）。另外，对大多数行贿者而言，其本身就属于非体制人员，对其剥夺政治权利并没有实质意义。2006 年以来，全国检察机关以立案侦查并经人民法院生效判决、裁定认定的行贿罪、单位行贿罪等有关贿赂犯罪信息为基础，建立起行贿犯罪档案库，并向社会开放查询（行贿黑名单制度）。有关行业主管部门和业主单位根据查询结果，往往对有行贿记录的单位和个人作出限制准入、取消投标资格、降低信誉分或资质等级、中止业务关系等处置。这一举措对防控行贿犯罪发挥了震慑作用，但行贿黑名单制度不是一种刑罚制度，建议将其上升为资格刑的内容。

（五） 进一步完善行贿罪的法定刑

从域外国家和地区的立法来看，对行贿与受贿实施并重处罚是通行做法。如美国的《联邦贿赂法》第 201 条规定，重型贿赂罪分为重型行贿罪与重型受贿罪，二者的法定刑一样。《新西兰刑法典》第 105 条"官员的受贿罪"和"向官员行贿罪"规定的刑罚完全相同。其他如新加坡、芬

---

① 张兆松：《职务犯罪立法的再检讨与完善——〈刑法修正案（十一）（草案）〉对职务犯罪的修改评析》，《法治研究》2020 年第 5 期。

兰、瑞士等清廉度高国家无不对行贿、受贿实施同等处罚。我国台湾地区刑法学者甘添贵教授检讨台湾地区为鼓励行贿人检举受贿人而采取不同罚的刑事政策时指出："冀望行贿者之举发贪污，实无异于缘木求鱼。此项刑事政策，既已证明成效不彰，如能改弦易辙，而使行贿者与受贿者接受同等之处罚，始较符合社会之公平正义。"① "人民论坛问卷调查中心"曾专门对"行贿者和受贿者哪一方更该受到重罚"的话题进行了问卷调查，其中"61%的受访者认为同犯等罚最能体现法律公平"。②

当前，"'唯数额论'的量刑趋向是当前我国行贿罪处罚不均、量刑失衡的主要原因"，③ 所以，在规定行贿罪量刑标准时，应当抛弃"数额论"，采纳"情节论"。再说，总体而言，"行贿罪的不法与责任轻于受贿罪"，④ 在设置最高刑时行贿罪与受贿罪应当有所区别。鉴此，笔者建议对刑法第390条第1款作如下修改："对犯行贿罪，情节较重的，处3年以下有期徒刑或者拘役，并处罚金；情节严重的，处3年以上10年以下有期徒刑，并处罚金；情节特别严重的，处10年以上有期徒刑或者无期徒刑，并处罚金。"这样就大体形成行贿、受贿同等惩处的刑罚设置格局。这一法定刑的调整不仅使行贿罪、受贿罪的法定刑更加协调，而且有利于控制行贿罪缓刑的适用。因为《刑八》对刑法第63条减轻处罚限制在法定刑的下一个量刑幅度内，情节特别严重的行贿犯罪，即使有法定减轻处罚情节一般也不会有适用缓刑的可能。

二、 贪贿犯罪量刑标准的完善

（一） 进一步完善贪贿犯罪量刑模式

以数额为中心的贿赂犯罪评价模式无法全面评价受贿、行贿行为的社会危害性，诸多弊端彰显情节地位提升的重要性。"数额大小与公职行为

---

① 甘添贵：《刑法各论》（下），三民书局2011年版，第390页。
② 栾大鹏：《行贿者与受贿者，该重罚谁？——基于法经济学视角的调查分析》，《人民论坛》2013年第28期。
③ 崔仕绣：《实证分析视阈下的行贿罪刑罚结构与量刑特征》，《湖北警官学院学报》2019年第3期。
④ 张明楷：《行贿罪的量刑》，《现代法学》2018年第3期。

廉洁性是否受到侵害无关，数额的存在是导致司法产生'选择性打击'的重要原因。"① 特别是贿赂犯罪"以赃论罪"的立法模式严重阻碍了对那些以非财产性利益进行贿赂行为的社会危害性的科学评价。建议将"情节"确立为贿赂犯罪定罪量刑的核心标准，把"数额"作为诸多"情节"中的一种，从而使"数额"具有依附性，提升非数额情节在定罪处罚中的地位和作用。构建以情节为中心的受贿罪定罪量刑体系，则能够推动司法人员理性看待数额在受贿犯罪中的权重，有利于推进司法实践中对非数额情节的重视，以及受贿罪行为手段、职权特点、行为后果等情节要素在全面评价受贿罪社会危害性中的作用，从而有效避免数额中心论带来的判断刚性、僵化问题。而贪污罪实质上侵犯了公共财产的所有权，涉案数额大体上能体现其社会危害性，这也是"79刑法"将其纳入侵犯财产罪的立法理由。"在贪污罪中，犯罪数额是决定罪行轻重的核心因素，犯罪情节一般处于辅助地位。在受贿罪中，犯罪数额和犯罪情节都是决定罪行轻重的关键因素。因此，数额和情节在两罪量刑标准体系中的地位和作用不能等同视之。""应当将数额和情节设定为贪污罪的基本量刑标准和辅助量刑标准，而将数额和情节设定为受贿罪的择一选择量刑标准。"② 所以，贪污罪仍可采用现行的"数额＋情节"的定罪量刑模式，而受贿罪应采用"情节"模式。

（二）修改贪贿犯罪量刑数额标准

现行贪污、受贿罪"数额较大""数额巨大""数额特别巨大"的标准不具有合法性、合理性和正当性。理由是：背离中央惩治腐败的基本立场和刑事政策；背离法律面前人人平等的宪法原则和刑法原则；提高数额标准的依据不科学，背离国情民意；违背优秀的中华法制传统；违背世界普适的腐败犯罪治理路径的选择；贪贿犯罪的"非犯罪化"和"轻刑化"现象将更为严重。③ 针对现行贪贿犯罪数额标准的不合理性，有的学者主张，对贪贿犯罪在刑罚"去厉"的同时，要对贪污贿赂犯罪的行为从有限容忍到零容忍，即在刑事立法上扩大犯罪圈，严格犯罪定性，废除数额标

---

① 刘艳红等：《中国反腐败立法研究》，中国法制出版社2017年版，第149页。
② 王刚：《新中国成立七十年来贪污受贿罪量刑标准立法反思与展望》，《云南师范大学学报（哲学社会科学版）》2020年第3期。
③ 张兆松：《贪贿犯罪定罪量刑数额标准质疑》，《理论月刊》2017年第7期。

准，将一切贪污受贿犯罪罪行纳入刑法规制范围。① 有的学者认为，我国刑法对受贿罪设置起刑数额标准，与世界通行的犯罪概念理论相悖，不符合诉讼经济原则，随着起刑点的提高，越来越多的受贿行为被排除在犯罪圈之外，与对腐败"零容忍"的刑事政策以及实现惩治与预防受贿犯罪的刑罚目的背道而驰，建议取消受贿罪起刑数额标准，将受贿行为一律纳入刑法规制范围。② 上述观点虽然具有一定道理，但既不符合我国"定性＋定量"的立法模式，也与法法衔接、纪法衔接相冲突，实践中不具有可操作性。根据我国现行国情，综合考虑立法、司法和法法衔接、纪法协调等诸因素，建议将贪污、受贿罪定罪量刑一般数额标准规定为：5000 元、20 万元和 200 万元。

（三） 统一罪数处罚标准

1997 年刑法第 399 条第 3 款专门规定："司法工作人员贪赃枉法，有前两款行为的，同时又构成本法第三百八十五条规定之罪的，依照处罚较重的规定定罪处罚。"该条明确规定司法工作人员受贿后徇私枉法的按一罪处罚。行为人利用职务便利收受贿赂，为他人谋取利益行为构成其他犯罪的，究竟是应当在受贿犯罪与其他犯罪数罪并罚，还是择一重罪处断，刑法理论与实践长期以来一直众说纷纭。有的认为："受贿且渎职（背信）行为应当归属于牵连犯的罪数形态。收受财物的目的行为与违背职责（受托）的手段行为之间形成牵连关系，同时，渎职（背信）犯罪行为能够整体包含于受贿犯罪'为他人谋取利益'要件，故受贿且渎职（背信）构成牵连犯，应当从一重罪处罚。"③ 有的认为，"受贿并渎职同时构成受贿罪和渎职犯罪的系牵连犯，如无特别规定，以受贿罪和渎职犯罪数罪并罚"。④ 有的甚至认为，"受贿罪有两种行为方式即收受贿赂和索取贿赂，而第三百九十九条第四款规定只规定了收受贿赂而后徇私枉法的情形，对于索取贿赂而又徇私枉法的，则仍然按照数罪并罚的原则进行处罚，而不

---

① 杜文俊、陈超：《贪污贿赂犯罪的刑罚配置模式探究——基于法定犯时代的重构》，《上海政法学院学报（法治论丛）》2020 年第 5 期。

② 韩晋萍：《受贿罪刑罚制度研究》，法律出版社 2019 年版，第 35—56 页；

③ 刘宪权、谢杰：《贿赂犯罪刑法理论与实务》，上海人民出版社 2012 年版，第 122 页。

④ 罗开卷：《贪污贿赂罪实务精解》，法律出版社 2020 年版，第 287 页。

适用第三百九十九条第四款的处罚原则"。① 理论上的纷争也影响司法解释的内容。如"两高"2010年发布的《关于办理国家出资企业中职务犯罪案件具体应用法律若干问题的意见》规定，国有公司、企业工作人员实施刑法分则第三章渎职犯罪并收受贿赂的，择一重罪处理。而"两高"《关于办理渎职刑事案件适用法律若干问题的解释（一）》及《解释》规定，国家工作（机关）人员实施渎职犯罪并收受贿赂的，除刑法另外有规定外，应当实行数罪并罚。这种制度层面上的不统一，导致司法实务中做法不一，直接影响量刑标准的统一性和平等性。

1. 对牵连犯按一重罪处断，是学界通识。② 有的同志认为，从法理上看，"'为他人谋取利益'与'徇私'的构成要件作用，以及受贿罪与渎职罪的评价内容进行分析，两罪并罚不违反禁止重复评价原则。"③ 这显然不能成立。理由是："司法解释一方面认为，为他人谋取利益包括承诺、实施、实现行为之一，即为他人谋取利益属于受贿罪的客观行为，另一方面又认为，谋利行为构成犯罪的应与受贿罪数罪并罚，这明显属于重复评价。"④

2.《解释》的规定没有实现立法目的。《解释》规定这类牵连犯要数罪并罚，旨在更严厉地惩治贪贿犯罪，但实践效果并不如此。从百名贪贿高官量刑情况看，数罪并罚的人数已占所有宣判人数的36%。6名被判处死刑立即执行和死刑缓期2年执行的，全部适用数罪并罚，21名判处无期徒刑的也有9名涉及数罪并罚，其中涉及滥用职权罪和玩忽职守罪的有16名。判处无期徒刑以上刑罚的贪贿高官，渎职犯罪的刑罚已完全被贪贿犯罪所吸收，只有极个别被判处有期徒刑的，数罪并罚才有意义。如果不数罪并罚，将渎职犯罪行为作为贪贿犯罪的从重处罚情节，不仅可以实现罪刑相适，而且更有利于对贪贿高官从重处罚。如李春城受贿3979万元，滥用职权致使公共财产损失5.7582亿元，法院分别以受贿罪、滥用职权罪判处有期徒刑12年、2年，决定执行13年。这一数额标准，如果不数罪

---

① 冀洋：《职务犯罪案例解析》，东南大学出版社2019年版，第194页。

② 高铭暄、马克昌主编：《刑法学》，北京大学出版社、高等教育出版社2010年版，第194—195页。

③ 王升洲：《受贿罪与渎职罪并罚不违反禁止重复评价原则》，《检察日报》2020年12月15日，第7版。

④ 陈洪兵：《贪污贿赂渎职罪解释论与判例研究》，中国政法大学出版社2015年版，第87页。

并罚而是将滥用职权行为作为受贿罪的从重处罚情节，即便他有自首、立功情节等从轻情节，无疑也是可以判处无期徒刑的。所以，对这类贪贿犯罪按牵连犯的通说，以"一罪从重处罚"更有利于惩治犯罪。

3. 受贿且渎职行为是一罪还是数罪，立法应当作出统一规定。从刑事立法情况看，从一重处断条款不断增加。从职务犯罪刑法修正案规定看，越来越多地对牵连犯规定了按一罪处罚。1988 年，全国人大常委会《关于惩治贪污罪贿赂罪的补充规定》曾规定："因受贿而进行违法活动构成其他罪的，依照数罪并罚的规定处罚。"1997 年修订刑法时删去了这一规定，并增设了第 399 条第 3 款专门规定。该条明确规定司法工作人员受贿后徇私枉法的按一罪处罚。司法公正是社会公正的最后一道防线，公平正义是司法的灵魂和生命，司法腐败是最严重的腐败，司法人员收受贿赂而枉法裁判是危害最严重的腐败行为，立法尚且规定按一罪处罚，对其他人员因受贿而进行违法活动构成其他罪的，司法中没有理由对之数罪并罚。特别是经过《刑九》和《刑十一》两次刑法修正，从一重处断条款从原来的 3 处增至 19 处。尤其是"《刑十一》再次实现从一重处断条款的扩容，渐渐形成从一重处断条款'一枝独大'的局面"。① 《刑十一》第 16 条第 2 款规定："前款规定的人员，索取他人财物或者非法收受他人财物，同时构成其他犯罪的，依照处罚较重的规定定罪处罚。"将中介组织人员故意提供虚假证明文件，情节严重，同时收受贿赂的，依照一罪即处罚较重的规定定罪处罚，是科学合理的。建议立法应当明确规定：实施渎职犯罪并收受贿赂的按一重罪处罚。同时建议对类似司法解释"两高"应当进行清理，以统一法律适用标准。

（四） 进一步明确减轻处罚的幅度

"97 刑法"第 63 条第 1 款规定："犯罪分子具有本法规定的减轻处罚情节的，应当在法定刑以下判处刑罚。"由于该条未对"法定刑以下"作出限定，理论和实践中对"法定刑以下"的理解常有争议，特别是在贪贿犯罪量刑实践中，某些具有特殊背景的被告人一旦具有减轻处罚情节，就可以跨越多个量刑幅度，对其作出大幅度的减轻处罚。"被告人在何种情况下予以'减轻处罚'缺乏统一、明确的标准，导致犯罪性质、情节相同

---

① 王彦强：《〈刑法修正案（十一）〉中竞合条款的理解与适用》，《政治与法律》2021 年第 4 期。

的案件量刑明显不同。"① 最高法 2009 年 4 月制定的《人民法院量刑指导意见（试行）》曾规定："减轻处罚时，一般应在相应的法定刑最低刑以下的下一个法定刑幅度内处罚，但在下一个法定刑幅度处罚仍然过重的，可以在再下一个法定刑幅度处罚，但不得因具有数个减轻处罚情节而免除处罚。"滥用减轻处罚权是法官自由裁量权不规范的重要表现，也是贪贿犯罪轻刑化的主要原因之一。有鉴于此，第十一届全国人民代表大会常务委员会 2011 年 2 月 25 日通过的《中华人民共和国刑法修正案（八）》（以下简称《刑八》）第 5 条将原刑法第 63 条第 1 款修改为："犯罪分子具有本法规定的减轻处罚情节的，应当在法定刑以下判处刑罚；本法规定有数个量刑幅度的，应当在法定量刑幅度的下一个量刑幅度内判处刑罚。"修订后的立法已明确："减轻处罚只能在法定量刑幅度紧接着的下一个量刑幅度内判处刑罚，而不能跨越一个幅度去判处刑罚。"② 所以，最高法 2013 年 12 月 23 日《关于常见犯罪的量刑指导意见》（以下简称《量刑指导意见》）未再对这一问题作出规定。这表明，减轻处罚的幅度在《刑八》已有明确规定的情况下，最高法不能背离立法规定作出越权司法解释。有的同志认为，"《量刑指导意见》虽然取消了这一规定，……但并未禁止跨刑格处罚"。③ 笔者不同意这一观点。④ 最高法之所以在《量刑指导意见》删去这一规定，显然是注意到了与《刑八》的衔接问题。如果说，"具有两个以上减轻处罚情节的，可不受在法定量刑幅度的下一个量刑幅度内判处刑罚的限制"的观点可以成立，仍需要有立法机关作出解释。在没有立法解释的条件下，司法机关不能对减轻处罚的幅度作出扩大解释。

虽然《刑八》对于减轻处罚已作出了规定，但对减轻处罚幅度正当性的问题仍需思考。最典型的是艾文礼受贿案。2019 年 4 月 18 日，江苏省苏州市中级人民法院公开宣判河北省政协原副主席艾文礼受贿案，"对被告人艾文礼以受贿罪判处有期徒刑 8 年，并处罚金人民币 300 万元；对艾文礼受贿所得财物及其孳息予以追缴，上缴国库"。经法院审理查明：

---

① 孙长永：《认罪认罚从宽制度实施中的五个矛盾及其化解》，《政治与法律》2021 年第 1 期。

② 全国人大常委会法制工作委员会刑法室编：《中华人民共和国刑法修正案（八）条文说明、立法理由及相关规定》，北京大学出版社 2011 年版，第 17—18 页。

③ 熊选国主编：《〈人民法院量刑指导意见〉与两高三部〈关于规范量刑程序若干问题的意见〉理解与适用》，法律出版社 2010 年版，第 108 页。

④ 张兆松：《再论减轻处罚的幅度——以职务犯罪为视角的分析》，《浙江检察》2014 年第 9 期。

"2005 年至 2013 年，被告人艾文礼利用担任中共石家庄市委副书记、河北省承德市人民政府市长、中共承德市委书记、河北省石家庄市人民政府市长、中共河北省委常委、宣传部部长等职务上的便利，为有关单位和个人在企业改制、项目开发、安排工作等事项上提供帮助。2006 年至 2014 年，艾文礼直接或者通过特定关系人收受上述单位和个人给予的财物，共计折合人民币 6478 余万元。苏州中院认为，被告人艾文礼的行为构成受贿罪，数额特别巨大，应依法惩处。鉴于艾文礼于案发前携带赃款赃物主动到中央纪委国家监委投案，并如实供述自己的罪行，构成自首；真诚认罪、悔罪，避免、减少损害结果的发生；积极主动退缴全部赃款赃物，具有法定、酌定从轻、减轻处罚情节，依法可对其减轻处罚。"① 法庭遂作出上述判决。一个原本应当判处无期徒刑甚至死刑（死缓）的案件，由于被告人具有自首、认罪认罚等诸多从宽量刑情节，最后跨越多个法定刑幅度仅判处有期徒刑 8 年。从以往司法实践看，"2010 年之前，贪贿 600 万元以上，大多被判死缓；2013 年之后，贪贿 1000 万元以上，还会判无期徒刑"。② 2016—2017 年宣判的贪贿高官，犯罪数额在 5 千万以上不满 1 亿的有 11 人，基本上都有从轻、减轻处罚情节，最终判处有期徒刑 15 年的 5 人，判处无期徒刑的 6 人。在不考虑任何从宽情节时，艾文礼完全可以判处死刑（包括死缓），现因艾具有法定从轻、减轻处罚情节，分别减轻处罚判处其 8 年有期徒刑，属于跨幅度减轻处罚，且符合"下一个量刑幅度"内量刑的规定，但艾文礼仍然属于量刑畸轻。因为我国贪污罪、受贿罪的刑罚配置存在着严重的"下一格量刑幅度的裁量空间过大"的问题。

根据《解释》规定，贪污或受贿数额 300 万元以上，应"处 10 年以上有期徒刑、无期徒刑或者死刑"，而一旦具备减轻处罚情节，则可以跨越三个刑种（死刑、无期徒刑、10 年以上有期徒刑），减轻处罚到 3 年以上 10 年以下有期徒刑，减轻处罚幅度过大，完全背离罪责刑相适应原则。也正因为这个原因，我国早有学者提出以刑种来划分法定刑，如在"死刑、无期徒刑或者十年以上有期徒刑"这种多刑种刑罚配置模式中，认为

---

① 孙航：《河北省政协原副主席艾文礼受贿案一审宣判》，《人民法院报》2019 年 4 月 19 日，第 1 版。

② 张兆松：《贪贿高官量刑规范化研究——基于 2013—2017 年省部级以上高官刑事判决的分析》，《法治研究》2019 年第 2 期。

共有三档法定刑，每一个刑种为一个法定刑，而不是总共一档法定刑。① 或者"增加减轻处罚的特殊规定，可以考虑在《刑法》第 63 条中增加以下内容：应当判处死刑的，减轻处罚是指减为无期徒刑；应当判处无期徒刑的，减轻处罚是指减为 15 年有期徒刑"。② 在《刑八》（草案）审议期间，一些司法机关和法律专家认为，"对于罪该判处重刑的罪犯，如果一档刑中规定'十年以上有期徒刑、无期徒刑或者死刑'，横跨几个刑种，并且每一个刑种之间本身又差别巨大，正确合理的减轻处罚应当是先确定？如果没有减轻处罚情节罪犯可能被判处的刑罚，再在此基础上确定减轻处罚后应当适用的刑罚。比如，罪犯如果没有减轻处罚情节，本应判处死刑，减轻处罚后应当判处其无期徒刑；如果罪犯本应判处无期徒刑，判处其十年以上有期徒刑，也已经是减轻处罚了。……征求意见过程中，司法机关、法律专家普遍赞成对本应判处重刑尤其是死刑的罪犯依上述原则确定减轻处罚后的刑罚"。③ 在以往的司法实践中也有把死刑减为无期徒刑或无期徒刑减为 10 年以上 15 年以下有期徒刑的，视为"减轻处罚"的做法。如中国光大集团董事长朱小华受贿案。④

为了保证刑事执法的公正性，立法应当对减轻处罚作出更加明确、具体和科学的规定。如《日本刑法典》第 68 条规定："具有法律规定的应当减轻刑罚的一个或数个事由时，按照下列规定处理：（1）死刑减轻时，减为无期惩役、无期监禁或者 10 年以上的惩役或者监禁；（2）无期惩役或者无期监禁减轻时，减为 7 年以上的有期惩役或者监禁；（3）有期惩役或者监禁减轻时，将其最高刑期与最低刑期减去二分之一；（4）罚金减轻时，将其最高数额和最低数额减去二分一；（5）拘留减轻时，将其最高刑期减去二分之一；（6）科料减轻时，将其最高数额减去二分之一。"我国台湾地区"刑法"第 64 条、第 65 条、第 66 条规定了减轻处罚的原则：死刑减轻者，为无期徒刑；无期徒刑减轻者，为 20 年以下 15 年以上有期徒刑；有期徒刑、拘役、罚金减轻者，减轻其刑至 1/2，但同时有免除其刑之规定者，其减轻可减至 2/3。上述立法规定明确、具体、科学，足资我国借鉴。

---

① 韩轶：《减轻处罚在多刑种刑罚配置模式中的适用》，《人民检察》2007 年第 5 期。
② 周振晓：《刑法之道》，法律出版社 2018 年版，第 216 页。
③ 黄太云：《刑法修正案（八）》解读（二）》，《人民检察》2011 年第 7 期。
④ 最高人民法院刑一庭、刑二庭编：《刑事审判参考》2003 年第 2 辑。

（五） 进一步明确缓刑、免刑条件

贪贿犯罪缓刑、免刑适用高直接影响反腐败效果，为了降低贪贿犯罪缓刑、免刑比例，最高法于 1996 年 6 月 26 日颁布《关于对贪污、受贿、挪用公款犯罪分子依法正确适用缓刑的若干规定》。最高法 2010 年 2 月 8 日印发的《关于贯彻宽严相济刑事政策的若干意见》规定："要严格掌握职务犯罪法定减轻处罚情节的认定标准与减轻处罚的幅度，严格控制依法减轻处罚后判处三年以下有期徒刑适用缓刑的范围，切实规范职务犯罪缓刑、免予刑事处罚的适用。""两高" 2012 年 8 月 8 日联合颁布《关于办理职务犯罪案件严格适用缓刑、免予刑事处罚若干问题的意见》。上述司法解释或司法文件分别对一般不适用缓刑或者免予刑事处罚的情形作出了规定。2012 年的《意见》还强调，检察机关提出适用缓刑或免刑建议应经检察委员会讨论决定，法院认为确有必要适用缓刑或者免予刑事处罚的，应经审判委员会讨论决定。不仅如此，一些地方法院也对贪贿犯罪适用缓刑或免予刑事处罚作出限制。如浙江省高级法院、省检察院 2010 年 6 月 9 日出台《关于贪污、受贿刑事案件适用缓刑的意见》，陕西省高级人民法院 2012 年 5 月 23 日制定出台《关于办理贪污贿赂等职务犯罪案件判处缓刑或免予刑事处罚有关问题的通知》，江苏省高级人民法院 2012 年 12 月 28 日《关于审理职务犯罪案件适用缓刑、免予刑事处罚若干问题的纪要》。这些地方性司法文件的特点之一是在程序上设定了备案制度和内审制度，即各级法院对判处缓刑、免予刑事处罚的贪贿犯罪案件在案件审结后（包括一、二审）要层报上级法院或省高级法院审核平衡。上述司法解释及地方司法性文件对于限制缓刑、免刑适用发挥了积极作用。

在新时代下，为了限制缓刑、免刑的适用，笔者建议：两高应尽快修订司法解释。随着《刑九》和《解释》的颁布，原来两高关于缓刑、免刑的司法解释已失去效力，两高应当及时出台新的严格适用缓刑、免刑的司法解释。特别是要对不能适用缓刑、免刑的情形作出列举性规定。具有下列情形之一的贪贿犯罪分子，一般不适用缓刑或者免予刑事处罚：不认罪认罚的；赃款赃物用于非法活动的；赃款赃物未退缴的；共同犯罪中主犯的；犯有数罪依法实行并罚或者以一罪处理的；曾因贪贿违纪违法行为受过行政处分的；犯罪涉及的财物属于救灾、抢险、防汛、优抚、扶贫、移民、救济、防疫等特定款物的；受贿犯罪中具有索贿情节的；犯罪行为使国家、集体和人民利益遭受重大损失的；其他不应适用缓刑、免予刑事处罚的情形。另外，贪贿犯罪因具有减轻处罚情节，已减轻处罚至有期徒刑三年以下的，原则上不再适用缓刑，更不能适用免刑。至于法院内审制度，虽然在一定程度发挥了限制缓刑、免刑适用的功效，但因为该制度与审判独立、二审终审制及司法责任制相悖，本就受到学界争议。[①]《最高人民法院关于规范上下级人民法院审判业务关系的若干意见》第 8 条规定："最高人民法院通过审理案件、制定司法解释或者规范性文件、发布指导性案例、召开审判业务会议、组织法官培训等形式，对地方各级人民法院和专门人民法院的审判业务工作进行指导。"随着司法改革的推进，案例指导和类案检索制度的完善和建立，司法责任制的全面落实，这种不符合司法运行规律的制度理当退出历史舞台。

（六） 进一步修改量刑情节要素

我国长期以来实行以数额为基础的贿赂犯罪罪刑体系，而情节天然的不确定性相较于数额又容易使得其在司法实践中被边缘化，因此建立相对明确的情节制度就显得尤为重要。现行法律规定中对数额的明确实质上还是唯数额论的历史遗留。[②] 实践数据同样直观表明了司法中唯数额论的倾向性。数额标准作为刚性标准，与概括的、不确定的情节相比更为直接清晰，因此若要淡化以数额为基础的受贿罪罪刑结构，强化情节在受贿犯罪定罪量刑中的作用，需要不断提升情节的作用。

1. 扩大从重处罚情节范围

（1）索贿的从重处罚。现行立法已明确"索贿的从重处罚"。"在索贿情况下，行为人主动提出权钱交易要求，是贿赂行为的发起者，说明行为人主观罪责重；而从客观上看，索贿本身也说明被索贿人具有被迫交付的性质，客观危害也大，将其作为一个从重处罚的情节，是必要的。"[③] 刑法第 386 条本身已明确规定"索贿的从重处罚"，并无次数限制，但遗憾的是《解释》却对此作了限制解释，规定"多次索贿"才能从重。这一司法

---

① 游伟：《"内审制"有违审级独立》，《法制日报》2012 年 6 月 4 日，第 7 版；杨涛：《案件判缓刑不需上级法院批准》，《新京报》2012 年 5 月 23 日，第 A03 版。

② 卢建平、孙本雄：《我国受贿罪定罪量刑标准之重构》，《中国人民公安大学学报（社会科学版）》2016 年第 3 期。

③ 孙国祥《贪污贿赂犯罪研究》，中国人民大学出版社 2018 年版，第 1197 页。

解释本身就违反立法旨意，应予修正。凡是"索贿"的，一概从重处罚。国外，也有对索贿从重处罚的规定。如《德国刑法典》在第 30 章渎职犯罪第 331 条中规定了受贿罪，又在第 332 条单独规定索贿罪。它包括了三种类型：一是公务员或者从事特别公务的人员索贿而可能违背职务义务的，处 6 个月以上 5 年以下自由刑，情节较轻的，为 3 年以下自由刑或罚金；未遂的，亦应处罚；二是法官或者仲裁人对现在或将来的行为索贿，因而可能违反裁判义务的，处 1 年以上 10 年以下自由刑，情节较轻的，为 6 个月以上 5 年以下自由刑；三是行为人对将来职务上的行为索要、让他人允诺或者收受他人的利益而向他人示意，且该行为违反其义务，行为人以是否获得利益来影响自己的裁判，按前二款规定处罚。《意大利刑法典》第 318 条规定了普通贿赂罪，法定刑是 6 个月至 3 年有期徒刑。同时该法第 317 条又对索贿作了专门规定。即索贿是指公职人员滥用职权强迫或引诱他人非法给予或承诺给予其本人或第三人金钱或其他有价值的财物的行为，其法定刑为 4 至 12 年有期徒刑。

（2）多次受贿的。只要每次受贿数额达到法定标准，受贿次数在三次以上的，就认为是"多次受贿"。① 笔者曾专门收集了 2012 年以后判刑的 20 个高官贪腐案例发现，"平均腐败时间跨度是 14 年，其中腐败跨度在 10 年以上的有 16 人，15 年以上的有 7 人，王敏、申维辰长达 22 年，刘志军长达 25 年，最短也有 7 年。"② 多次、长期实施贪贿犯罪，充分体现公职人员对国家法律的蔑视和对职务行为公正性、廉洁性的破坏，主观恶性大。如湖南省桃江县桃花江镇财政所原副所长陈某，"从 2014 年 4 月至 2016 年 1 月利用职务之便，共冒领 21994 户农户的各项补贴共计 77 万余元，平均每笔 12.5 元，最少的一笔为 1.45 元"，"法院认为，被告人陈某利用职务便利，虚报冒领，非法占有公共财物，数额巨大，其行为已构成贪污罪。案发后，陈某能自动投案，如实供述自己的罪行，系自首，依法可以从轻或者减轻处罚，且陈某属具备'在提起公诉前如实供述自己的罪行、真诚悔罪、积极退赃，避免、减少损害结果的发生'法定情节，依法

---

① 我国刑法体系中，已有部分犯罪通过立法或司法解释采用了降低入罪门槛或规定了较重法定刑的方式对"多次"行为从严惩治。如"多次抢劫""多次盗窃""多次抢夺"等。

② 张兆松：《"边腐边升"现象的犯罪学思考》，《山东警察学院学报》2017 年第 1 期。

可以从轻处罚"。① 最后该法院仅判处被告人陈某有期徒刑 2 年,并处罚金 20 万元,量刑明显偏轻。

(3) 违背职责的。"区分枉法赃与不枉法赃,无论受赃枉法还是不枉法都构成犯罪,但不枉法受赃的社会危害性明显小于枉法赃,因此不枉法赃处罚都轻于枉法赃。这种制度设计至少从南朝陈开始,南朝以后历朝沿用不断且日益完善,只是在清朝灭亡以后才不传,即使从南朝算起也有 1500 多年的历史,这种设计具有永恒的价值,具有一定的合理性,是中华传统法文化的精华。"② 国外贿赂犯罪立法中类似规定更是常见。

(4) 具备特定身份的。第一,司法人员收受贿赂的。"法院是法律帝国的首都,法官是帝国的王侯"(美国著名法学家德沃金《法律帝国》中的名言)。司法是解决纠纷、维护公平正义的最后一道防火线,司法甚至被视为正义的化身。司法人员收受贿赂,社会危害更加严重。近 10 年我国已有两名原最高法院的副院长因收受巨额贿赂被判处无期徒刑。2018 年至少又有 16 名法院院长被查,多人被指干预司法。③ 司法腐败损害司法的公正性和国民对法治的信赖,较之普通贿赂危害更为严重。如 1999 年 1 月 1 日起生效的《德国刑法典》第 331 条将受贿罪的主体区分为"公务员或从事特别公务的人员"和"法官或仲裁人",并对后者配置了更重的法定刑。前者受贿不枉法的,法定刑为 3 年以下自由刑或罚金;受贿枉法的,法定刑为 6 个月以上 5 年以下自由刑或罚金,情节较轻的,为 3 年以下自由刑或罚金;未遂的,亦应处罚,情节特别严重的,为 1 年以上 10 年以下自由刑。后者受贿不枉法的,法定刑为 5 年以下自由刑或罚金;未遂的,亦应处罚;受贿枉法的,法定刑为 1 年以上 10 年以下自由刑,情节较轻的,为 6 个月以上 5 年以下自由刑,情节特别严重的,为 3 年以上 15 年以下自由刑。其他如《荷兰刑法典》第 364 条、《希腊刑法典》第 237 条、《加拿大刑法典》第 119 条、第 120 条、《挪威刑法典》第 114 条等,都规定了独立的司法贿赂罪。司法人员从重处罚理所当然。第二,县处级以上国家机

---

① 周再明、雷苗:《湖南桃江县一镇财政所干部"雁过拔毛"被判刑》,《检察日报》2019 年 2 月 19 日,第 6 版。

② 白平则:《贪污贿赂罪之变迁——以清代贪污贿赂罪为中心》,知识产权出版社 2019 年版,第 139 页。

③ 王选辉:《今年至少 16 名法院院长被查,多人被指干预司法》,https://www.thepaper.cn/ news Detail_ forward,澎湃新闻,2020 年 2 月 10 日访问。

关工作人员收受贿赂的。"与普通官员相比，高官具有更高的威信和享有更大的权力。因此，高官腐败不仅造成了更多腐败租金的浪费，而且高官腐败还可能对其他官员的行为产生更强的示范（传染）效应，进而导致更普遍的官员腐败行为。"① "领导干部的级别越高、职务越重要、责任越大、影响越大，要求就应该越高、自觉性就应该越强、规定就应该越严格。"② 根据《俄罗斯联邦刑法典》第 290 条规定，一般公职人员在其职权范围内实施的受贿行为，处数额为最低劳动报酬 700 倍到 1000 倍或被判刑人 7 个月到 1 年工资或者其他收入的罚金，或处 5 年以下的剥夺自由，并处 3 年以下剥夺担任一定职务或者从事某种活动的权利。而担任俄罗斯联邦国家职务或者俄罗斯联邦各主体国家职务的人员以及地方自治机关首脑犯受贿罪的，处 5 年以上 10 年以下剥夺自由，并处 3 年以下剥夺担任一定职务或者从事某种活动的权利。③ 即刑法典根据犯罪人的官职级别，对担任国家职务的人员犯受贿罪的规定更重的法定刑。《新西兰刑法典》中一般官员的受贿则最高刑是 7 年监禁，而司法官员的受贿、部长受贿可判处最高 14 年的监禁。④

（5）为他人谋取职务提拔、调整的。《解释》已将"为他人谋取职务提拔、调整的"纳入刑法第 383 条第 1 款规定的"其他较重情节"，因为"通过贿赂买官卖官的行为严重违反党的组织纪律，严重败坏政治生态，当前查处的区域性腐败、系统性腐败案件往往与此有关，危害性十分严重"。⑤ 用人腐败导致劣币驱逐良币，并严重败坏社会风气，理当从重处罚。

（6）致使公共财产、国家和人民利益遭受损失的。贿赂犯罪是否给公共财产、国家和人民利益造成损失，是影响贿赂犯罪情节轻重的重要因素。例如，有的行为人虽然收受贿赂，但没有利用职务上的便利为行贿人谋取非法利益，所办之事按照正常合法的程序进行，没有造成其他损失，社会危害性自然要小一些。如果行为人收受贿赂以后，给国家造成重大经

---

① 陈刚：《上行下效——高官腐败的示范效应研究》，《经济社会体制比较》2013 年第 2 期。

② 李海青：《使命型政党的治党逻辑——十九大全面从严治党的内在理路》，《经济社会体制比较》2018 年第 2 期。

③ 《俄罗斯联邦刑法典》，黄道秀译，中国民主法制出版社 2020 年版，第 216—217 页。

④ 《新西兰刑法典》，于志刚、赵书鸿译，中国方正出版社 2007 年版，第 46—48 页。

⑤ 裴显鼎、苗有水等：《〈关于办理贪污贿赂刑事案件适用法律若干问题的解释〉的理解与适用》，《人民司法（应用）》2016 年第 19 期。

济损失的，理当从重处罚。当然在适用该情节时，要注意："如果某一情节在认定受贿罪时已被作为定罪情节考虑过，就不能再作为认定渎职犯罪危害后果的情节、事实来使用，否则，就违反禁止重复评价的法理。"①

2. 合理限制从宽情节的适用

近年来，"一些地方的法院在审理职务犯罪案件认定自首、坦白、立功以及相应的刑罚裁量过程中出现了一些不容忽视的问题，自首、坦白、立功等法定量刑制度成为个别办案人员办关系案、人情案甚至金钱案的工具和借口，严重破坏司法职务的廉洁性，损害法律的尊严和判决的权威"。②

（1）严格把握自首的条件和从宽的幅度。

第一，严格把握自首适用条件。根据刑法第 67 条第 1 款的规定，自首的成立要同时具备"自动投案"和"如实供述自己的罪行"两个条件。但在各地职务犯罪案件办案实践中，包括自首、立功等量刑情节的认定，经常出现分歧。特别是一些地方不加区分地将犯罪嫌疑人在纪检监察机关调查期间交代问题的一律认定为自首。③ 针对实践中"自动投案"解释的扩大化，"两高"《职务犯罪量刑情节意见》专门规定："犯罪事实或者犯罪分子未被办案机关掌握，或者虽被掌握，但犯罪分子尚未受到调查谈话、讯问，或者未被宣布采取调查措施或者强制措施时，向办案机关投案的，是自动投案。"《职务犯罪量刑情节意见》强调规定，在纪检监察部门采取调查措施期间交代罪行的，可以认定为自首，但也必要具备"自动投案""如实供述"两个条件。④《职务犯罪量刑情节意见》进一步明确："犯罪分子没有自动投案，在办案机关调查谈话、讯问、采取调查措施或者强制措施期间，犯罪分子如实交待办案机关掌握的线索所针对的事实的，不能认定为自首。"2019 年 7 月，中央纪委办公厅印发的《纪检监察机关处理主动投案问题的规定（试行）》第 2 条规定："主动投案，是指：（一）党员、监察对象的涉嫌违纪或者职务违法、职务犯罪问题，未被纪检监察机关掌握，或者虽被掌握，但尚未受到纪检监察机关的审查调查谈话、讯问

---

① 周光权：《论受贿罪的情节——基于最新司法解释的分析》，《政治与法律》2016 年第 8 期。

② 郭慧、牛克乾：《职务犯罪审判与国家监察工作有机衔接的若干建议》，《法律适用》2018 年第 19 期。

③ 杜萌：《"两高"发文遏制职务犯罪轻刑化背后》，《法制日报》2009 年 3 月 23 日，第 8 版。

④ 刘为波：《〈关于办理职务犯罪案件认定自首、立功等量刑情节若干问题的意见〉的理解与适用》，《人民司法》2009 年第 9 期。

或者尚未被采取留置措施时，主动向纪检监察机关投案；（二）涉案人员的涉嫌行贿犯罪或者共同职务违法、职务犯罪问题，未被纪检监察机关掌握，或者虽被掌握，但尚未受到纪检监察机关的询问、审查调查谈话、讯问或者尚未被采取留置措施时，主动向纪检监察机关投案。"可见，没有自动（主动）投案的，就没有自首的成立。职务犯罪不同于普通刑事犯罪，职务犯罪的主体是特殊主体，是国家工作人员或者国家机关工作人员，其涉及的主要是贪贿犯罪和渎职犯罪，因此自愿性和主动性的界定理当更加严格。凡是经传讯或将纪检监察部门调查期间交代罪行的一概以自首论的观点和做法都是错误的。如在办案机关电话通知要求行为人接受调查谈话后，行为人到办案机关指定的地点接受调查谈话的，虽然能够体现一定的自愿性，但是不能体现主动性。因此，职务犯罪中电话通知不能算是自动投案，不能认定为自首。

第二，严格把握自首从宽的幅度。《职务犯罪量刑情节意见》规定："对于具有自首情节的犯罪分子，应当根据犯罪的事实、性质、情节和对于社会的危害程度，结合自动投案的动机、阶段、客观环境，交代犯罪事实的完整性、稳定性以及悔罪表现等具体情节，依法决定是否从轻、减轻或者免除处罚以及从轻、减轻处罚的幅度。"实证情况表明，贪贿犯罪一旦认定自首，一般就是减轻处罚，这显然不符合立法和司法解释精神，是法官滥用自由裁量权的表现，应予规范和制约。

（2）严格坦白减轻处罚条款的适用。《刑八》第8条对刑法第67条增设第3款规定是特定含义的。"草案在研究修改过程中，曾有意见建议将如实坦白'减轻处罚'的条件限定为'因其如实供述自己罪行，避免特别重大损失的'。但是有意见认为这个表述含义不清，有些巨额贪官可能会将自己积极退赃认为是'避免特别重大损失'以逃避严惩，不利于惩治腐败，建议修改成'因其如实供述自己罪行，避免特别严重后果发生的'，避免在法律适用中引起歧义。"[1] 最后立法机关采纳了第二种意见。"'因其如实供述自己罪行，避免特别严重后果发生的'，是指行为人的行为已经实施，但犯罪结果还没有发生或者没有全部发生，由于行为人的供述，使得有关方面能够采取措施避免了特别严重后果发生的情况。"[2] 这表明：腐

---

① 黄太云：《〈刑法修正案（八）〉解读（一）》，《人民检察》2011年第6期。

② 郎胜主编：《中华人民共和国刑法释义》，法律出版社2015年第6版，第72页。

败分子一般的积极退赃不能认为是"避免特别严重后果发生的"情形，不应适用减轻处罚。

（3）严格限制立功情节的适用。行贿受贿是对合犯，嫌疑人在交代自己罪行的同时必然涉及行贿、受贿对象，因行贿者的交代而使受贿行为受到查办的，行贿者不能构成立功，反之亦然。同时要杜绝"假立功"现象。《职务犯罪量刑情节意见》已明确规定："据以立功的线索、材料来源有下列情形之一的，不能认定为立功：①本人通过非法手段或者非法途径获取的；②本人因原担任的查禁犯罪等职务获取的；③他人违反监管规定向犯罪分子提供的；④负有查禁犯罪活动职责的国家机关工作人员或者其他国家工作人员利用职务便利提供的。"最高法院《关于处理自首和立功若干具体问题的意见》还强调："犯罪分子亲友为使犯罪分子'立功'，向司法机关提供他人犯罪线索、协助抓捕犯罪嫌疑人的，不能认定为犯罪分子有立功表现。"

（4）禁止从轻情节重复评价。当前关于认罪认罚是不是一个独立的量刑从宽情节，学界存在较大争议。不少学者认为，应当将认罪认罚作为一个独立的量刑从宽情节。[1] 特别是"两高三部"2019年10月24日《关于适用认罪认罚从宽制度的指导意见》（以下简称《指导意见》）颁布后，有的认为，《指导意见》规定了"认罪认罚应当作为一个独立的从宽情节，给予从宽处罚"。[2] 笔者不同意这一判断。最高法2010年10月1日起实施的《人民法院量刑指导意见（试行）》规定："对于同一事实涉及不同量刑情节时，不重复评价""对于当庭自愿认罪的，根据犯罪的性质、罪行的轻重、认罪程度以及悔罪表现等情况，可以减少基准刑的10%以下。依法认定自首、坦白的除外"。此后，最高法分别于2013年、2017年两次修订《关于常见犯罪的量刑指导意见》均保留上述规定。《指导意见》明确："办理认罪认罚案件，应当依照刑法、刑事诉讼法的基本原则，根据犯罪的事实、性质、情节和对社会的危害程度，结合法定、酌定的量刑情节，综合考虑认罪认罚的具体情况，依法决定是否从宽、如何从宽。对于减

① 周光权：《论刑法与认罪认罚从宽制度的衔接》，《清华法学》2019年第3期；李立峰、闵丰锦：《"认罪认罚"应视为独立的量刑情节》，《检察日报》2019年5月21日，第3版；刘伟琦、刘仁文：《认罪认罚应作为独立的量刑情节》，《湖北社会科学》2021年第4期。
② 樊崇义：《刑事诉讼模式的转型——评〈关于适用认罪认罚从宽制度的指导意见〉》，《中国法律评论》2019年第6期。

轻、免除处罚，应当于法有据；不具备减轻处罚情节的，应当在法定幅度以内提出从轻处罚的量刑建议和量刑。"《指导意见》强调："对犯罪嫌疑人、被告人具有自首、坦白情节，同时认罪认罚的，应当在法定刑幅度内给予相对更大的从宽幅度。认罪认罚与自首、坦白不作重复评价。"这表明：在已将认罪、悔罪作为自首或坦白条件时，就不能再将其作为一个独立的量刑再从宽情节予以重复评价。

（七）进一步完善特别从宽制度

1. 废除特别免刑条款。在贪贿犯罪仍然比较严重的形势下，将事后行为引入免刑甚至出罪机制，既影响广大民众对腐败行为的认知，也影响"不敢腐"威慑效应的形成，不利于腐败犯罪的防控。刑法第 383 条第 3 款（受贿罪）、第 390 条第 2 款（行贿罪）以及第 164 条第 4 款（非国家工作人员行贿罪、对外国公职人员、国际公共组织官员行贿罪）、第 392 条第 2 款（介绍贿赂罪）规定了特别从宽制度。这些规定与刑法总则关于自首、立功、坦白的规定大体一致，但从宽的幅度更大。[①] 立法作了特别规定之后，似乎要求司法人员要特别注意贪贿犯罪的从宽处罚情节，这对司法实践影响很大，是贪贿犯罪轻刑化的重要原因之一，建议废除上述规定。实践中即便少数案件确实需要免予刑事处罚，也完全可以根据刑法第 13 条及第 37 条的规定作出决定，而不需要在贪贿犯罪条文中特别明示。即便确实需要作出类似规定，也宜在刑法总则中作出统一规定，以便这种特别从宽制度适用于所有刑事犯罪。

2. 完善退赔退赃从宽处罚情节。刑法第 383 条第 3 款规定："犯第一款罪，在提起公诉前如实供述自己罪行、真诚悔罪、积极退赃，避免、减少损害结果的发生，有第一项规定情形的，可以从轻、减轻或者免除处罚；有第二项、第三项规定情形的，可以从轻处罚。"上述规定赋予了贪贿犯罪退赔退赃从宽处罚的量刑功能，符合认罪认罚从宽制度，也有利于提高犯罪嫌疑人、被告人退赔退赃的积极性。但目前退赔退赃作为法定从宽处罚情节，仅限于贪污、受贿罪等少数罪名。"在目前的法律、司法解释框架下，诈骗类案件犯罪分子积极退赃退赔无法成为其减轻处罚的法

---

① 如非国家工作人员行贿罪、介绍贿赂罪，行为人在被追诉前主动交代行贿、介绍贿赂行为的，可以减轻处罚或者免除处罚，而一般自首则是可以从轻或者减轻处罚。

定事由。"① 笔者建议在刑法总则中对此作出统一规定，即根据案件类型、退赔退赃时间等条件，符合条件的都可以得到从宽处罚，而不是特指贪污、受贿犯罪。②

第二节　贪贿犯罪量刑规范化之程序法完善

刑事诉讼程序的价值具有双重性，"一方面，刑事诉讼法保障刑法的实施，程序法对于实体法的实施具有工具价值；另一方面，刑事诉讼法自身具有独立的价值，即程序法本身直接体现出来的民主、法治、人权的精神，不依附于实体法而存在。司法公正是实体公正和程序公正的有机统一，要保证实体公正和程序公正动态并重"。③ "司法过程绝不是跟售货机一样，投入了硬币就会出来所需要的商品。司法产生正义需要一套程序来完成。"④ 量刑问题的解决不仅要依赖于实体控制，更要依靠程序制约和保障。"公正的量刑程序有助于凝聚诉讼各方在量刑问题上的共识，并使矛盾、分歧在一个制度化的空间得以呈现、妥协和消解，最终达成对于刑罚裁判的接受。"⑤ 我国 2010 年启动的量刑规范化改革始终把重点放在实体法上，这显然是不够的。

一、 构建贪贿犯罪独立量刑程序

（一） 构建贪贿犯罪独立量刑程序的必要性和可行性

1. 贪贿犯罪诉讼是惩治腐败的重要环节

党的十八大以后，习近平同志在多次会议上反复强调腐败的严重性、严峻性和危害性，并把反腐败斗争提到事关国家政党兴亡的战略高度。

---

① 金懿：《积极退赔退赃应成为诈骗类犯罪减轻处罚情节》，《检察日报》2020 年 10 月 19 日，第 3 版。
② 《刑十一》又增设了挪用资金罪及非法吸收公众存款罪。
③ 陈光中：《学术人生耄耋年》，《检察日报》2020 年 4 月 23 日，第 3 版。
④ 江必新：《在法律之内寻求社会效果》，《中国法学》2009 年第 3 期。
⑤ 熊秋红：《中国量刑改革：理论、规范与经验》，《法学家》2011 年第 5 期。

2012 年 11 月 17 日，在十八届中共中央政治局第一次集体学习时习近平指出："大量事实告诉我们，腐败问题越演越烈，最终必然会亡党亡国！我们要警醒啊！"① 刑罚是为了惩治和预防犯罪。"量刑结果与量刑程序的适正直接反映刑事审判质量和刑罚目的之实现情况，是规范司法量刑活动的必然要求，是健全公正权威、高效廉洁的社会主义司法制度的应有之义。"② 诉讼环节决定了被告人将会遭受何种刑罚，刑期多久，是行为人对自己不法行为造成后果的最终评价，对个体而言起到惩戒改造教化的作用，对社会和其他人具有威慑警示的功能。过轻或者过重都会影响司法公信力。惩治贪贿犯罪，事关国家反腐大局，体现的是国家对于反腐的决心、信心和力度。只有罪刑相称，罚当其罪才能够最有效地发挥刑罚的作用。贪贿犯罪被告人都是曾经的国家工作人员，代表国家行使权力，省部级以上高官落马更是受社会广泛关注和传媒报道，他们是否会受到与之罪行相匹的的惩罚是民众普遍关心的问题。正因如此，如若量刑失衡，会严重伤害人民群众的感情，使他们对司法公正产生怀疑甚至丧失信心。同时也会助长贪贿犯罪分子的侥幸心理，不利于犯罪预防。

2. 监察体制改革为贪贿犯罪独立量刑程序的设计奠定体制架构

2018 年 3 月 20 日，我国监察法的颁布，标志着国家监察体制正式确立。此后检察机关仅保留部分渎职犯罪的侦查权，其余案件的管辖权全部移交监察机关，由其统一行使。监察机关的成立，不仅意味着一个统一、高效、权威的反腐败机构的形成，而且打破了原贪贿犯罪查办检察机关一权独大的局面，形成了监察机关、检察机关、审判机关分工负责，互相配合，互相制约的新型制约机制。贿赂犯罪具有隐蔽性的特点，加之侦查（调查）手段匮乏等原因，贿赂犯罪案件的查办长期依靠犯罪嫌疑人供述和言词证据。贪贿犯罪原由检察机关一家负责侦查、起诉，缺少监督制约机制，相当独立的量刑程序难以真正建立，而监察机关的设立为贪贿犯罪独立量刑程序的设置提供了有力的体制和制度支撑。

3. 认罪认罚从宽制度的确立为贪贿犯罪独立量刑程序的设计提供了可能

2018 年刑事诉讼法确立了认罪认罚从宽制度，也从法律上肯定了量

---

① 习近平：《紧紧围绕坚持和发展中国特色社会主义，学习宣传贯彻党的十八大精神》，《人民日报》2012 年 11 月 19 日，第 1 版。

② 苏彩霞、崔仕绣：《中国量刑规范化改革发展研究——立足域外经验的考察》，《湖北大学学报（哲学社会科学版）》2019 年第 1 期。

刑建议制度。2019 年"两高三部"出台的《指导意见》又对 2018 年刑事诉讼法中的量刑建议制度作出了进一步的规定。自认罪认罚制度确立以来，控辩审三方的法律地位发生了重大的改变，检察机关的量刑建议权更具有影响力，律师辩护作用日益凸显。在这一制度视野下，检察机关如何正确行使量刑建议权？审判机关如何在认罪认罚案件中保持裁判权不被架空，都成为新的课题。而辩护方也需要探索如何积极介入认罪认罚案件，针对量刑建议做到有效辩护，而不仅仅是拘泥于原先的定罪辩护。

对于贪贿犯罪案件在调查阶段的认罪认罚，监察法仅规定了被调查人从宽的条件和检察机关的操作流程。在条件上，被调查人主动认罪认罚，还要满足自动投案、积极配合调查工作、积极退赃、有重大立功表现等情形之一；在程序上，本级监察机关若要提出从宽处理建议，要满足两个条件：本级监察机关领导人员集体同意，并经过上一级监察机关批准。但监察法未对认罪认罚的标准作出具体规定。从制度层面看，刑事诉讼法和《指导意见》规范结构存在明显不同，对量刑建议而言，刑事诉讼法强调的是检察机关的主体地位，属于"单向相对确定式"提出模式，法院对于量刑建议的审查属于"推定接受型"采纳模式。而在《指导意见》中，对量刑建议的确定提出了新的要求，强调协商量刑的重要性及量刑建议的精准性。对于法院而言，对量刑建议的采纳模式也产生变化。不再推定接受。《指导意见》要求法院强化对贪贿犯罪嫌疑人认罪认罚量刑建议的审查，兼顾司法效率和嫌疑人合法权利的保护。这些问题的解决都需要结合刑事诉讼法的相关规定进行监察和司法实践，都需要学界作进一步的探索和研究。

（二） 贪贿犯罪独立量刑程序的价值分析

1. 规制量刑失衡，保障量刑公正

量刑程序是平衡法官裁量权、实现量刑公正的重要途径。当前，贪贿犯罪量刑失衡的原因是多方面，但量刑程序缺位是主要原因之一。为了规范贪贿犯罪量刑，"两高"曾单独或联合颁布过《关于对贪污、受贿、挪用公款犯罪分子依法正确适用缓刑的若干规定》《关于办理职务犯罪案件严格适用缓刑、免予刑事处罚若干问题的意见》《关于处理自首和立功具体应用法律若干问题的解释》《关于办理职务犯罪案件认定自首、立功等

量刑情节若干问题的意见》等实体性（刑法）司法解释。但量刑失衡问题至今存在。这表明单纯地依靠实体法解决贪贿犯罪量刑失衡问题并非最佳和唯一的选择。实践告诉我们，除进一步完善实体法规范外，还必须另辟蹊径。而独立量刑程序的设立应当是可供选择的重要途径之一。

从独立量刑程序本身来看，相较于一体化量刑更具有公开性、透明性，能够把量刑从暗房中拉出。另外，独立量刑程序在量刑问题上具有充分的对抗性，表现在控辩能够收集量刑证据，在庭审时提交，并通过质证，反驳彼此的意见和理由，最大限度地保障诉讼程序的公正性。法官的判决书中需列举控辩双方的量刑证据并说明量刑理由，最后通过裁判文书网予以公开接受人民群众的监督。这样的设计大幅度降低案外因素的不当影响，从而尽可能做到同案同判。在认罪认罚案件中，独立量刑程序有助于法官充分审查认罪认罚的自愿性和量刑建议书的合法性、合理性等问题，从而实现量刑均衡与公正。

2. 规范司法权，促进权力正当行使

（1）规范检察官量刑建议权。检察机关如何提高量刑建议的精准化水平，不仅事关量刑建议被审判机关采纳率的高低，也是确保犯罪嫌疑人具结悔过和体现检察机关公信力的重要内容。[1] 虽然刑事诉讼法规定侦查机关要全面收集犯罪嫌疑人罪重或罪轻的证据，但受到"重定罪，轻量刑"观念影响，侦查（监察）机关更偏重于收集定罪和法定量刑情节的证据，而忽视酌定量刑证据。确立相对独立的量刑程序，不仅是诉讼程序上的改变，更是司法理念的更新。因为量刑程序的需要，会促使庭审各方重视全面收集量刑证据，从而最大限度地保障量刑信息能够在庭审中予以展示，以便法官准确判断和采信。从实践看，贪贿犯罪认罪认罚比例高，坦白、自首等从宽情节适用宽泛。在认罪认罚案件办理过程中，量刑建议提出和认罪认罚具结书的签署是最为关键的阶段。监察机关办理案件时律师不能介入，被告人的法律帮助权呈现虚化状态、对审查起诉阶段的量刑协商产生影响。只有通过保障贪贿犯罪案件辩护律师或值班律师的诉讼地位，强化其辩护权利的保护，充分听取辩护人的量刑意见，才能真正建立量刑协商程序，提高量刑建议权的精准化并对此予以有效监督。

---

① 鲍健、陈申骁：《认罪认罚从宽制度中量刑建议的精准化途径与方法——以杭州市检察机关的试点实践为基础》，《法律适用》2019 年第 13 期。

（2）规范法官自由裁量权。贪贿犯罪量刑失衡的重要原因之一是法官的自由裁量权过大。"赋予法官相应的自由裁量权，是司法活动应有的功能，也是解决制定法自身缺陷的需要。但是，过度的自由裁量对于法律权威和权利保障都是一种风险。"① 多年来，最高院等部门通过制定司法解释、量刑细则等方法对贪贿犯罪的量刑予以实体层面规制，通过裁判说理进行监督，但程序规制缺失。从量刑程序的作用而言，量刑调查阶段最大的效用是将控辩双方所提交的量刑信息在法庭予以展示，接受双方质证，并通过量刑辩论环节帮助法官筛选量刑信息，使量刑更为透明化，最大限度地对法官自由裁量权进行监督和制约。

3. 加强人权保护，维护被告人合法权利

在司法实践中长期存在着"重实体、轻程序"的现象，在量刑程序方面的人权保障不够。将量刑程序纳入庭审，能进一步加强贪贿犯罪被告人的量刑参与权，促进量刑的公平公正。贪污贿赂犯罪案件的特点是大多比较隐蔽，缺乏客观证据与言词证据相印证，言词证据成为此类犯罪定罪量刑的关键，由于言词证据为主，贪贿犯罪调查中发生刑讯逼供等违法调查行为的概率比较高。监察体制改革后，对于贪污贿赂犯罪的调查权移转到监察委，但监察委调查期间，律师难以介入，被调查人处于完全封闭的状态，难以得到法律帮助。如上海市高级人民法院原副院长潘某受贿案，就因被曝遭受刑讯逼供而受到社会广泛关注。只有设立独立量刑程序，使辩护律师在贪贿案件中能充分发挥辩护作用，运用非法证据排规则，积极开展程序辩护，才能有效防止刑讯逼供等违法现象，切实保障犯罪嫌疑人、被告人认罪认罚的自愿性，最终达维护被告人合法权利的目的。

（三） 贪贿犯罪独立量刑程序的模式选择

1. 我国量刑程序模式争议

从世界范围来看，独立量刑程序的形态分为两种：一种是以英美法系国家的刑事诉讼模式为代表的完全独立量刑程序。其主要特征就是将法庭审判分为定罪与量刑两个程序，并彻底分离，量刑具有专门的听证程序。

---

① 杨翔：《我国法官自由裁量权：存在、运行及规制》，《湘潭大学学报（哲学社会科学版）》2016 年第 1 期。

英美法系国家对被告人量刑前通常会先对被告人进行量刑调查并制作量刑调查报告，一般由缓刑官或者社会调查机构负责。量刑听证程序在适用上并无区分，无论是做有罪陈述还是经审理后定罪均要经历量刑听证程序，最后法官会做最终的量刑决定。另一种是我国量刑改革在传统一体化量刑模式上吸收英美法系量刑模式所提出的相对独立量刑模式。所谓一体化量刑模式，也有人称之为混合量刑模式，其特点主要是：不区分量刑程序与定罪程序，不另设专门的程序。由法官在法庭调查程序中将定罪和量刑一并调查，拥有浓重的职权主义色彩。一定程度上限制庭审各方参加量刑过程，尤其是无罪辩护方，一旦选择无罪辩护可能会面临是否应该参加量刑答辩的窘境。对法官裁量权的限制主要依赖于裁判文书的量刑说理。相比之下，相对独立量刑模式将定罪和量刑程序在同一审判组织中予以分离，在庭审过程中先进行定罪程序的审理，随后进行量刑程序，在法庭调查和法庭辩论中分别纳入量刑调查和量刑辩论，并尽可能保障量刑各方的量刑参与权，且加强了对法官裁量权的监督。

2. 贪贿犯罪独立量刑程序的应然模式

关于我国是否应当构建独立的量刑程序，学界和实务界认识一直存在争议。大部分同志认为，我国只能实行相对独立的量刑程序。如量刑程序改革之初，有的认为，我国之所以不能实行完全独立的量刑程序，理由在于：我国不具备将定罪与量刑程序分离的制度基础——陪审团制度；我国的诉讼模式与英美法系国家存在重大差别；我国还没有建立刑事案件分流制度。[1] 随着量刑改革的深入，不少学者仍坚持相对独立的量刑程序设计，依据是：完全独立的量刑程序与我国刑事诉讼程序设计难以兼容；传统诉讼文化决定了定罪与量刑的统一；可以减少司法改革的成本投入，减少司法改革的阻力。[2] 构建相对独立的量刑程序意见得到《量刑程序意见》的肯定。

笔者认为，贪贿犯罪应当专门设立独立的量刑模式。对于独立量刑程序的设置的理由，一些学者已作了较为充分的阐述，现扼要归纳如下：（1）定罪与量刑程序具有不同的目的追求、诉讼构造、价值追求。（2）定罪与量刑程序旨在解决不同的问题。（3）定罪与量刑所依据的事实信息是

---

① 李玉萍：《中国法院的量刑程序改革》，《法学家》2010 年第 2 期。

② 郑高键、孙立强：《量刑规范化理论与实务研究》，法律出版社 2017 年版，第 131—132 页。

不一致的。（4）定罪与量刑程序适用不同的证据规则和证明标准。① 独立量刑程序，法官可以在认定被告人构成犯罪的前提下认真考虑量刑问题；法官可以对那些与量刑有关的事实、情节进行专门的调查；法官可以对被告人的个体情况进行综合调查；法官可以组织诉讼各方对量刑问题展开充分的辩论；独立的量刑程序可能为被害人、社区代表的充分参与提供了可能性。② 独立量刑程序（隔离的量刑程序）将有效缓解被告人不认罪案件的辩护人辩护难的困境，大大缓和法官制作判决书时说理难的尴尬局面，有利于保护不认罪案件中被告人的合法权益。③ 笔者认为，之所以要设立独立的量刑模式，理由主要在于：

第一，相对独立的量刑程序没有实现改革目的。由于相对独立量刑程序不需要对现行审判框架做大的调整，与我国现行的司法环境和司法体制相匹配而受到改革方案设计者的肯定。量刑规范化改革旨在实现量刑公正和均衡。在量刑难以精确的背景下，通过程序公正来限制法官自由裁量权得到制度性约束。改革开放之初，针对量刑规范化改革要解决的三大难题之一的庭审量刑程序问题，最高人民法院审判委员会原委员、刑三庭原庭长、量刑规范化改革项目组原组长高憬宏认为："建立相对独立的量刑程序，是量刑程序改革的重点。在法庭调查阶段，到底什么情况下定罪事实和量刑事实可以一起进行调查，什么情况下可以相对分开调查；对于被告人不认罪案件，定罪程序和量刑程序如何衔接等等问题，也需要在试点工作中进一步研究解决。"④ 但十年过去，上述问题基本没有解决。学者所担忧的"在相对独立的量刑程序模式中，量刑程序很有可能被规避，无法发挥其预想的功效"的预测被证实。⑤《量刑程序意见》与《量刑程序意见（试行）》相比，虽然解决了部分旧规模糊不清的情况及实践中量刑程序中的争议问题，如强化审前阶段对量刑证据的收集，并保障诉讼各方申请法院协助调取量刑证据的权利等，但是没有在量刑程序上体现出实质性的进步。

---

① 陈瑞华：《量刑程序中的理论问题》，北京大学出版社 2011 年版，第 52—56 页；汪贻飞：《量刑程序研究》，北京大学出版社 2016 年版，第 103—111 页。

② 黎伟华：《量刑程序有望"独立成章"》，《民主与法制》2009 年第 7 期。

③ 陈卫东：《量刑程序改革的一个瓶颈问题》，《法制日报》2009 年 5 月 27 日，第 10 版。

④ 袁定波：《量刑规范化改革的目标》，《法制日报》2009 年 8 月 11 日，第 5 版。

⑤ 汪海燕：《刑事诉讼法律移植研究》，中国政法大学出版社 2015 年版，第 320 页。

第二，量刑辩护难的问题没有得到缓解。相对独立的量刑程序无法化解"骑墙式"辩护的困境。"骑墙式"辩护，是指在刑事辩护实务中，律师在无罪辩护的前提下，"话锋一转"对量刑发表意见，这种辩护方式一方面认为被告人无罪，另一方面又发表被告人存在从轻、减轻或者免除处罚情节等意见。《量刑程序意见》第 15 条第 3 款规定："被告人及其辩护人参加量刑问题调查的，不影响作无罪辩解或者辩护。"有的同志认为："《指导意见》明确了律师既可以为被告人作无罪辩护，同时也可以为其作罪轻辩护（量刑辩护），这标志着'骑墙式'辩护正式入法。"[①] 殊不知，"量刑辩护是独立于无罪辩护之外的一种实体辩护形态，量刑辩护有其独特的价值目标，量刑辩护的有效进行，是量刑程序改革成功的重要保障"。[②] "骑墙式"辩护是一种自相矛盾、自我否定的辩护。被告人不认罪的案件，"在进入审判之前，辩方并不知道选择无罪辩护的立场是否会得到裁判者的支持，因此也不敢轻易放弃罪轻辩护的机会，这样一来，就势必会出现定罪和量刑问题交错审理的过程中，出现无罪辩护和罪轻辩护交错进行的矛盾现象，导致辩方立场游移不定，法庭审理紊乱无序"。[③] 将无罪辩护与量刑辩护放在同一程序中进行，既减弱无罪辩护的效果，也影响量刑辩护的作用。实证研究表明："在相对独立的量刑程序中，无罪辩护与量刑辩护之间的内在矛盾，阻碍了量刑辩护的有效开展。"[④]

第三，诉讼效率问题不应当是采纳相对独立量刑程序的借口。公正与效率是刑事诉讼的两大价值目标。公正与效率相比，公正是第一位的，正像当代美国著名哲学家、伦理学家约翰·罗尔斯在其名著《正义论》中所指出的："正义是社会制度的首要价值，正像真理是思想体系的首要价值一样。一种理论，无论它多么精致和简洁，只要它不真实，就必须加以拒绝和修正；同样，某些法律和制度，不管它如何有效率和条理，只要它不正义，就必须加以改造和废除。"刑事诉讼中，必须在保证公正的前提下追求效率。我国启动量刑规范化改革就是为了实现量刑公正，而不是为了提高量刑效率。特别是随着认罪认罚从宽制度的推进，贪贿犯罪认罪认罚

① 张婉玉：《"骑墙式"辩护正式入法——基于〈关于规范量刑程序若干问题的意见〉的思考》，微信公众号"证据与刑辩论坛"，2020 年 11 月 18 日访问。
② 陈瑞华：《刑事辩护的理念》，北京大学出版社 2017 年版，第 158 页。
③ 姚莉：《死刑案件量刑阶段的轻刑推定原则》，《中国法学》2021 年第 2 期。
④ 杨大伟：《量刑辩护程序实证研究》，《河北法学》2013 年第 3 期。

的比例不断提高。在强大的反腐震慑和政策感召下，越来越多的贪腐分子主动投案自首。2020 年，全国有 1.6 万人向纪检监察机关主动投案，6.6 万人主动交代问题。[①] 近年来，我国贪贿犯罪案件总量逐年下降，[②] 在贪贿犯罪诉讼中不认罪、不认罚案件比例并不高。[③] 而且通过独立的量刑程序设置，提高量刑透明度和量刑公信力，有助于减少上诉率，最终是有利于提高诉讼效率的。

总之，对于不认罪认罚的贪贿犯罪案件，必须建立独立的量刑程序，才能有效解决贪贿犯罪量刑中的难题。

二、 完善贪贿犯罪量刑证据和量刑证明规则

（一） 规范从轻量刑证据

第一，从轻处罚公函不是证据，不能作为认定从轻事实的依据。我国刑事诉讼法专条规定了证据的种类，类似的"求请公函"，既不是书证，也不是证人证言。这种公函的背后，"交易的是个人的权益和'情面'，破坏的却是法治的根基"。[④] 当然，如果知情人（证人）对被告人的过往表现加以客观陈述，这种品格证据在法庭上出示应当允许，符合证据"三性"的可以采纳。对于品格证据，虽然英美法系中有品格证据排除规则，但"在量刑程序中，品格证据不仅是容许的，而且是必要的"。[⑤] "为了保障被告人能够获得充分的量刑辩护权，法官应听取控辩双方以及其他当事人提出的与被告人品格相关的评价或意见，既包括被告人不良品格的证据，又包括其良好品格的证据。"[⑥] 对于辩护方提出的被告人平时表现的证据，法院应当依法审查，酌情采纳。

第二，办案机关出具的《情况说明》不足以证明量刑事实。"两高"

① 张洋：《反腐败斗争压倒性胜利巩固发展》，《人民日报》2021 年 3 月 22 日，第 1 版。
② 张兆松：《党的十八大以来我国惩治腐败犯罪检视：成就、问题及前瞻》，《廉政学研究》2019 年第 2 辑。
③ 张兆松：《贪贿高官量刑规范化研究——基于 2013—2017 年省部级以上高官刑事判决的分析》，《法治研究》2019 年第 2 期。
④ 刘晶瑶：《"公函求情"应被严肃追责》，《中国纪检监察报》2015 年 1 月 20 日，第 2 版。
⑤ 易延友：《证据法学——原则、规则、案例》，法律出版社 2017 年版，第 140 页。
⑥ 宋泫沙：《被告人品格证据在我国刑事审判中的运用》，《中国检察官》2020 年第 15 期。

《职务犯罪量刑意见》已明确规定："对于具有自首情节的犯罪分子，办案机关移送案件时应当予以说明并移交相关证据材料。""审查是否构成立功，不仅要审查办案机关的说明材料，还要审查有关事实和证据以及与案件定性处罚相关的法律文书，如立案决定书、逮捕决定书、侦查终结报告、起诉意见书、起诉书或者判决书等。"如果仅一纸《情况说明》，不能认定被告人具有从轻量刑情节。

（二）　明确证明标准

1. 明确贪贿犯罪死刑（包括死缓、终身监禁）证明标准

统一量刑，首先是死刑标准的统一。"目前，死刑量刑不均衡的现象确实存在，特别是职务犯罪案件尤其如此，社会反映十分强烈。"[①] 我国已近十年没有贪贿犯罪分子被执行死刑。2021 年 1 月 29 日，华融公司原董事长赖小民被天津市第二中级人民法院依照法定程序执行了死刑，再次引起民众和学界对贪贿犯罪死刑适用的关注。未来我国必须走向废除贪贿犯罪的死刑道路。"取消贪腐等非暴力犯罪的死刑，也有利于我们营造一种宽容、人道的法治文化，为最终彻底废除死刑创造条件。"[②] 在目前保留死刑的条件下，必须严格死刑证据和证明标准。

自《刑九》设立终身监禁刑后，至今已有 11 个案件 12 名被告人被判决适用终身监禁，案涉当事人 12 人。[③] 终身监禁作为死刑的替代措施，对于减少死刑的适用具有重要意义。根据《刑九》规定，终身监禁适用的前提是贪污、受贿"数额特别巨大，并使国家和人民利益遭受特别重大损失的"而被判处死刑缓期执行的。死缓是死刑的一种，判处死缓也要坚持最高的证明标准。"在定罪与量刑程序分离的前提下，应当明确死缓案件只能适用于那些在定罪没有疑问而只是量刑证据存在矛盾的情形，定罪阶段仍然保持与一般刑事案件甚至死刑立即执行案件相同的证明标准，在量刑阶段如果不能达到死刑立即执行所要求的排除一切合理怀疑的证明标准，则可以判处死缓。"[④]

---

①　韦洪乾：《统一量刑，由此起步》，《检察日报》2009 年 1 月 21 日，第 5 版。
②　刘仁文：《死刑的温度》，生活·读书·新知三联书店 2019 年版，第 244 页。
③　即"白恩培受贿案""魏鹏远受贿案""于铁义受贿案""武长顺受贿案""孙正启、石伟受贿、贪污案""杨成林受贿案""邢云受贿案""姜喜运贪污、受贿案""赵正永受贿案""蔡国华受贿、贪污案"以及"雷志强受贿案"。
④　陈虎：《死刑案件证明标准研究》，知识产权出版社 2015 年版，第 126 页。

根据"两院三部"2010 年 6 月 13 日《关于办理死刑案件审查判断证据若干问题的规定》第 5 条规定,办理死刑案件,"对于以下事实的证明必须达到证据确实、充分:(一)被指控的犯罪事实的发生;(二)被告人实施了犯罪行为与被告人实施犯罪行为的时间、地点、手段、后果以及其他情节;(三)影响被告人定罪的身份情况;(四)被告人有刑事责任能力;(五)被告人的罪过;(六)是否共同犯罪及被告人在共同犯罪中的地位、作用;(七)对被告人从重处罚的事实"。第 36 条强调:"不能排除被告人具有从轻、减轻处罚等量刑情节的,判处死刑应当特别慎重。"根据这一标准,类似前文所举的杨彦明贪污案,在赃款、赃物没有查清去向的情况下,不应当被判处死刑立即执行。

2. 明确一般贪贿犯罪量刑证明标准

关于量刑证明标准,目前认识不统一:第一种观点认为,量刑事实的证明标准并不需要达到事实清楚、证据确实充分的程度,只需要达到优势证据标准。① 第二种观点认为,对于不利于被告人的罪重量刑事实和情节的认定采用排除合理怀疑标准,对于有利于被告人的罪轻量刑事实和情节的认定采用优势证据标准。② 第三种观点认为,罪重事实应当适用与定罪事实相同的证明标准,即排除合理怀疑标准,从轻处罚的事实可以适用优势证据证明标准,减轻或者免除处罚的事实应当适用高于优势证据的证明标准,即"明晰可信"的标准。③ 笔者不同意上述观点。"量刑证明标准的分层设计不利于量刑事实的真实发现,也不利于证明标准的统一、准确把握。"④ 本着求真务实的精神及量刑公正的审慎,我国应该适用统一的量刑证明标准。"两院三部"《关于适用认罪认罚从宽制度的指导意见》明确规定:"办理认罪认罚案件,应当以事实为根据,以法律为准绳,严格按照证据裁判要求,全面收集、固定、审查和认定证据。坚持法定证明标准,侦查终结、提起公诉、作出有罪裁判应当做到犯罪事实清楚,证据确实、充分,防止因犯罪嫌疑人、被告人认罪而降低证据要求和证明标准。"在量刑证明标准问题上,两高始终未作出降低证明标准的规定,尤其是贪贿

---

① 陈卫东、张佳华:《量刑程序改革语境中的量刑证据初探》,《证据科学》2009 年第 1 期。

② 余茂玉:《论量刑事实的证明责任和证明标准》,《人民司法》2011 年第 7 期;张月满:《量刑证明:从形式到实质》,《政法论丛》2018 年第 1 期。

③ 张吉喜:《量刑证据与证明问题研究》,中国人民公安大学出版社 2015 年版,第 49—55 页。

④ 吕泽华:《定罪与量刑证明一分为二论》,《中国法学》2015 年第 6 期。

犯罪，一旦降低量刑证明标准，势必为一些"有权人""有钱人"逃脱法律制裁提供借口，背离从严反腐的时代命题。

三、 加强贪贿犯罪量刑辩护

2018 年刑事诉讼法修改以后，贪贿犯罪辩护面临两个方面挑战：监察体制改革所带来的贪贿犯罪管辖权的调整和认罪认罚从宽制度的确立。检察机关贪贿犯罪侦查权转隶后，根据监察法规定，辩护律师无权介入贪贿犯罪调查。根据法律的规定，监察机关将案件移送到检察院之后进入了刑事诉讼程序，律师是有会见权的，但是实践中"部分监察委办理的案件，在移送审查起诉之后，律师会见仍得不到保障"。[①] 而且还会出现检察机关以案件还需要退回监察机关补充调查为由，"认为退查期间，又是留置'调查'期间，不允许会见"的情形，这些都使律师会见权面临新的挑战。而认罪认罚从宽制度的确立，使辩护律师的量刑辩护由原来的审判阶段提前到审查起诉阶段。即便在监察调查阶段，也非常需要辩护律师介入，以保障被调查人认罪认罚的自愿性。为了加强贪贿犯罪量刑辩护，实现量刑公正，宜从以下几个方面加以完善。

（一） 明确规定贪贿犯罪调查案件的律师辩护权

关于辩护律师能否介入贪贿犯罪调查？是制定《中华人民共和国监察法（草案）》时争论最为热烈的话题之一。一种观点认为，辩护律师不应介入。"草案没有规定律师可以介入，就意味着将律师介入放到了司法机关接手案件之后（批捕以后或审查起诉阶段）。这样的规定是有考虑找个平衡点的。如果说律师介入既能保护被调查人权利，又不妨碍调查，那可以考虑介入。但实际上，律师介入对调查很有可能会产生一定的影响。为了确保对违法犯罪的调查行为顺利进行，没有规定在监察机关办案阶段律师可以介入。"[②] 另一种观点认为，辩护律师应当介入。如陈光中教授认为，允许被调查人在被留置后聘请律师，以确保他具备必要的防御能力。

---

① 毛洪涛：《新"会见难"究竟难在哪？》，《中国律师》2018 年第 11 期。

② 谭畅、郑可书、阚纯裕：《宪法、行政法、刑诉法三角度解读监察法草案》，《南方周末》2017 年 11 月 23 日，第 5 版。

这是程序公正和人权保障的基本要求。律师介入总体而言"利大于弊"，可以保障被调查人的人权，防止调查过程中出现事实认定偏差乃至错误。[①] 但最终立法机关采纳了否定说。从法治反腐角度看，否定说显然是不能成立的。

根据监察法第 31 条规定，贪贿犯罪案件也适用认罪认罚从宽制度。但是，相较于刑事诉讼，职务犯罪调查阶段认罪认罚从宽制度存在对于被调查人的权利保障不足的问题，主要表现在：法律没有规定监察机关对被调查人负有释明认罪认罚从宽制度相关法律的职责，调查阶段认罪认罚从宽适用具有封闭性，调查阶段认罪认罚从宽的适用具有单方性。[②] 这就为贪贿犯罪被调查人认罪认罚是否具有合法性以及自愿性埋下伏笔。实践中甚至还存在"部分监察委移送检察院审查起诉的案件，律师不能及时会见犯罪嫌疑人"的现象。[③] 只有允许辩护人（或值班律师）合法介入职务犯罪调查，才能保障被调查人认罪认罚的自愿性及合法性。有的学者建议，"监察机关在决定对被调查人适用认罪认罚从宽制度并提出量刑建议时，应当听取律师意见并记录在案。同时，在被调查人签署认罪认罚具结书或者其他重要法律文件时，律师有权在场并提供法律帮助"。[④] 笔者深表赞同。

（二） 充分保障审查起诉阶段律师的量刑辩护权

刑事案件公诉权的核心内容，就是请求法院对被告人定罪科刑，完整意义上的公诉权应该包括定罪申请权和量刑建议权。随着检察机关量刑建议权的确立，辩护人的量刑辩护权的行使已由原来的审判阶段提前到审查起诉阶段。为了充分维护委托人的合法权益，在审查起诉阶段辩护人就应积极行使量刑辩护权，以保证检察机关提出的量刑建议具有合法性、合理性和正当性。根据《检察规则》第 51 条规定，检察机关在侦查、审查逮捕、审查起诉过程中，对于辩护人收集提交的有关犯罪嫌疑人不在犯罪现

---

① 陈光中、邵俊：《我国监察体制改革若干问题思考》，《中国法学》2017 年第 4 期。
② 汪海燕：《职务犯罪案件认罪认罚从宽制度研究》，《环球法律评论》2020 年第 2 期。
③ 张昊、刘欣、王卫：《会见难仍是现实难点，惩戒存明显地域差异》，《法制日报》2019 年 1 月 14 日，第 7 版。
④ 林艺芳、张云霄：《监察法与刑事诉讼法衔接视角下认罪认罚从宽的制度整合》，《甘肃社会科学》2020 年第 2 期。

场、未达到刑事责任年龄、属于依法不负刑事责任的精神病人的证据，应当及时审查。这三类证据都是无罪证据。鉴于我国无罪率的现实，在审查起诉阶段，辩护律师除无罪证据外，更要重视对量刑证据的审查和收集，并及时向检察机关提供量刑证据，提出量刑辩护意见。根据刑诉法第 173 条规定，人民检察院审查案件，应当听取辩护人或者值班律师的意见，并记录在案。辩护人或者值班律师提出书面意见的，应当附卷。犯罪嫌疑人认罪认罚的，人民检察院应当听取辩护人或者值班律师对从轻、减轻或者免除处罚等从宽处罚的建议，并记录在案。《指导意见》第 33 条第 1 款更是强调：犯罪嫌疑人认罪认罚的，"人民检察院提出量刑建议前，应当充分听取犯罪嫌疑人、辩护人或者值班律师的意见，尽量协商一致"。

（三） 充分保障审判阶段律师的量刑辩护权

在法庭上通过"量刑辩论"，使控辩双方把各自对量刑的看法呈现在法官面前，并使得被告人有更多的机会充分行使陈述权、辩解权，这不仅有助于保障被告人行使辩护权，也使对被告人的量刑更加科学合理，增强被告人对裁判结果的认同。而且使法官的自由裁量权通过公开、公正、透明的程序得到严格制约和监督。推进以审判为中心的诉讼制度改革，是党的十八届四中全会作出的重大司法改革部署。"以审判为中心"的内涵主要表现在：首先，在刑事公诉案件的侦查、起诉、审判和执行等程序中审判居于中心地位；其次，在审判中庭审（开庭审理）为决定性环节。[1]"刑事庭审实质化是'以审判为中心的诉讼制度改革'的基本要求。"[2]

为了推进庭审实质化，落实"两高三部"2016 年 10 月《关于推进以审判为中心的刑事诉讼制度改革的意见》和最高法 2017 年 2 月《关于全面推进以审判为中心的刑事诉讼制度改革的实施意见》，最高法出台了《人民法院办理刑事案件庭前会议规程》、《人民法院办理刑事案件排除非法证据规程》和《人民法院办理刑事案件第一审普通程序法庭调查规程》（以下简称"三项规程"），并于 2018 年 1 月 1 日起在全国法院试行。"'三项规程'正是抓住了目前'庭审实质化'的关键环节和关键问题，在顶层

---

[1] 陈光中、魏晓娜：《推进以审判为中心的诉讼制度改革》，《中国法律：中英文版》2015 年第 1 期。

[2] 汪海燕：《论刑事庭审实质化》，《中国社会科学》2015 年第 2 期。

设计层面做出了有益的尝试。"① 但是，这些规定"目前在司法实践中尚未得到切实执行"。② 这在贪贿犯罪审判领域表现更加突出，贪贿犯罪量刑辩护虚化现象仍然比较严重。虽然"监察委员会既是宪法规定的'国家监察机关'，又是监察法规定的'行使国家监察职能的专责机关'，也是与党的纪检机关一体运行的政治机关"，③ 但它与审判机关是"互相配合，互相制约"关系，不能因为监察机关位高权重而放弃自身独立审判的职责。《监察机关监督执法工作规定》第 74 条规定，职务犯罪案件提起公诉后，监察机关应当配合做好刑事审判工作。对于贪贿犯罪案件庭审中辩护律师提出的正确量刑辩护意见，法院应当酌情采纳。

第三节　公正司法，确保贪贿犯罪刑事政策得到实现

一、　重塑司法理念

人类历史归根到底是理念竞争。"理念是重要的，人的行为不仅受利益的支配，也受理念的支配；社会的变革和人类的进步基本上都是在新的理念推动下出现的，没有理念的变化就没有制度和政策的改变。"④ "刑事审判理念是刑事审判经验的结晶，是刑事审判实践的精华，是刑事审判改革中集体创造的司法智慧，是刑事司法文明的重要成果形式。"⑤ 没有先进的理念，再进步的制度也会成为一纸空文。法律观念的变革具有艰难性和渐进性的特点，司法理念作为法律观念的重要组成部分，应当走在时代的

---

① 程雷、司楠：《三项规程背景下庭审实质化的保障与完善》，《法制日报》2018 年 3 月 7 日，第 12 版。

② 顾永忠：《一场未完成的讨论：关于"以审判为中心"的几个问题》，《法治研究》2020 年第 1 期。

③ 吴建雄：《国家监察体制改革若干问题探析》，《新疆师范大学学报（哲学社会科学版）》2019 年第 5 期。

④ 张维迎：《理念的力量：什么决定中国的未来》，西北大学出版社 2014 年版，序言页。

⑤ 胡云腾：《从拨乱反正到良法善治——改革开放十年刑事审判理念变迁》，载姜伟主编：《刑事审判参考》总第 119 集，法律出版社 2019 年版，第 6 页。

前沿，成为引领民众法律观念变革的标尺。

1. 树立刑法平等观念

法律面前人人平等作为一项宪法原则自 20 世纪 50 年代被我国立法确认以来，从理论到实践一直存在争议。党的十一届三中全会之后，法学界关于法律面前人人平等问题的认识经历了一次重大的转变：即从解放思想、拨乱反正之前的理论禁区到社会上对"公民在适用法律上一律平等"的普遍认同。1992 年，我国确立建设社会主义市场经济体制的目标之后，人们关于法律面前人人平等问题的认识又经历了一次从"公民在适用法律上一律平等"再到"既强调公民在适用法律上一律平等又强调立法平等"的历史性转变。[①] 刑法平等应当包括立法平等和司法平等。立法平等指在刑事立法活动中，立法者平等地看待每一个公民，不能以身份、地位、贫富等因素在刑事义务和权利的分配上有所差别。司法平等是指对一切犯罪人在适用刑法时应当根据同样的法律，同罪同罚。立法是司法的前提，刑事司法的根据是刑法的内容。如果没有刑法立法上的平等，所谓刑法适用平等只能是一句空话。平等观念的确立，还意味着司法人员要对贪贿犯罪的社会危害性以及犯罪人的人身危险性有个科学、理性的认识，树立从严把握的态度。

第一，正确认识贪贿犯罪的社会危害性。贪贿犯罪往往没有明确而具体的被害人，因此司法人员即便对其从宽量刑，也无须担心引起被害人不满和对立。再说，贪贿犯罪并非不存在被害人，国家作为抽象和拟制人格充当了被害人的角色。评价贪贿犯罪之社会危害性，就是在评价贪贿犯罪给被害人——国家的法益造成的损害。正是在这个意义上说，惩治贪贿犯罪事关国家安危。由于贪贿犯罪的被害人往往是抽象的国家，国家自己不能直接地向司法人员表达量刑诉求，更不能直接向法官施以量刑压力，这对于习惯通过具体被害人的受害程度来衡量犯罪社会危害性的法官来说，更应该从更高更深的视角来评价贪贿犯罪的严重社会危害性及从重从严处罚的必要性。

第二，准确评价贪贿犯罪行为人的人身危险性。人身危险性是指犯罪人再次实施犯罪的可能性。刑罚目的在于预防犯罪。对于普通刑事犯罪一般来说刑期的长短对行为人再犯可能性的影响比较大：刑期越长，再犯可

---

① 张恒山主编：《共和国六十年法学论争实录·法理学卷》，厦门大学出版社 2009 年版，第 108 页。

能性越低。但是，对贪贿犯罪而言，因为行为人随着犯罪的被查处，其公职身份亦被消灭，身份消灭，则丧失其再犯之可能性。因此，司法人员不会考虑用重刑、长期监禁刑来消解贪贿犯罪人的再犯可能性。但我们必须清醒地认识到，刑罚预防之目的包括特殊预防和一般预防。对贪贿犯罪人而言，即便判处轻刑已能实现特殊预防之效果，但对于一般预防目的之实现则收效甚微，甚至负效果。收益大、成本小的贪贿惩罚效应，只能激励潜在的犯罪者铤而走险走向腐败犯罪之路。

2. 树立实体、程序并重观念

公正是司法的灵魂和生命线，司法的终极目标是公正。司法公正包括实体公正和程序公正。受传统法律文化的影响，我国民众追求实体正义的观念根深蒂固。诉讼程序的首要价值是为了保证实体价值的实现，诉讼启动的根本目的就是解决实体争议，实现实体公正。但程序正义是实体正义的前提和基础，没有程序的正义，就一定没有实体的公正。程序正义不仅具有保障实体正义的功能和价值，还具有自身独立的诉讼价值。一个具体案件不管最终诉讼结果如何，如果程序公正了，就会在相当程度上获得当事人的认同。为了扭转我国传统上的"重实体、轻程序"的倾向，司法人员应该着重提升程序的价值，努力践行程序法治。"一般而言，那些需要程序正义所着力规范的司法程序，应当以控辩双方存在利益争端为前提。如果某一案件控辩双方根本就不存在明显的冲突，或者双方已经达成协议，那么，程序正义就将在很大程度上失去其存在的前提和空间。"[①] 目前，在实施认罪认罚从宽制度中，对于那些不认罪认罚的案件应当高度重视独立量刑程序的构建，从而解决"骑墙式"辩护的难题。

二、 准确把握贪贿犯罪刑事政策

宽严相济政策的核心是区别对待。实践中，应当从犯罪性质、情节、形态、组织形式、后果及其社会影响，犯罪人的主观恶性、在犯罪中的地位及作用，犯罪后的态度、表现，有无前科等方面综合权衡，宽严有别。根据这一精神，在一些领域、行业或在某一特定时期，实行更为严格的刑事政策是必要的。"贪贿犯罪不仅造成财产性或政治性损害，而且事实上

---

① 李奋飞：《程序正义有局限吗》，《检察日报》2007 年 5 月 28 日，第 3 版。

可能直接或间接地造成巨大生命损害，恶害有时候超过普通财产犯罪和普通暴力犯罪。"① "权钱交易一旦泛滥化，它的肮脏之处就不会只局限在伦理与道德领域，它还会直接颠覆市场经济有效配置资源这一重要机能；严重摧毁对政治权力合法性所不可或缺的认同；直接冲击所有人类社会都必须去加以维护与保障的底线正义与人们对社会正义的信仰；推动社会中对立与对抗意识的增长从而破坏社会之和谐，并使社会的自律以及国家与社会间建构良好互动关系的努力化为泡影。"② 所以，"党和国家与贪污贿赂犯罪作斗争是长期的、复杂的、艰巨的，关系着我党能否继续获得民众的坚定支持，继续保持执政地位、关系到我党领导的人民政权的巩固，继续保证国家长治久安"。③

中央出台宽严相济刑事政策后，2006 年 12 月 28 日，最高检制定的《关于在检察工作中贯彻宽严相济刑事司法政策的若干意见》第 6 条规定："依法严肃查处贪污贿赂、渎职侵权等国家工作人员职务犯罪。加大对职务犯罪的查处力度，提高侦破率，降低漏网率，有效遏制、震慑职务犯罪。" 2010 年 2 月 8 日，最高法制定的《关于贯彻宽严相济刑事政策的若干意见》第 8 条规定："对于国家工作人员贪污贿赂、滥用职权、失职渎职的严重犯罪，黑恶势力犯罪、重大安全责任事故、制售伪劣食品药品所涉及的国家工作人员职务犯罪，发生在社会保障、征地拆迁、灾后重建、企业改制、医疗、教育、就业等领域严重损害群众利益、社会影响恶劣、群众反映强烈的国家工作人员职务犯罪，发生在经济社会建设重点领域、重点行业的严重商业贿赂犯罪等，要依法从严惩处。……要严格掌握职务犯罪法定减轻处罚情节的认定标准与减轻处罚的幅度，严格控制依法减轻处罚后判处三年以下有期徒刑适用缓刑的范围，切实规范职务犯罪缓刑、免予刑事处罚的适用。" 上述司法文件规定足以说明对贪贿犯罪从严惩治符合刑事政策要求。在法律适用中，"所谓法官受法律约束，不仅指法官要适用具体的法律命令，还包括法官必须遵守制定法背后的整个价值秩序，保护制定法认为值得保护的利益的整体"。④ "反腐败是一场输不起也

① 单玉晓、沈凡：《经济犯罪死刑之辩》，《财新周刊》2016 年第 49 期。
② 张铭：《政治价值体系建构：理论、历史与方法》，社会科学文献出版社 2012 年版，第 7 页。
③ 肖扬：《反贪报告——共和国第一个反贪污贿赂工作局诞生的前前后后》，法律出版社 2009 年版，第 338 页。
④ 劳东燕：《功能主义刑法解释的体系性控制》，《清华法学》2020 年第 2 期。

决不能输的政治斗争，如果对腐败问题掉以轻心，遏制不力，就会葬送我们党的事业，葬送人民群众的根本利益，葬送社会主义现代化大业。"[1] 贪贿犯罪特别是贿赂犯罪虽然没有直接的被害人，但它侵害的是国家利益，威胁的是广大民众对党国的信任和期待，其严重的社会危害性每个办案人员都必须有足够而清醒的认识。唯有如此，从严、从重情节才能在量刑时发挥作用。

三、 强化司法责任制

强化司法责任制，旨在严格防范"人情文化"对量刑的不当影响。我国是有着数千年文化传统的国度，天理、国法、人情是深深扎根在民众心中的正义观念。司法判决要求顺人情，循天理，遵法度。"法律不外乎人情。"讲人情，是要尊重民众的朴素情感和基本的道德诉求，不能违背人之常情。这里"人情"不是"私情"，更不能徇私情。

党的十八大开启的新一轮司法改革的主要任务之一是："建立主审法官、合议庭办案责任制，探索建立突出检察官主体地位的办案责任制，让审理者裁判、由裁判者负责，做到有权必有责、用权受监督、失职要问责、违法要追究。"[2] 针对我国熟人社会、人情社会及人情案、关系案、金钱案易发的问题，中办国办、中央政法委、"两高三部"先后印发《领导干部干预司法活动、插手具体案件处理的记录、通报和责任追究规定》《司法机关内部人员过问案件的记录和责任追究规定》《关于进一步规范司法人员与当事人、律师、特殊关系人、中介组织接触交往行为的若干规定》，要求对于领导干部插手干预司法、内部人员过问案件，以及与当事人、律师等不当接触交往行为，司法人员都要主动记录报告，并进行通报和责任追究。2015 年 8 月 19 日，最高法印发《人民法院落实〈领导干部干预司法活动、插手具体案件处理的记录、通报和责任追究规定〉的实施办法》《人民法院落实〈司法机关内部人员过问案件的记录和责任追究规定〉的实施办法》。2019 年 8 月，最高检制定印发《关于建立过问或干预、插手检察办案等重大

---

[1] 中国纪检监察学院党委理论学习中心组：《全面从严治党首要从政治上看》，《中国纪检监察报》2021 年 1 月 28 日，第 5 版。

[2] 孟建柱：《深化司法体制改革》，《人民日报》2013 年 11 月 25 日，第 6 版。

事项记录报告制度的实施办法》。据统计："截至今年3月，全国检察机关共主动记录报告2018年以来过问或干预、插手检察办案等重大事项18751件，其中反映情况、过问了解的占96.5%，干预插手的占3.5%。"这些案例呈现的第一个特点就是"风险多来自'熟人'，有的插手、过问来自同级党政领导，有的来自同事、下属、下级院干警，有的来自同学、朋友、当事人及其代理人等"。① 2020年5月，最高检印发的《关于开展检察官业绩考评工作的若干规定》第18条规定："对于过问或者干预、插手检察办理案件等应当记录和报告的行为，检察官未全面如实记录和报告的，相关案件不得计入考评得分或者加分，并要按规定追究检察官责任。"

目前，防范"人情文化"对司法的不当影响已引起"两高"的高度重视。同时我们要充分认识"人情文化"治理的长期性、艰巨性，"在法院系统内部，贯彻'三个规定'还存在一些问题，执行不到位的现象仍然存在"，② 要持之以恒地保障中央出台的"三个规定"得到全面的落实和执行。2020年末，最高法对原内外部人员干预过问案件信息专库进行整合重建，建成了联通四级法院的"三个规定"新的记录报告平台，自2021年1月起上线运行。该平台的运行能够统筹实现领导干部、司法机关内部人员和当事人、律师、特殊关系人、中介组织交往等类型的线上登记填报、甄别处置、统筹分析等工作。纪监监察部门要强化监督检查，健全履职保护和正向激励机制，倒逼"三个规定"落地生根。

四、 加快出台贪贿犯罪量刑指导意见和指导性案例

1. 加快出台贪贿犯罪量刑指导意见，实现量刑幅度明确化

中共中央2008年5月印发的《建立健全惩治和预防腐败体系2008~2012年工作规划》强调"完善法律统一适用制度，规范司法人员自由裁量权的行使"。量刑规范化是中央确定的重点司法改革项目，也是近10年来最高法着力推进的改革内容。最高法《关于常见犯罪的量刑指导意见》明确了"以定性分析为基础，结合定量分析"的量刑方法和"三步式"的量

---

① 巩宸宇：《最高检首次通报落实"三个规定"情况》，《检察日报》2020年5月7日，第1版。
② 江必新：《认真建构和完善排除非法干预的制度和机制》，《人民法院报》2020年4月8日，第2版。

刑步骤。① 目前，最高法量刑规范化的罪名已达 23 个。② 但所有上述文件均不含有贪贿犯罪案件的量刑规范化的内容。这意味着这么多年过去，虽然量刑规范化取得了重大突破，但贪贿犯罪量刑规范化却没有取得新进展。由于缺乏统一的量刑参照标准，法官自由裁量权难以得到有效控制。建议两高尽快出台贪贿犯罪量刑指导意见，以最大限度地减少法官量刑中的"恣意性"。③

2. 及时出台指导性案例，建立完善类案同判机制

"一个案例胜过一打文件"。在我国司法案例虽然不具有英美法"遵循先例"的功能，但具有指导意义的案例能发挥明确、细化法律、司法解释的作用。"'同案同判'构成了现代法治的基础，同时也是司法所追求的重要目标。实现'同案同判'一直是我国司法改革的重要内容，近年来案例指导制度的确立也正是围绕这一点而进行的。"④ 我国案例指导制度中争议最大的是效力问题。⑤ 最高法 2010 年 11 月 26 日《关于案例指导工作的规定》第 7 条规定："最高人民法院发布的指导性案例，各级人民法院审判类似案件时应当参照。"这是最高法首次对参照指导性案例提出明确要求，也表明指导性案例对于司法人员具有事实上的约束力。⑥ "在司法实践中，指导性案例的裁判要点既可以作为说理的依据引用，也可以作为裁判的依据引用。"⑦ 2018 年 10 月修订的《人民法院组织法》第 18 条第 2 款规定："最高人民法院可以发布指导性案例。"这是《人民法院组织法》首次确立指导性案例制度。贪贿犯罪法定刑幅度大，法官量刑的裁量空间也大，权力滥用的概率也高。因此，最高法应抓紧调研尽早发布贪贿犯罪量刑指导案例，为各地司法机关提供有效的量刑指导，努力实现"同案同判"，防

---

① 南英主编：《量刑规范化实务手册》，法律出版社 2014 年版，第 9—14 页。

② 这二十三个罪名是：交通肇事罪；故意伤害罪；强奸罪；非法拘禁罪；抢劫罪；盗窃罪；诈骗罪；抢夺罪；职务侵占罪；敲诈勒索罪；妨害公务罪；聚众斗殴罪；寻衅滋事罪；掩饰、隐瞒犯罪所得、犯罪所得收益罪；走私、贩卖、运输、制造毒品罪；危险驾驶罪；非法吸收公众存款罪；集资诈骗罪；信用卡诈骗罪；合同诈骗罪；非法持有毒品罪；容留他人吸毒罪；引诱、容留、介绍卖淫罪。

③ 具体参见附录三：《贪污罪、受贿罪、行贿罪量刑指导意见专家建议稿》。

④ 孙海波：《"同案同判"：并非虚构的法治神话》，《法学家》2019 年第 5 期。

⑤ 蒋安杰：《指导性案例法律效力的各方观点——对"可以参照"含义的多角度考量》，《法制日报》2011 年 1 月 5 日，第 10 版。

⑥ 最高人民检察院 2015 年 12 月 9 日修订的《关于案例指导工作的规定》第 3 条也规定："人民检察院参照指导性案例办理案件，可以引述相关指导性案例作为释法说理根据。"

⑦ 胡云腾：《关于参照指导性案例的几个问题》，《人民法院报》2018 年 8 月 1 日，第 5 版。

止司法腐败。与此同理，最高检也应作同样的努力。另外，两高在挑选指导性案例时，"要重视挑选能够提升法官检察官的裁判说理水平、能够发现法律适用难题的一些案件"，而不是重申司法解释型的案例。①

2018年12月4日，最高法制定的《关于进一步全面落实司法责任制的实施意见》第9条规定："健全完善法律统一适用机制。各级人民法院应当在完善类案参考、裁判指引等工作机制基础上，建立类案及关联案件强制检索机制，确保类案裁判标准统一、法律适用统一。存在法律适用争议或者'类案不同判'可能的案件，承办法官应当制作关联案件和类案检索报告，并在合议庭评议或者专业法官会议讨论时说明。"2019年7月20日，全国法院贯彻落实政法领域全面深化改革推进会精神专题会议要求，推动建立高级法院审判指导文件和参考性案例备案机制，避免裁判标准的区域性差异，并推行类案及关联案件强制检索制度，确保法律适用统一。2019年9月26日，最高人民法院印发的《进一步加强最高人民法院审判监督管理工作的意见（试行）》第8条进一步明确规定："承办法官在审理案件时，应当依托中国裁判文书网、办案系统、档案系统、法信等相关检索工具，对本院已审结或正在审理的类案与关联案件进行全面检索，并制作检索报告。"可见，"在司法审判工作中，类案检索已经成为法院审判工作流程中的一个重要环节，制作并运用类案检索报告已经成为法官的一项重要工作"。② 但从目前审判实践看，不少法院和法官尚未开展类案检索工作。如何开展和推进类案检索制度应当是今后量刑规范化的重要环节。

3. 推进和完善贪贿犯罪量刑辅助系统的智能化

在迈步大数据和人工智能时代，如何充分发挥司法大数据的功能，不断开发智能化的办案辅助系统，研制部署关联案件智能推送、类案智能检索等系统建设十分重要。"人工智能时代的刑事量刑，能够通过大数据算法运用于具有高级云计算和大数据分析能力的人工智能系统，根据行为人的量刑情节、犯罪时各方面的行为以及行为的危害危险程度，为法官供给量刑建议。"③ 近年，"智能辅助办案系统"的研发取得重大进展。如宁波

---

① 周光权：《数字时代应当强化刑事类案检索》，《检察日报》2021年5月18日，第3版。

② 齐晓丹、史晓军、王天水：《类案检索报告制作和运用中的四个重要问题》，《法制日报》2020年5月6日，第11版。

③ 张富利、郑海山：《大数据时代人工智能辅助量刑问题研究》，《昆明理工大学学报（社会科学版）》2018年第6期。

北仑区检察院开发了"神算子"量刑建议辅助软件。只要办案人员输入简要案情后，依次勾选量刑起点、确定基准刑，综合犯罪嫌疑人立功、赔偿损失、获得谅解等情节，"神算子"就给出了的量刑建议。① 又如，"为便利法官在办案中进行类案检索，中国应用法学研究所设计了一个类案同判检索系统——'中国应用法学数字化服务系统'，简称3C系统。该系统是一个提供一次检索就能完成、内容相对固定、具有参考价值的主动服务型小程序，服务法官办案，有助于法院节省司法成本"。② 但是，我们必须清醒地看到，"现在业界达成的一个基本共识就是，大数据和人工智能只能起到辅助作用"，③ 而且"人工智能本身是一门综合性的前沿学科和高度交叉的复合型学科，研究范畴广泛而又异常复杂，其发展需要与计算机科学、数学、认知科学、神经科学和社会科学等学科深度融合"。④ 至少司法机关在开发人工智能时，除了要和技术部门合作以外，还需要有法学专家的深度介入。特别是防范"这些系统研发者会借着算法黑箱写入法学家的偏见、科学家的武断、企业的经济利益等，它们仍无法摆脱商业、政治、强势价值观等力量操控"的现象。⑤

五、 加强量刑说理

建立贪贿犯罪量刑说理制度。刑事裁判文书是人民法院代表国家行使刑事审判权适用法律的标志，是彰显司法公正的最终载体。裁判文书释法说理是世界通例，甚至被视为"最低限度的程序正义"的组成部分。"中国大陆之所以出现很多'同案不同判'以及量刑不均衡的争议，很重要的原因是法官在判决书中缺乏说理。"⑥ "主刑说理粗略，附加刑基本不说理"是我国刑事裁判说理的一大'特色'。⑦ 充分翔实的量刑说理，是让人民群众感受公正正义的有效途径。贪贿犯罪的公正量刑，特别是省部级以上

① 叶脉清：《量刑"神算子"》，《检察日报》2019年10月26日，第4版。
② 刘强：《"中国法院类案检索与裁判规则"专项研究首批成果发布》，《人民法院报》2019年11月28日，第1版。
③ 马树娟：《司法人工智能大有可为》，《法制日报》2019年1月16日，第5版。
④ 谭铁牛：《人工智能的历史、现状和未来》，《求是》2019年第4期。
⑤ 刘艳红：《人工智能法学研究的反智化批判》，《东方法学》2019年第5期。
⑥ 蒋保信：《量刑之困——大陆刑事审判量刑标准规范化之路》，《凤凰周刊》2016年第18期。
⑦ 彭文华：《量刑说理：现实问题、逻辑进路与技术规制》，《法制与社会发展》2017年第1期。

贪贿高官的定罪量刑（这类案件定罪争议不大，重要的是量刑问题），事关国家反腐大业，社会各界十分关注，其量刑的依据、标准对于全国贪贿案件都具有指导参考意义。法官通过"法定刑——基准刑——调整刑——宣告刑"的量刑过程，让广大民众了解被告人最终被判处具体刑罚的裁判理由，让被告人明白自己受到刑罚惩治的具体依据，有助于增强判决书的说服力，提升判决的公信力和权威性。在已公开的少数案件判决书或报道中，量刑说理过于简单，大多表述为"如实供述罪行，主动交代办案机关未掌握的部分犯罪事实，认罪悔罪，积极退赃，具有法定、酌定从轻处罚情节"。这显然难以满足当事人及公众对刑事裁判的正当性和说理性的要求。

最高法 2018 年 6 月 1 日《关于加强和规范裁判文书释法说理的指导意见》指出，"社会关注度较高、影响较大的案件"，应当强化释法说理。同时强调："法官行使自由裁量权处理案件时，应当坚持合法、合理、公正和审慎的原则，充分论证运用自由裁量权的依据，并阐明自由裁量所考虑的相关因素。"可见，对于贪贿犯罪案件加强量刑说理，既是广大民众的要求，也是各级法院刑事法官应当履行的职责。

第七章　贪贿犯罪认罪认罚从宽制度研究

第一节　贪贿犯罪适用认罪认罚从宽制度的现状

第十三届全国人民代表大会 2018 年 3 月 20 日通过的《中华人民共和国监察法》第 31 条规定："涉嫌职务犯罪的被调查人主动认罪认罚，有下列情形之一的，监察机关经领导人员集体研究，并报上一级监察机关批准，可以在移送人民检察院时提出从宽处罚的建议：（一）自动投案，真诚悔罪悔过的；（二）积极配合调查工作，如实供述监察机关还未掌握的违法犯罪行为的；（三）积极退赃，减少损失的；（四）具有重大立功表现或者案件涉及国家重大利益等情形的。"该条为职务犯罪适用认罪认罚从宽制度提供了法律依据。

2016 年我国启动了认罪认罚从宽制度在北京、天津、上海等 18 个城市为期 2 年的试点。试点结束后，2018 年 10 月 26 日修正的刑事诉讼法正式确认了认罪认罚从宽制度，规定了侦查、审查起诉和审判阶段的适用条件，增加了具结书、告知义务、值班律师等保障被追诉人权利的措施和刑事速裁程序等配套制度。"两高三部"2019 年 10 月 24 日《关于适用认罪认罚从宽制度的指导意见》（以下简称《指导意见》）对认罪认罚的定义、从宽幅度的把握和各诉讼阶段司法机关的权力义务进行了细化规定。最高检 2019 年 12 月 2 日通过的《人民检察院刑事诉讼规则》（2019 年 12 月 30 日施行）和最高法 2020 年 12 月 7 通过的《关于适用〈中华人民共和国刑事诉讼法〉的解释》（2021 年 3 月 1 日起施行）都对认罪认罚从宽制度作出了进一步的规定。

贪贿犯罪，特别是贿赂犯罪不存在一般意义上的犯罪现场和痕迹，也几乎没有严格意义上的证人和被害人，定案主要靠行贿、受贿双方的言词证据。① 所以，认罪认罚从宽制度对于贪贿犯罪案件具有特殊意义。党的十七大以后，随着反腐高压态势的形成和认罪认罚从宽制度的实施，纪检监察机关对贪贿犯罪的打击从"外部为主"转向"内外并行"，即从依赖追诉机关主动出击治理腐败到"治病救人"，感召腐败分子主动投案。

对贪贿犯罪认罪认罚的研究离不开对其实践情况的分析。为了更好探寻研究贪贿犯罪中认罪认罚制度的适用现状，笔者以"贪贿犯罪""认罪认罚""裁判年份：2020年"为关键词在"中国裁判文书网"搜索2020年贪贿犯罪认罪认罚案例。根据实证数据分析，贪贿犯罪认罪认罚适用呈现以下特点和问题。

一、 认罪认罚适用比例低， 量刑轻重两极化

1. 认罪认罚适用比例低。在贪贿犯罪中推行认罪认罚制度的适用，有助于减轻监察转隶和员额制改革下案多人少的压力，提高反腐败效益。同时，适用认罪认罚的职务犯罪可以使被追诉人获得相对较短的刑期，减少服刑时间，有助于其早日回归社会，减少当事人诉累。根据最高人民检察院的工作报告披露，2019年全国检察机关适用认罪认罚从宽制度办理案件971038人，占同期审结数的48.3%。② 2020年全国检察机关适用认罪认罚从宽制度审结1550451人，已占同期审结人数的86.8%。③ 但实证数据所示，贪贿犯罪中适用认罪认罚的整体比例较低。笔者在"中国裁判文书网"搜索到2020年全年的贪贿犯罪案件有17349件，而适用认罪认罚审结的案件为4767例，④ 贪贿犯罪认罪认罚的比例为27.5%，适用比例较低。而贪贿犯罪案件的认罪认罚适用率远低于普通刑事案件的认罪认罚适用率。这一结论与其他学者基本一致。韩旭教授统计了2019年1月至8月14日的职务犯罪案件，发现认罪认罚从宽制度在职务犯罪案件中总体适用率不足6%。⑤

2. 量刑轻重两极化。贪贿犯罪量刑"两极化"是指认罪认罚"从宽"

---

① 张兆松：《职务犯罪侦查权研究》，浙江大学出版社2011年版，第44—46页。

② 参见《最高检发布2019年检察机关主要办案数据》，《检察日报》2020年6月3日，第1版。

③ 参见《2020年全国检察机关主要办案数据》，《检察日报》2021年3月9日，第6版。

④ 搜索关键词为："贪贿犯罪""裁判年份：2020"，搜索认罪认罚案件时增加关键词"全文：认罪认罚"。

⑤ 韩旭：《监察委员会办理职务犯罪案件程序问题研究——以768份裁判文书为例》，《浙江工商大学学报》2020年第4期。

过度，而不认罪认罚"从严"过度的现象。笔者选取 2020 年第四季度这一时间段的案例作为样本在样本中被判处缓刑的被告人共有 28 名，占比 14.1%，被判处十年以上的被告人有 21 名，占比 10.6%，刑期最高为有期徒刑 14 年。在 22 例判决中，检察机关直接以监察机关出具的从宽处罚建议作为从宽处罚的依据之一，占比 11.1%。整体而言适用认罪认罚的贪贿犯罪案件量刑较为轻缓。一项 2013 至 2016 年 H 地 200 份职务犯罪一审判决的统计分析发现，在刑罚适用上，整体上呈现自首减轻一档处罚，自首加退赃或认罪等于缓刑的量刑常态。① 而一旦不认罪认罚的，往往刑期比较重。如前文所述的原上海市第一中级人民法院党组书记、院长潘某受贿案，南昌中院认定潘某利用职务上的便利，单独或与亲属共同非法收受他人财物 280 余万元，因潘某拒不认罪，被判处有期徒刑 9 年 6 个月，并处罚金 200 万元。

二、 贪贿犯罪辩护率高， 辩护作用小

贪贿犯罪案件的辩护率明显高于普通刑事案件。笔者对第四季度适用认罪认罚的 180 件案例（199 名被告人）加以统计，发现仅 20 名被告人在庭审阶段没有委托辩护律师，辩护律师介入的比率高达 89.9%，其中有 49 名被告委托了 2 名律师，占比 24.6%。这和韩旭教授统计结论不谋而合。② 贪贿犯罪之所以辩护率高是因为：一方面，被追诉人系身份犯，文化水平高，更重视律师和辩护在刑事诉讼中的作用，以获得有利的裁判；另一方面，被追诉人也有支付律师费的经济能力，故有相对高比例的被追诉人委托了 2 名辩护律师。

三、 贪贿犯罪案件的上诉率高， 改判率低

根据笔者对 180 例贪贿犯罪适用认罪认罚的案件（199 名被告人）统计：上诉案件 27 件，上诉率达到 13.6%，检察院抗诉案例为 3 例，其中 1 例系检察院认为被告人上诉后不应再依据认罪认罚予以从宽而提起抗诉。

---

① 英恒武、孙静松：《职务犯罪认罪认罚制度研究》，《中国检察官》2017 年第 15 期。
② 韩旭教授统计：仅有 4% 的涉嫌职务犯罪的被告人选择自行辩护，律师参与比例高达 96%（参见韩旭：《监察委员会办理职务犯罪案件程序问题研究——以 768 份裁判文书为例》，《浙江工商大学学报》2020 年第 4 期）。

在上诉案件中，其中被告上诉理由以量刑偏重和事实认定有误为主，分别有 20 例和 16 例。在事实认定有误的被告中，超过三分之一系因犯数罪，而对其中一罪事实认定有异议。二审法院从轻改判的仅有 4 例，因检察院抗诉、撤回认罪认罚导致量刑变重的有 2 例。其余均为维持原判。

第二节　贪贿犯罪适用认罪认罚存在问题的原因

贪贿犯罪适用认罪认罚从宽制度，本应实现反腐治理、兼顾公正和效率、保障人权和贯彻"宽严相济"刑事政策的价值，然而在制度和实践层面存在的不足，导致应有的价值未予实现。这些问题的存在是由多方面原因引起的，笔者认为主要有：

一、"两法"对认罪认罚规定不一

造成职务犯罪认罪认罚适用率低的成因较为复杂：职务犯罪性质特殊，适用难度高，选择适用更为谨慎；调查阶段无律师介入；被追诉方在协商中处于明显劣势地位；等等。而最主要的原因是监察法和刑事诉讼法制度衔接层面的不完善，"两法"对认罪认罚在定义、适用条件和程序从宽等方面的规定不统一，为被追诉人适用造成了制度上的困难。

1. "认罪""认罚"定义不清。监察法仅提出认罪认罚的概念，关于具体内涵则未界定。相关解释仅认为，认罪认罚主观表现为"认识到自己的行为违反了法律的规定，并愿意接受法律的制裁，并对自己的所作所为感到后悔，表现了被调查人改恶向善的意愿"。[①] 而《指导意见》第6、7条，则对"认罪"和"认罚"分别作出了规定："犯罪嫌疑人、被告人自愿如实供述自己的罪行，对指控的犯罪事实没有异议"以及"真诚悔罪，愿意接受处罚"。也即"认罪"指犯罪嫌疑人、被告人要认可自身行为属于犯罪性质；"认罚"除了指对审判阶段判决的认可外，还包括"在各个诉讼阶段对处理方式的认可"，如悔罪态度和悔罪表现，赔偿损失、赔礼道歉等民事

---

① 中共中央纪律检查委员会、中华人民共和国国家监察委员会法规室：《〈中华人民共和国监察法〉释义》，中国方正出版社 2018 年版，第 161 页。

救济措施。"认罪"和"认罚"内涵规定不明确,两法适用前提不统一,容易引起被调查人认罪认罚上的波动,增加了在贪贿犯罪案件进入诉讼阶段后,被调查人以"认罪"和"认罚"内涵认识错误为由反悔的风险。

2. 调查阶段适用条件严格。在调查阶段适用认罪认罚从宽制度的条件比起刑事诉讼阶段更为严格。监察法第 31 条规定了涉嫌职务犯罪的被调查人在调查阶段适用认罪认罚从宽制度的情形。而根据刑事诉讼法第 15 条的规定,启动认罪认罚从宽制度仅需具备"认罪认罚"这一条件即可。二者相比较,调查阶段的适用条件须同时满足认罪认罚和附加条件,附加条件又与刑事诉讼法中的量刑情节存在相似之处。即在相同条件下,普通犯罪人既可以选择认罪认罚条件,又因有额外从轻、减轻量刑情节而可以进一步从宽,但对贪贿犯罪人来说,不仅需要满足调查阶段认罪认罚的适用基础,此外还需要监察机关经"领导人员集体研究决定",并"报上一级监察机关批准"的程序,才能最终履行认罪认罚从宽的规定。我国不论是学界还是实务界都已普遍认同"认罪阶段越早,从宽的幅度越大"。由于适用条件在监、检阶段存在差异,贪贿犯罪量刑从宽的幅度要低于在侦查阶段便得以适用认罪认罚的一般刑事案件。并且"从宽"除了体现在实体方面的量刑上,还体现在程序上的从简,如适用限制人身自由程度更低的强制措施。调查阶段难以适用认罪认罚,使得被调查人被采取严厉强制措施的可能性亦有所加大。

二、 对宽严相济刑事政策理解有偏差

在贪贿犯罪认罪认罚实践中,两极化现象的存在说明一些司法人员对宽严相济刑事政策理解有误。认罪认罚可以从宽,但不认罪认罚不一定从严、从重。纵览我国 70 多年来的刑事立法历史,我们可以看到,认罪认罚从宽、从轻处罚,立法依据清楚、明确。但不认罪从严的合法性,显然没有认罪认罚从宽的合法性那样得到认识上的统一。不认罪从严、从重并没有明确的刑法根据。除了 1952 年《中华人民共和国惩治贪污条例》第 4 条第 7 项、第 10 项曾规定"拒不坦白或阻止他人坦白者""坦白不彻底,判处后又被人检举出严重情节者","得从重或加重处刑"及全国人民代表大会常务委员会 1982 年 3 月 8 日《关于严惩严重破坏经济的罪犯的决定》第 2 条曾规定"凡在一九八二年五月一日以前对所犯的罪行继续隐瞒拒不投

案自首，或者拒不坦白承认本人的全部罪行，亦不检举其他犯罪人员的犯罪事实的，作为继续犯罪，一律按本决定处理"外，现行刑法典并没有明确规定不认罪认罚要从严、从重处罚。当然，我们可以从刑法第 5 条罪责刑相适应原则、第 61 条量刑一般原则及缓刑适用要具备"有悔罪表现"，推导出不认罪认罚从严、从重的实质内涵。但现行这种立法现状至少表明，两者不能等同视之。

1997 年之前，在某些司法解释或类似解释性文件中尚可见不认罪从严从重的规定。如最高人民检察院 1984 年 1 月 9 日《关于在严厉打击刑事犯罪斗争中具体运用法律的若干问题的答复》第 2 条曾规定："对于拒不交代自己及同伙所犯罪行的；作虚假供述的……在处理时，都应从严从重惩处。"步入 20 世纪 90 年代，随着 1996 年刑事诉讼法的修订，犯罪嫌疑人、被告人权利的扩大，沉默权问题的讨论及不被强迫自证其罪原则逐渐深入人心，并最终被 2012 年修订的刑事诉讼法所肯定。此后，除少数司法文件、领导人讲话中尚可见不认罪要从严、从重外，[1] 严格意义上的司法解释中已难觅不认罪要从重处罚的明确规定。2010 年以来，最高法先后制定实施的《关于常见犯罪的量刑指导意见》均没有把不认罪、认罚作为"从严""从重"的情节。由此观之，不认罪从严、从重，目前已得不到立法上的明确支持。

三、 控辩不平等

1. 调查阶段辩护律师难以介入。目前在调查阶段尚无辩护律师介入的相关规定，纪检监察部门也多反对律师介入调查程序。由于介入时间晚，辩护律师协商准备不充分。在监察机关移送审查起诉后，辩护律师才能接触到案卷材料，审查起诉阶段被普遍视为是适用认罪认罚制度的重点把握阶段，根据刑事诉讼法第 201 条，对于认罪认罚案件，人民法院依法作出判决时，一般应当采纳人民检察院指控的罪名和量刑建议。所以，审查起

---

① 最高人民检察院 2006 年 12 月 28 日《关于在检察工作中贯彻宽严相济刑事司法政策的若干意见》指出："对罪行严重、拒不认罪、拒不退赃或者负案潜逃以及进行串供、毁证等妨害诉讼活动的，要果断采取必要的侦查、控制手段或者拘留、逮捕等措施。"最高人民法院 2010 年 2 月 8 日《关于贯彻宽严相济刑事政策的若干意见》指出："对于国家工作人员职务犯罪和商业贿赂犯罪中性质恶劣、情节严重、涉案范围广、影响面大的，或者案发后隐瞒犯罪事实、毁灭证据、订立攻守同盟、负案潜逃等拒不认罪悔罪的，要坚决依法从严惩处。"

诉阶段是被追诉方争取从宽量刑的关键阶段，辩护律师需要更多的时间准备协商。在职务犯罪案件中，律师阅卷权利保障不足。虽然刑事诉讼法第40条规定辩护律师可以查阅、摘抄、复制案卷材料以及《指导意见》第29条规定检察院证据开示制度。但并未规定司法机关不履行证据开示应如何惩戒，对辩护律师获取案件信息的保护制度往往流于形式。尤其是贪贿犯罪案件的同步录音录像对于证明讯问合法性具有重要意义，但监察法第41条却规定"留存备查"，并不随案移送，辩护律师难以从同步录音录像发现非法证据排除的线索。

2. 协商与辩护空间小。首先，追诉机关掌握着信息优势。调查阶段对于被调查人的知情权保障不够。监察法中并没有针对告知义务的规定。从监察法第31条法条表述来看，被调查人在调查阶段适用认罪认罚制度是单向性的，即由被调查人主动提出后，再由监察机关研究批准是否适用。对比刑事诉讼法第120条明确指出了，侦查人员在讯问时，应当告知犯罪嫌疑人享有的诉讼权利，包括可以认罪认罚的法律规定，监察法缺乏类似主动告知义务的明文表述。即使在实践适用中监察机关有告知的行为，形式上的欠缺仍带来了程序保障不到位的担忧。其次，与美国的辩诉交易制度允许对罪名进行交易不同，我国被追诉方可供协商的空间较小，仅限于强制措施、刑罚种类、量刑幅度和执行方式等。被追诉人和辩护律师信息上的缺失加剧了与公诉机关的控辩地位不平等。若被追诉方提出的异议涉及具体情节，可能影响到定罪量刑，很可能被公诉机关认定为态度不好而不能适用从宽制度。被追诉方的选择只有同意监察机关或司法机关的建议，或在小范围内提出异议。再次，具结书签署后，出现新的酌定情节，难以进一步从宽。被追诉方在与监察机关或司法机关就罪认罚进行协商时，所具备的仅有优势就是"自己不认罪会给检察机关带来效率上的麻烦。"[1] 而认罪认罚具结书签署之后出现新的量刑情节的，则因为优势已经丧失，难以通过修改量刑建议获得进一步量刑从宽。一方面是酌定情节本身是可从宽可不从宽的，司法机关没有法定义务再予从宽；另一方面部分司法机关工作人员也存在得过且过的消极思想，没有与被追诉方再次协商沟通，没有取得被追诉方的理解。

---

① 赵旭光：《"认罪认罚从宽"应警惕报复性起诉——美国辩诉交易中的报复性起诉对我国的借鉴》，《法律科学（西北政法大学学报）》2018 年第 2 期。

186

四、 检察机关主导作用受限

检察机关在认罪认罚制度适用中起到主导作用。就诉讼制度设计而言，认罪认罚从宽制度是十分典型的以检察官履行主导责任为基础的制度。[①] 在调查阶段，检察机关有提前介入职务犯罪案件的权利。根据《检察规则》第265条规定："经监察机关商请，人民检察院可以派员介入监察机关办理的职务犯罪案件。"《国家监察委员会与最高人民检察院办理职务犯罪案件工作衔接办法》（以下简称《监检衔接办法》）具体规定了提前介入工作如何开展。在案件移送阶段，检察机关有决定被追诉人强制措施的权利。根据《刑事诉讼法》第170条第2款规定，对于监察机关移送起诉的已采取留置措施的案件，人民检察院应当对犯罪嫌疑人先行拘留，再于10日内作出强制措施的决定。在审查起诉阶段，检察机关确定认罪认罚的审前事宜，包括与被追诉方的协商、具结书的签署、量刑建议和案件审理程序的提出等。但目前检察机关的职能在贪贿犯罪中受到限制。

首先，就提前介入问题，提前介入规则其实是职务犯罪案件管辖权转隶至监察机关，由检察机关在初期传递办理职务案件经验，达到保障被调查人合法权利、符合法治和专业的需要等目的。《监检衔接办法》列出了提前介入的职务案件范围："重大影响、疑难复杂、其他情形"，并未包括认罪认罚的案件。检察机关能够提前介入的大多是难以适用认罪认罚的案件，这使得检察机关难以为认罪认罚尽早适用提供协助，在调查阶段难以起到把关和分流的作用。

其次，被调查人认罪认罚的，监察机关有权在案件移送检察机关时提出从宽处罚的建议。而刑事诉讼法规定侦查机关在移送审查起诉时，对于犯罪嫌疑人自愿认罪的，只有记录在案的义务，没有提出从宽建议的权利。虽然监察机关从宽建议权的法律效力没有明文规定，但监察机关的从宽建议函是经过领导集体研究决定和上一级监察机关批准后提出的，原本系同一级别的案件转移，有了上级机关隐性的约束，检察机关势必会审慎对待。监察机关的建议对刑事诉讼阶段处理认罪认罚案件会有实质上的约束，由此导致监察法中认罪认罚从宽制度规范的效力区间逾越监察程序延

---

① 陈国庆：《适用认罪认罚从宽制度的若干问题》，《人民检察》2019年第23期。

伸至刑事诉讼程序。①

再次，对监察机关移送案件的先行拘留，原本是指由侦查机关采用的紧急性强制措施，而在监察法实施后也作为移送案件时的过渡性强制措施，并且不计入审查起诉时限，同名不同义，造成了先行拘留功能紊乱，"仅仅有利于程序衔接，更多只是为了案件处理的方便，权利保障似乎不在考虑之内"。② 在调查阶段适用认罪认罚的，没有在强制措施上体现程序上的从宽，仅仅是在移送审查起诉后，在审查起诉阶段才有采取非羁押性强制措施的可能，这无疑与认罪认罚制度设计相悖，也不利于被调查人的人权保障。检察机关不起诉决定的作出须经上一级检察机关批准。监察机关认为有错误的，有权直接向上一级检察机关提起复议。检察机关同样受到了隐性制约，难以作出不起诉决定。

从法的统一性和一致性来说，监察调查与刑事侦查在措施的强制性、调查目的上高度相似，使其必然具有类似侦查之属性。③ 上述的程序设置区分使得法律体系整体上缺乏统一性，大大削减了检察机关在贪贿犯罪认罪认罚工作中的主导作用。

五、 合法性、 自愿性保障不足

1. 贪贿犯罪案件非法证据难以排除。根据刑事诉讼法和最高法《解释》第 76 条规定，监察机关依法收集的证据材料，在刑事诉讼中可以作为证据使用。这一证据转化过于直接，存在适用风险。调查阶段对职务犯罪案件仅有监察法意义上的监察立案，而非启动刑事诉讼程序后才有的刑事立案。监察机关作为纪法一体的机关，收集的部分证据是用于证明被调查人违纪违规，而不是直接证明被追诉人犯罪行为的。如果直接作为证据使用，可能尚未达到刑事诉讼证据的法定证明标准要求。

在调查阶段的程序设置采用的是"线性结构"，监察机关与被调查人的权利配置严重失衡。④ 贪贿犯罪被追诉人的法律知识水平一般高于普通

---

① 詹建红：《认罪认罚从宽制度在职务犯罪案件中的适用困境及其化解》，《四川大学学报（哲学社会科学版）》2019 年第 2 期。
② 左卫民：《一种新程序：审思检监衔接中的强制措施决定机制》，《当代法学》2019 年第 3 期。
③ 陈卫东：《职务犯罪监察调查程序若干问题研究》，《政治与法律》2018 年第 1 期。
④ 周长军：《监察委员会调查职务犯罪的程序构造研究》，《法学论坛》2018 年第 2 期。

犯罪被追诉人，他们能够较为清晰地认知坦白认罪的后果，选择是否认罪时也会更为谨慎，心理存在反复性等变数。若没有认罪认罚制度的推行，被调查人与监察机关的对抗关系就比较强烈，而第三方又难以介入监督。部分案件承办人员为了获取犯罪证据，出于办案压力可能会对被调查人刑讯逼供，导致违法取证。同时，调查人员逼供、诱供或者使用调查技巧的，被调查人存在自愿型虚假供述的隐患。① 从理性经济人角度出发，我国的无罪判决率极低，相较于无罪辩护而言认罪认罚适用风险小、量刑轻，部分被调查人会因此选择虚假认罪。对于这类证据，要证明调查阶段存在非法取证行为极其困难，难以被排除。

2. 对被追诉人自愿性保障不足。在监察调查阶段适用认罪认罚制度，意味着被调查人放弃无罪答辩，承认调查中的贪贿犯罪行为，甚至协助监察机关获取证据、查明事实。对于监察机关来说适用认罪认罚的动力较大，特别是在留置调查时，被调查人和监察机关处于相对封闭的空间，没有异体监督的情况下，自愿性就难以保障。"被监察者权利的保障与监察者权力的运用具有同等重要性，两者在实践上应当协调实现，不应片面强调其中一方而牺牲另一方。"② 目前，监察调查阶段律师不能介入，使得被调查人无从了解到自己的权利、认罪认罚的规定和法律后果。监察体制改革后检察机关虽然仍然是国家的法律监督机关，但监察调查不是刑事诉讼行为，"正如监察委员会调查活动难以直接进入诉讼领域实施监察一样，检察机关的诉讼法律监督也不能介入监察机关查办监察人员违法犯罪的监察活动中来"③。监察调查中的认罪认罚活动，既没有辩护律师的介入，也没有检察机关的监督，其自愿性无不疑问。

第三节　贪贿犯罪适用认罪认罚制度之完善

认罪认罚从宽制度被誉为中国之治的一项重大司法制度创新，在推进国家治理体系和治理能力现代化过程中发挥着重要作用，正深刻影响着刑

---

① 史立梅：《认罪认罚从宽程序中的潜在风险及其防范》，《当代法学》2017 年第 5 期。

② 童之伟：《对监察委员会自身的监督制约何以强化》，《法学评论》2017 年第 1 期。

③ 吴建雄、王友武：《监察与司法衔接的价值基础、核心要素与规则构建》，《国家行政学院学报》2018 年第 4 期。

事诉讼的每一环。①《指导意见》明确规定，认罪认罚从宽制度适用于所有刑事案件，当然也就包括所有贪贿犯罪案件。但实证研究表明，目前贪贿犯罪认罪认罚从宽制度的实施并不尽如人意，存在着诸多亟待解决的问题。根据上述原因的分析，笔者提出以下若干建议，供立法机关和司法机关参考。

一、 统一认罪认罚从宽适用标准

虽然学界对于监察法和刑事诉讼法的效力位阶高低仍存在争议，但笔者认为，二者皆为宪法规定的国家基本法律，应属于同一法律位阶，具有相同的法律效力。因此有必要促进二者在认罪认罚制度规定上达成一致，以维护法律的统一性。二者的定位和分工不同，但打击和惩治犯罪的目标是一致的。促进监察法和刑事诉讼法的衔接是推进贪贿犯罪认罪认罚制度适用的重要基础。提高贪贿犯罪惩治效率，有助于提升国家反腐的公信力，也能够对潜在违法公职人员起到震慑作用，从而实现贪贿犯罪预防治理的目标。

（一） 明确职务犯罪 "认罪" "认罚" 含义

刑事诉讼程序中的认罪认罚从宽制度是对监察程序中的认罪认罚从宽制度的延续，是 "承上启下" 的关系，监察法及其实施细则中应当明确 "认罪" "认罚" 的含义。② 有的认为： "因为监察调查中的被调查人都是党员或国家干部，他们原本就负有对党忠诚或向组织如实报告有关情况的义务，基于全面从严治党以及深入推进反腐败斗争的需要，在投案问题上

---

① 戴佳：《认罪认罚从宽制度：丰富刑事司法与犯罪治理的 "中国方案"》，《检察日报》2021 年 2 月 26 日，第 2 版。

② 国家监察委员会 2021 年 5 月 17 日发布的《中华人民共和国监察法实施条例（征求意见稿）》第 219 条规定："从宽处罚建议一般应当在移送起诉时作为《起诉意见书》内容一并提出，特殊情况下也可以在案件移送后、人民检察院提起公诉前，单独形成从宽处罚建议书移送人民检察院。对于从宽处罚建议所依据的证据材料，应当一并移送人民检察院。监察机关对于被调查人在调查阶段认罪认罚，但不符合监察法规定的提出从宽处罚建议条件，在移送起诉时没有提出从宽处罚建议的，应当在《起诉意见书》中写明其自愿认罪认罚的情况。"这表明，国家监察委员会已注意到了两法在认罪认罚从宽问题上的冲突。

不宜给予过多的优待。"[①] 笔者认为，对党员干部固然要从严要求，但在适用国家法律上应当平等对待。"认罪"在主观上表现为"被调查人承认自身行为已构成犯罪"，在客观上表现为"自愿如实供述自己的罪行，承认涉嫌的犯罪事实"，配合监察机关调查。被调查人承认主要犯罪事实，对个别事实情节提出异议和辩解，但接受调查人员最终认定意见的，不影响"认罪"认定。"认罚"应作广义解释，被追诉人主观上"真诚悔罪"，在客观上表现为接受基于认罪可能产生的实体上和程序上的法律后果。调查阶段的事实证据未经法庭质证固定，不宜要求被调查人接受具体的处罚后果。

（二） 修改 《监察法》 第 31 条规定的适用条件

应适当降低调查阶段认罪认罚的适用条件。虽然最高检在 2020 年 7 月的发布会上提出，职务犯罪认罪认罚的适用率较低，符合条件的应积极适用。[②] 但立法本身过于严苛的适用条件导致不少贪贿犯罪被调查人难以适用。有鉴于此，有学者认为对特定情形的要求应当从宽掌握甚至予以取消。[③] 笔者认为，过渡阶段可以对特定情形的要求从宽掌握。但特定情形的规定实质上属于对被调查人悔罪表现的总结性例举，对监察机关展开调查工作有帮助作用，所以"一刀切"式的取消并不合理。故建议将第 31 条修改为："涉嫌职务犯罪的被调查人主动认罪认罚，监察机关经领导人员集体研究批准，可以在移送人民检察院时提出从宽处罚的建议。有特定情形之一的，一般应当批准，并在移送人民检察院时提出从宽处罚的建议。"对于第 2 款"积极配合调查工作，如实供述监察机关还未掌握的违法犯罪行为的"，应注意到：虽然实践中被调查人实施了多重犯罪行为的不在少数，监察机关通常未能掌握全部线索或证据，须被调查人配合提供。但作为特定情形的话，可以适用的被调查人较少，并且第二款要求与刑事诉讼法上犯罪嫌疑人如实供述的义务有一定重合之处，所以建议删去特定情形中的第 2 款。对于剩下三款特定情形宜作为监察机关决定是否适

---

① 赖正直：《职务犯罪案件中"自动投案"和"主动投案"的差异及衔接》，《人民法院报》2020 年 6 月 25 日，第 6 版。

② 刘嫚：《两年 48 名"老虎"被公诉》，《南方都市报》2020 年 7 月 22 日，第 A10 版。

③ 詹建红：《认罪认罚从宽制度在职务犯罪案件中的适用困境及其化解》，《四川大学学报（哲学社会科学版）》2019 年第 2 期。

用认罪认罚制度时的重点考虑情节，即被调查人存在自动投案、积极退赃、重大立功等表现时，从"可以批准适用"修改为"应该批准适用，存在特殊情况除外"。至于原规定在确定是否适用认罪认罚还须经过上一级监察机关批准的规定，程序上过于烦琐。这一规定固然体现了调查阶段对适用认罪认罚制度的审慎，通过在程序上设置比一般犯罪认罪认罚更为严格的批准程序，把调查阶段的重心固定在案件调查而不是效率上，但就结果而言，抬高了适用门槛，也增加了文书流转的时间，不能发挥认罪认罚原有的作用。因此，有必要将批准程序修改为"本级监察机关领导人员集体研究决定"。

二、 坚持认罪认罚从宽、 不认罪认罚不从重的原则

虽然不认罪悔罪者增大了预防犯罪的必要性，对其从严处罚具有正当性，但是不认罪并不是法定的从重处罚情节，对于少数包括极少数犯罪事实清楚、证据确实充分的犯罪案件，不认罪、悔罪的，最多只能作为量刑时的"酌定情节"予以从严、从重处罚。"酌定情节，不是法律中明确规定的情节，而是人民法院根据实际情况和审判实践，在量刑时予以考虑的情节。如犯罪动机、犯罪时的环境和条件，犯罪人的一贯表现，认罪态度。"[1] 笔者认为，坚持贪贿犯罪不认罪认罚的不予以"从严、从重"处罚，利多弊少，具体理由如下。

1. 有助于防范冤假错案。从证据特点看，普通刑事案件大多以具体的人或物作为侵害对象，有犯罪现场和犯罪痕迹，并造成有形的危害后果，故在证据体系中，实物证据占有主要地位，实物证据的特点在于具有较强的客观性，不易失实。而贪贿犯罪尤其是贿赂主要靠行、受贿双方犯罪的口供等言词证据来证明，在证据体系中，言词证据的地位突出，言词证据的特点在于容易出现失实情况。在我国，"无论是在法条里还是于实践中，'传闻排除规则'或'直接言辞原则'并未建立，由此形成所谓'书面证言中心主义'，这已成为不争之事实。"[2] 大量冤假错案均已充分证明，靠

---

[1] 全国人大常委会法制工作委员会刑法室：《中华人民共和国刑法释义》，法律出版社1997年版，第68页。

[2] 龙宗智：《证据法的理念、制度与方法》，法律出版社2008年版，第147页。

口供、靠言词证据定案的做法，是冤错案发生的重要原因。有学者曾经专门对 137 个冤假错案进行实证研究发现：在 74% 的错案中，被告人曾经作出过虚假供述，在 28% 的错案中存在虚假的证人证言，在 17.5% 的错案中存在虚假的被害人陈述，在 9.5% 的错案中存在虚假的鉴定结论。[①] 2016 年我国启动反腐败体制改革。2016 年 12 月，全国人大常委会决定在北京市、山西省、浙江省开展国家监察体制改革试点工作，2018 年修改后的刑事诉讼法将检察机关拥有的职务犯罪侦查权移交给监察机关行使。由于职务犯罪调查不是刑事诉讼活动，导致辩护律师无法介入被监察机关调查的贪贿犯罪案件。以言词证据为主的贿赂犯罪案件，调查阶段没有辩护律师介入，一旦在法庭上翻供、翻证或否认有罪，则加重处罚，必然会增大冤错的概率和风险。

2. 有利于保障犯罪嫌疑人、被告人的辩护权。辩护权是犯罪嫌疑人、被告人享有的基本人权。改革开放 40 多年来，刑事辩护制度取得了长足的进步。[②] 刑事诉讼法历经三次重大修改及律师法的颁布和修改，都在不断扩大辩护权的内容和范围。刑事辩护从"老三难"走向"新三难"，[③] 莫不体现我国辩护制度的进步和完善，但是在我国刑事司法中，"义务本位主义"的诉讼模式并没有发生实质性的变化。在刑事诉讼中，辩护人的职责就是"根据事实和法律，提出犯罪嫌疑人、被告人无罪、罪轻或者减轻、免除其刑事责任的材料和意见"，在法庭上，被告人拒不认罪或提出无罪辩护意见，本是其行使辩护权的正当之举，无可指责。再说，"被告人翻供理由较为复杂，既有侦查人员逼供、骗供、诱供等客观因素的影响，也有被告人自身寻求规避或从轻处罚的主观动机"。[④]

3. 有利于保障非法证据排除规则的实施和认罪认罚的自愿性。2010 年"两院三部"联合发布《关于办理死刑案件审查判断证据若干问题的规定》和《关于办理刑事案件排除非法证据若干问题的规定》，这标志着我国非法证据排除制度的确立。2012 年刑事诉讼法修改，充分吸纳了"两高三部"《非法证据排除规定》的主要内容，从国家基本法的层面全面确立非

① 刘品新主编：《刑事错案的原因与对策》，中国法制出版社 2009 年版，第 230 页。
② 陈瑞华：《刑事辩护制度四十年来的回顾与展望》，《政法论坛》2019 年第 6 期。
③ "老三难"是指会见难、阅卷难、取证难；"新三难"是指取证难、质证难、辩护意见采纳难。
④ 左卫民等：《中国刑事诉讼运行机制实证研究（五）：以一审程序为侧重点》，法律出版社 2012 年版，第 179—185 页。

法证据排除规则。嗣后，最高法 2016 年 6 月 6 日制定《人民法院办理刑事案件排除非法证据规程（试行）》，"两高三部" 2017 年 6 月 20 日又出台《关于办理刑事案件严格排除非法证据若干问题的规定》。但司法实践中非法证据排除规则的实施并不尽如人意，"有学者专门研究过 2011 年至 2013 年的 655 起刑事案件，发现随着非法证据排除规则的确立，庭审翻供现象虽逐年增多，但因翻供而启动非法证据排除程序的案件数量却非常少，仅占总数的 7.3%"。① "实践中法官'不会排、不愿排、不敢排'的情况突出，制度实效不理想，难以达到该制度的预期立法目标和社会民众的期待。"② 即使个别排除了一些很关键的言词证据，办案机关往往也会以其他证据来认定有罪，难以作出无罪判决。例如，"2012 年至 2016 年，上海市法院系统共审结刑事案件 167864 件，其中申请非法证据排除的案件 242 件，占案件数的 0.14%，申请后实际启动非法证据排除程序的案件 170 件，最终认定非法证据并予以排除的案件 16 件。……在 16 件决定排除非法证据的案件中，因非法证据排除而减少认定犯罪事实的有 2 件，法院依据其他证据仍然认定相关犯罪事实从而对定罪量刑没有影响的有 14 件，无一件因非法证据排除宣告被告人无罪或免刑的案件"。③ 特别是贿赂案件非法言词证据排除规则存在申请难、启动难、辩护难、认定难和排除难等问题。④ 2014 年至 2016 年上半年温州市中级人民法院开庭审理的受贿犯罪上诉案件为例，案件共计 23 件 24 人，其中翻供率高达 95.8%，即 22 件 23 人均有不同程度的翻供，其中被告人提出侦查阶段认罪供述系侦查人员以刑讯逼供、威胁等非法手段获取的有 11 件 12 人。但最终没有一件被法院认定为非法证据而予以排除。⑤

目前国际上把不得强迫自证其罪特权视为刑事诉讼中对被追诉人进行公正审判的一项最低限度保障，是人类共有的普遍的基本人权。宪法中不

---

① 侯兆晓：《程序正义：非法证据排除之要》（非法证据排除，究竟有多难？系列报道之一），《民主与法制》2017 年第 26 期。
② 任素贤：《审判阶段非法证据排除规则适用的实证考察及困境突破》，《政治与法律》2018 年第 6 期。
③ 郭伟清等：《完善非法证据排除规则，积极推进诉讼制度改革——上海高院关于非法证据排除规则适用的调研报告》，《人民法院报》2018 年 1 月 4 日，第 8 版。
④ 胡嘉金：《贿赂案件非法言词证据排除实务研究》，法律出版社 2018 年版，第 35—66 页。
⑤ 温州市人民检察院课题组：《受贿案件被告人口供可采性研究——以二审受贿案件翻供为视角》，《浙江检察》2016 年第 8 期。

得强迫自证其罪原则，在刑事司法领域则具体表现为沉默权制度，两者是互为依存的。联合国《公民权利和政治权利国际公约》第 14 条第 3 款规定，在刑事诉讼中，人们"不得被强迫作不利于他自己的证言或强迫承认有罪"，世界上大多数国家明确规定被告人享有沉默权，把不得强迫自证其罪在立法中加以确立和保障是国家的责任。沉默权保护了在国家强大机器下被审讯的微弱个体的尊严与权利。"尽管口供只是法定刑事证据种类的一种，但其背后折射的是国家如何对待、治理被追诉人的问题，凸显的是刑事诉讼中国家与个人的关系问题。尽管刑诉法将被追诉人视为诉讼主体，但其身份认同问题并没有得到真正解决。"① 我国至今保留着"犯罪嫌疑人对侦查人员的提问，应当如实回答"的规定。"如果坚持一种以事实为中心、看重经验和系统性后果的法律现实主义的视角而不是法律形式主义的视角，可以很容易发现，作为制度的'如实回答'并不具备促进侦查运作的制度功能，反而演化成为强迫取证甚至刑讯逼供的制度根源。"② 虽然我国明示的沉默权尚未得到肯定，但历经多年争论，终于在 2012 年刑事诉讼法第 50 条中明确"不得强迫任何人证实自己有罪"。这表明，"联合国的沉默权仅包括面对审讯保持沉默和不因沉默遭受不利后果这两个方面的内容，我国刑事诉讼法中的现有规定已经满足了沉默权的基本要求"。③ 在认罪认罚从宽的制度构建中，大家无不认为犯罪嫌疑人、被告人认罪的"自愿性"是认罪认罚从宽案件的最基本底线。从宪法的视角看，被告人认罪认罚的自愿性、真实性，应成为认罪认罚从宽制度重点关注的领域。④ "自愿认罪"的判定应充分体现基本权利主体的自我决定权。⑤ 在司法实践中，办案人员出于各种原因"劝导"甚至"逼迫"或"要挟"犯罪嫌疑人、被告人认罪认罚并不鲜见。我们必须明白：只有不认罪、不认罚不会带来从严、从重的后果时，犯罪嫌疑人、被告人及其辩护人才能大胆提出非法证据排除申请，才能保证认罪认罚是完全基于自愿的选择。

---

① 李训虎：《口供治理与中国刑事司法裁判》，《中国社会科学》2015 年第 1 期。
② 熊德禄：《犯罪嫌疑人"如实回答"制度是如何异化的》，苏力主编《法律和社会科学》2018 年第 2 辑，法律出版社 2019 年版，第 253 页。
③ 程雷：《刑事诉讼法律解释方法的顺序规则初探——以反对强迫自证其罪原则与应当如实回答之关系为范例的分析》，《中国刑事法杂志》2018 年第 1 期。
④ 周新：《认罪认罚从宽制度立法化的重点问题研究》，《中国法学》2018 年第 6 期。
⑤ 韩大元、许瑞超：《认罪认罚从宽制度的宪法界限》，《国家检察官学院学报》2019 年第 3 期。

三、 建立控辩协商机制， 保障认罪认罚的合法性、 自愿性

认罪认罚制度赋予了被追诉人程序选择权和量刑协商权，使被追诉人能够有效参与到调查和诉讼中。认罪认罚从宽制度的协商性质有效缓和了监察人员、司法人员与被追诉人的对峙关系，有助于消解被追诉人抵触情绪。

（一） 辩护律师有权介入调查阶段

辩护律师的监督也是维护认罪认罚案件公平公正的重要一环。辩护律师的有效介入能够很大程度上避免被调查人非自愿认罪，在控辩协商时充分发挥辩护律师的专业服务作用。

第一，辩护律师尽早介入不会影响案件调查。对辩护律师的保密规制除了执业规范和从业道德之外，还有律师法、刑法第 308 条等作了具体规定。

第二，律师介入调查已有成熟实践可资借鉴。在侦查阶段已经建立了值班律师制度，通过加强体制外主体对认罪认罚适用在内的侦查调查活动的监督，展现了侦查机关主动迈出接受监督、自觉维护程序正义的态度。监察机关虽已建立较为完善的自我监督体系，后续诉讼阶段也有司法机关等进行外部监督，但辩护律师尽早介入可以弥补被调查人认罪认罚决定作出时的中立性不足问题，也是尊重被调查人自主意志的表现。

第三，律师介入能够保障被调查人的知情权。被调查人需要具备专业法律知识的人对其进行制度说明、利弊分析和法律解释，以确保被调查人充分了解案件证据材料、认罪认罚制度内容以及明确适用与不适用的法律后果。只有保障知情权，才能使其认罪认罚是真实的、自愿的，从而减少被调查人因信息不对称而造成言词证据出现反复的状况。

在监察机关立案后应允许律师介入，并保障律师会见的权利。有学者认为应把律师介入的时机设置在被调查人被监察机关采取留置措施之日起。[①] 未在第一次讯问被调查人时即允许律师介入的依据是违法调查和犯

---

① 卞建林：《配合与制约：监察调查与刑事诉讼的衔接》，《法商研究》2019 年第 1 期。

罪调查界限模糊。实际上这存在一个误区，决定留置的适用和第一次讯问被调查人都是在监察立案后，二者间没有绝对的先后关系之分。一般而言，监察机关在立案前的初步核实阶段就能确定被调查人的违法行为是否已构成犯罪，是否需要追究刑事责任。因此，介入时机提前到监察机关立案后更为合理。因为监察立案表示监察机关已经掌握了一定的线索和证据，此时律师会见被调查人，既能够保证监察机关的独立办案权，又可以使辩护律师对可能构成犯罪的被调查人及时提供法律帮助，尽早确定其认罪认罚的意愿，提高案件效率，甚至是对留置必要性加以监督，协助认罪认罚的被调查人采取非羁押性强制措施。在律师不在场的情况下被调查人不得签署认罪认罚具结书。

（二）保障认罪认罚的合法性、自愿性

第一，保障认罪认罚的合法性。随着认罪认罚制度适用率的提高，对被追诉人合法权益保护愈加迫在眉睫，重心要适度从禁止刑讯逼供转移到禁止以强迫、引诱、欺骗等手段使被追诉人适用认罪认罚制度。首先，在《指导意见》第28条中增设检察机关重点审查对象。明确规定"在侦查阶段和调查阶段适用认罪认罚制度的案件，检察机关应在刑事诉讼阶段重点审查其自愿性和合法性"。其次，在刑法中加强对调查人员的法律规制。最高法《解释》第135条增加了法庭调查证据收集合法性时，调查人员有出席法庭审判义务的规定。这体现了立法的进步。接下来除了在《监察法》中明令禁止调查人员刑讯逼供、暴力取证、虐待被调查人或涉案人员，还要在刑法中将调查人员纳入国家机关工作人员范围，继而可直接依据现行刑法中以国家机关、国家机关工作人员为主体的犯罪来规制监察机关、监察人员所实施的部分职务犯罪行为。[1] 再次，重视证据的合法性。监察机关调查终结时证据的固定应当更具体、更精细。特别是在被告人认罪认罚之后方达到定罪标准的案件，区分审查"认罪"证据和"认罚"证据。检察机关在审查起诉时要发挥好检察机关审前分流的作用，警惕"毒树之果"，对于证据不充分的案件，督促监察机关补充调查。留置期间的全程录音录像是对调查过程的重要监督方式，它能够展示更多被调查人适用认罪认罚时的细节。监察机关的内部监督部门和检察机关要注意审查录音录像的完

---

[1]　石经海：《〈监察法〉与〈刑法〉衔接实施的基点、问题与路径》，《现代法学》2020年第1期。

整性，以及讯问笔录记录的内容是否与录音录像展示的内容一致，根据被调查人的声调、表情、肢体动作等细节达到内心确信。

第二，保障认罪认罚的自愿性。调查阶段是被追诉人初次接触认罪认罚制度和决定是否认罪认罚的关键时期。鉴于监察法没有规定告知义务，第 31 条是该法中唯一提及认罪认罚制度的条文，应在该条中再增加告知义务的规定。明确监察机关应对被调查人的权利义务进行告知，保障其知情权，从而保障认罪认罚决定作出的明智性，弥补被告人自审前阶段认罪认罚以来没有中立裁判者对该决定进行正式确认的缺憾，维护程序公正。①

应确定监察机关告知的具体内容，保障告知程度的彻底性。在告知被追诉人进行可能的法律后果时，应询问被追诉人是否了解其所认之罪的证据支撑，告知被追诉人可能适用的最低量刑和最高量刑，财产刑的范围等各种后果，保证被追诉人充分了解法律后果，避免其对量刑从宽预期过高而出现程序反转。可以参考侦查阶段出具的《刑事权利义务告知书》，在开始调查前让被调查人阅读《认罪认罚从宽制度权利义务告知书》并签字确认。

在对被追诉人进行主观性审查时应关注被追诉人认罪认罚后的态度是否真诚，如是否有主动交代犯罪事实、配合获取证据、积极退赃等行为。如若隐瞒部分犯罪事实和证据供述的，出于侥幸心理认罪认罚的，则应对于其不配合部分不适用认罪认罚。

四、 发挥检察机关的主导作用， 加强对监察调查权的制约

（一） 检察机关是审前程序的主导者

藉由羁押控制权、程序控制权以及救济控制权的交替运用，检察机关无疑是成为刑事审前程序中当仁不让的主导者。② 贪贿犯罪认罪认罚理当

---

① 孔令勇：《被告人认罪认罚自愿性的界定及保障——基于"被告人同意理论"的分析》，《法商研究》2019 年第 3 期。

② 李奋飞：《论检察机关的审前主导权》，《法学评论》2018 年第 6 期。

也要发挥检察机关主导作用。实践证明检察机关的主导作用不可或缺。如福建省检察院发布的首批认罪认罚指导案例中张某某挪用公款案就属于检察机关提前介入引导被调查人认罪认罚的典型案例。[①] 监察机关商请检察机关提前介入后，检察机关发现被调查人有主动投案、较早认罪、积极退赃，罪行较轻、危害后果较小等情节，可以适用认罪认罚。监察机关听取相关意见后，在介入后的第 6 天将案件移送审查起诉，由检察机关在审查起诉阶段，与多方沟通，综合案件情况，签署认罪认罚具结书，对犯罪嫌疑人变更刑事拘留为取保候审，提出判处缓刑的确定刑量刑建议，充分体现了司法公正和效率的兼顾。这足以说明检察机关发挥好主导作用可以最大程度发挥认罪认罚的激励和提速优势。进一步分析该案可知，被调查人认真态度好、积极配合调查，符合认罪认罚适用的先决条件，因此检察机关的提前介入能发挥良效。因此，笔者认为，应当在《监检衔接办法》中，将"被调查人符合适用认罪认罚条件，可以适用认罪认罚从宽的"增至检察机关提前介入的条件。

（二） 明确从宽处罚建议的内容和效力

监察法第 31 条只有笼统地规定监察机关在案件移送检察机关时提出从宽处罚建议，该建议的内容、效力并不明确。应进一步明确监察机关从宽建议的内容，主要是记录被调查人的态度和表现，证明可以在刑事诉讼阶段量刑从宽、程序从简，并不涉及具体的刑种和刑期。从宽建议也不具有强制效力，不能直接转化为检察机关量刑建议，对于从宽建议中存在的不合法内容，应明确检察机关可以不予采纳。

（三） 修改贪贿犯罪不起诉程序

对于检察机关决定不起诉的案件，监察机关可直接向上一级检察机关提出复议；而公安机关是先向原检察机关提起复议，意见不被接受后才可向上一级检察机关提请复核。这样的制度设置差异制约了检察机关结束诉讼程序的权力，影响了不起诉审前分流作用的发挥，有必要予以修正。监察机关对检察机关的不起诉异议也应设置循序渐进的先同级复议、后上一级复核的程序。

---

① 参见福建省柘荣县人民法院：（2019）闽 0926 刑初 41 号。

五、 坚持以审判为中心， 充分保障被告人的上诉权

（一） 坚持以审判为中心

"在法律帝国里，法院是帝国的首都，而法官则是帝国的王侯。"① 长期以来，我国存在着"以侦查为中心"和"流水作业式的"刑事诉讼结构，法院地位不高，权威性不足。有鉴于此，中共十八届四中全会《决定》提出"推进以审判为中心的诉讼制度改革，确保侦查、审查起诉的案件事实证据经得起法律的检验"。新一轮司法改革就是要打破目前公检法三机关的诉讼格局，凸显审判权在刑事诉讼中的中心地位。控审分离是当代刑事诉讼的基本原则。中立性要求法官公正、平等地对待控辩双方，不得实施带有任何追诉犯罪性质的诉讼行为。"以审判为中心，要求所有用作定案根据的证据都要在审判中提交和质证，所有与定罪量刑有关的事项都要经过法庭辩论，法官的判决必须完全建立在法庭审理的基础之上，被告人的辩护权及其他诉讼权利必须得到充分保障。"② 以审判为中心的诉讼制度的核心是庭审实质化。如果没有控辩对抗，诉讼各方不能充分提出证据、发表意见、开展辩论，庭审过程就难以真正成为解决被告人罪责刑问题的关键环节。保障被告人充分行使辩护权是庭审法官的应然义务。在庭审中，被告人拒不供认犯罪事实，或推翻原来供述，或提出无罪辩护意见，都是被告人行使辩护权的表现。认罪认罚从宽制度在一定程度上改变了传统的刑事诉讼模式，检察机关"在认罪认罚从宽制度中发挥着主导作用"。③ "但这一诉讼模式转型并不影响法院的中立判断地位，其改变的只是国家公诉权的减让，不是国家审判权的前移，故并未改变法院依法独立审判公正裁量刑罚的职责，也未改变公检法三机关之间的配合、制约关系。"④ 如果认罪认罚案件法院只作形式审查，或者对曾经认罪认罚的被告

---

① ［美］德沃金：《法律帝国》，李常青译，中国大百科全书出版社 1996 年版，第 361 页。

② 卞建林：《应当以庭审为中心》，《检察日报》2015 年 7 月 16 日，第 3 版。

③ 《检察日报》评论：《在认罪认罚从宽制度中发挥主导作用》，《检察日报》2019 年 5 月 20 日，第 1 版。

④ 胡云腾：《正确把握认罪认罚从宽，保证严格公正高效司法》，《人民法院报》2019 年 10 月 24 日，第 5 版。

人一旦"反悔"，不论"反悔"是否合理，一概予以从重处罚，这无异于放弃法院的审判职责，更是与以审判为中心的诉讼制度改革背道而驰。

（二）坚持以庭审为中心

为了提高诉讼效率，节约司法资源，认罪认罚从宽案件的庭审方式和内容已有重大变化，诉讼更快捷了，但庭审实质化的精神不能改变，法院角色的中立性、法院裁判的终局性与权威性没有变。根据刑事诉讼法第190条第2款规定，被告人认罪认罚的，审判长应当审查认罪认罚的自愿性和认罪认罚具结书内容的真实性、合法性。贪贿犯罪的认罪认罚在庭审中的确认更为重要，这是由其案件复杂程度、证据结构和社会影响等综合因素决定的，因此认罪认罚从宽制度更需要庭审实质化。

庭审活动要重点审查被告人适用自愿性和合法性。"在这种诉讼构造下，控辩双方在庭审中的主要任务，是向法庭证明双方在案件处理上合作、合意的真实性。"[①] 即使是适用简易程序和速裁程序的庭审，也不能仅仅是在主观方面对被告人是否同意适用认罪认罚进行询问，还应通过与客观性证据相结合，判断其是否具有同意适用该程序的能力，作出认罪认罚决定时是否有受威胁、引诱、欺骗或其他强制行为，充分询问被告人及其辩护律师是否明知认罪认罚的法律后果并认真听取其陈述和辩解。另外，有学者认为若对被追诉人的留置不符合监察法第22条规定的留置条件，则该留置期间取得的证据应为非法证据，[②] 笔者赞同这一观点。

坚持独立判断，精准量刑。检察机关的量刑建议只是求刑权的一种方式，在本质上属于程序职权，所以，审判机关仍是掌握量刑权力的唯一主体。[③] 审判人员在确定量刑时不能受到监察机关和检察机关的干扰，应坚持罪责刑相适应原则，以量刑建议和具结书为参考，以具体案情和类似指导案例作对比，来保障司法公平正义。辩护律师对量刑建议有异议的，经法院询问公诉人不调整量刑建议的，法院可以依法采纳辩护律师意见。

---

① 史兆琨：《聚共识谋实策，推动认罪认罚从宽制度行稳致远》，《检察日报》2020年10月16日，第4版。

② 杨宇冠：《监察法与刑事诉讼法衔接问题研究》，中国政法大学出版社2018年版，第178—179页。

③ 胡云腾主编：《认罪认罚从宽制度的理解与适用》，人民法院出版社2018年版，第8页。

（三）保障被告人合理上诉不受限制

学界对于认罪认罚上诉权的争议来源于：被告人是以认罪认罚为前提适用此裁判，若被告人提起上诉，在一定程度上表明其不服罚或者说是对于具结书的反悔，不再起到认罪认罚的作用，再适用含有量刑优惠的裁判存在矛盾。笔者认为，现行法律并没有限制认罪认罚的被追诉人行使自己的上诉权，被追诉人有权通过二审程序获得权利救济。关于认罪认罚抗诉问题，检察机关应坚持抗诉的"谦抑行使原则"。① "对于被告人自愿认罪，同意量刑建议，适用认罪认罚从宽程序，签署认罪认罚具结书，且原审判决在事实认定、法律适用、定罪量刑等均采纳了人民检察院意见的案件，无论被告人以何种理由提出上诉，人民检察院都不能以一审判决确有错误为由提出抗诉。"②

被告人提起上诉的不应一律认为不再适用认罪认罚制度，而应根据上诉理由判断。被告人合理上诉的，不得突破"上诉不加刑"原则。对于有正当上诉理由的，如非自愿认罪、存在非法证据、案件事实认定错误等，审判机关应在审判程序中全面审查事实证据，及时排除非法证据，特别着重审查贪贿犯罪中的言词证据，谨防没有达到法定证明标准的事实证据被作为定罪量刑的依据。当然，"任何原则都有例外，任何原则都允许有例外"。③ 对没有合理理由上诉的，比如被告人为避免被送至监狱执行，会"技术性上诉"以留在看守所服刑，对于这种带有功利性质的上诉，可以认定为违反了具结书，不再适用认罪认罚制度。认罪认罚从宽制度本来是为了简化诉讼程序，提高司法效率，而被告人滥用上诉权则使诉讼效率无法保障，也不利于司法公正的实现。所以，"从发展方向看，对认罪认罚被告人的上诉权进行一定的限制，乃是完善刑事诉讼中认罪认罚从宽制度的内在要求，也符合以审判为中心的刑事诉讼制度改革的趋势和刑事司法规律"。④

---

① 闵丰锦：《一般不应抗诉：认罪认罚后"毁约"上诉的检察谦抑》，《河南财经政法大学学报》2020 年第 3 期。

② 骆锦勇：《认罪认罚案件的上诉和抗诉问题》，《人民法院报》2019 年 8 月 8 日，第 6 版。

③ 张明楷：《刑法格言的展开》，北京大学出版社 2013 年版，第 454 页。

④ 孙长永：《比较法视野下认罪认罚案件被告人的上诉权》，《比较法研究》2019 年第 3 期。

参考文献

一、 著作

1. 姜涛：《认知量刑规范化》，中国检察出版社 2003 年版。

2. 白建军：《罪刑均衡实证研究》，法律出版社 2004 年版。

3. 赵廷光：《量刑公正实证研究》，武汉大学出版社 2005 年版。

4. 赵秉志、彭新林：《量刑情节与量刑方法专题整理》，中国人民公安大学出版社 2009 年版。

5. 赵秉志主编：《贪污贿赂犯罪的惩治与防范》，中国人民公安大学出版社 2010 年版。

6. 李玉萍：《程序正义视野中的量刑活动研究》，中国法制出版社 2010 年版。

7. 孙国祥、魏昌东：《反腐败国际公约与贪污贿赂犯罪立法研究》，法律出版社 2011 年版。

8. 汤建国、吴晓蓉：《中国规范量刑指引》，中国人民公安大学出版社 2011 年版；周长军等：《刑事裁量权规制的实证研究》，中国法制出版社 2011 年版。

9. 于雪婷：《受贿罪法定刑设置研究》，法律出版社 2013 年版。

10. 赵秉志主编：《腐败犯罪的惩治与预防》，北京师范大学出版社 2014 年版。

11. 南英主编：《量刑规范化实务手册》，法律出版社 2014 年版。

12. 禄劲松、石经海主编：《量刑研究》（第 1 卷），法律出版社 2014 年版。

13. 石经海主编：《量刑研究》（第 2 卷），法律出版社 2015 年版。

14. 过勇、宋伟：《腐败测量》，清华大学出版社 2015 年版。

15. 李晓林主编：《量刑规范化的理论与实践》，人民法院出版社 2015

年版。

16. 刘仁文主编：《贪污贿赂犯罪的刑法规制》，社会科学文献出版社2015年版。

17. 张吉喜：《量刑证据与证明问题研究》，中国人民公安大学出版社2015年版。

18. 景景：《受贿罪量刑均衡问题研究》，人民法院出版社2015年版。

19. 郎胜主编：《中华人民共和国刑法释义》，法律出版社2015年版。

20. 南英主编：《量刑规范指导案例》，法律出版社2016年版。

21. 刘仁文主编：《反腐败的刑事法治保障》，社会科学文献出版社2016年版。

22. 邓晓霞：《自首制度的理论与实践反思》，中国政法大学出版社2016年版。

23. 唐亚南：《量刑方法类型化研究》，方志出版社2016年版。

24. 汪贻飞：《量刑程序研究》，北京大学出版社2016年版。

25. 刘邦明：《罪刑相适应原则及其应用》，法律出版社2017年版。

26. 郑高健、孙立强：《量刑规范化理论与实务研究》，法律出版社2017年版。

27. 赵秉志主编：《最新贪污贿赂司法解释的理解与适用》，清华大学出版社2017年版。

28. 李晓明等：《控制腐败法律机制研究》，法律出版社2017年版。

29. 刘艳红等：《中国反腐败立法研究》，中国法制出版社2017年版。

30. 孙国祥：《贪污贿赂犯罪研究》，中国人民大学出版社2018年版。

31. 刘军：《罪刑均衡的理论基础与动态实现》，法律出版社2018年版。

32. 王爱立主编：《中华人民共和国刑事诉讼法释义》，法律出版社2018年版。

33. 吕泽华：《死刑证据控制的理论与实践》，中国社会科学出版社2018年版。

34. 陈磊：《贪污受贿犯罪量刑均衡机制实证研究》，中国政法大学出版社2019年版。

35. 白平则：《贪污贿赂罪之变迁——以清代贪污贿赂罪为中心》，知识产权出版社2019年版。

36. 石经海主编：《量刑研究：司法转型下的量刑探索与实践》（第 4 辑），社会科学文献出版社 2019 年版。

37. 冀洋：《职务犯罪案例解析》，东南大学出版社 2019 年版。

38. 商浩文：《当代中国贪污受贿犯罪定罪量刑标准问题研究》，中国人民公安大学出版社 2019 年版。

39. 石经海主编：《量刑研究：量刑改革下的量刑情节新视野》（第 5 辑），社会科学文献出版社 2020 年版。

40. 童建明、万春、高景主编：《〈人民检察院刑事诉讼规则〉条文释义》，中国检察出版社 2020 年版。

41. 李少平、杨万明主编：《最高人民法院关于适用〈中华人民共和国刑事诉讼法〉的解释理解与适用》，人民法院出版社 2021 年版。

42. 石经海主编：《量刑研究：重大司法改革下的量刑建议探索》（第 6 辑），社会科学文献出版社 2021 年版。

二、 期刊论文

1. 胡鞍钢、过勇：《公务员腐败成本——收益的经济学分析》，《经济社会体制比较》2002 年第 4 期。

2. 李卫东、维英：《职务犯罪量刑适用的实证分析》，《人民检察》2008 年第 21 期。

3. 孙国祥：《宽严皆失：贪污贿赂犯罪的量刑失衡之乱象及纾解》，《甘肃政法学院学报》2009 年第 5 期。

4. 张智辉：《受贿罪立法问题研究》，《法学研究》2009 年第 5 期。

5. 田立文：《职务犯罪量刑轻缓化分析探讨》，《河南社会科学》2010 年第 3 期。

6. 孙国祥：《我国惩治贪污贿赂犯罪刑事政策模式的应然选择》，《法商研究》2010 年第 5 期。

7. 吴建雄：《论惩治职务犯罪的刑事策略》，《人民检察》2010 年第 14 期。

8. 陈瑞华：《论相对独立的量刑程序——中国量刑程序的理论解读》，《中国刑事法杂志》2011 年第 2 期；

9. 熊秋红：《中国量刑改革：理论、规范与经验》，《法学家》2011 年第 5 期；

10. 于志刚：《中国反腐败刑事法网的编织历程与改革思路》，《中州学刊》2011 年第 3 期；

11. 陈兴良：《案例指导制度的规范考察》，《法学评论》2012 年第 3 期；

12. 陈兴良：《案例指导制度的法理考察》，《法制与社会发展》2012 年第 3 期；

13. 刘宪权：《限制或废除死刑与提高生刑期限关系论》，《政法论坛》2012 年第 3 期；

14. 赵秉志：《论我国反腐败刑事法治的完善》，《当代法学》2013 年第 3 期。

15. 张绍谦：《我国职务犯罪刑事政策的新思考》，《华东政法大学学报》2013 年第 4 期。

16. 林竹静：《受贿罪数额权重过高的实证分析》，《中国刑事法杂志》2014 年第 1 期。

17. 杨安、陆旭：《论贿赂犯罪刑事法网的完善》，《中国刑事法杂志》2014 年第 1 期。

18. 赵秉志：《中国反腐败刑事法治的若干重大现实问题研究》，《法学评论》2014 年第 3 期。

19. 童德华、李旭、沈丽莎：《我国贪污贿赂犯罪刑罚制度研究》，《湖南社会科学》2014 年第 4 期。

20. 高铭暄、张慧：《贿赂犯罪司法解释的功能与瑕疵分析》，《法治研究》2014 年第 11 期。

21. 何荣功：《"重刑"反腐与刑法理性》，《法学》2014 年第 12 期。

22. 陈洪兵：《我国贿赂犯罪体系的整体性反思与重构——基于法治反腐的使命》，《法治研究》2014 年第 12 期。

23. 张明楷：《论预防刑的裁量》，《现代法学》2015 年第 1 期。

24. 梁根林：《贪污受贿定罪量刑标准的立法完善》，《中国法律评论》2015 年第 2 期。

25. 张明楷：《论犯罪后的态度对量刑的影响》，《法学杂志》2015 年第 2 期。

26. 李本灿：《以情节为中心重构贿赂罪罪刑体系——兼评〈刑法修正案（九）〉（草案）贿赂罪定罪量刑标准的修订》，《南京大学学报（社会科学版）》2015 年第 4 期。

27. 卢建平、赵康：《论受贿罪犯罪门槛的科学设置》，《北京师范大学学报（社会科学版）》2015 年第 5 期。

28. 赵秉志：《论中国贪污受贿犯罪死刑的立法控制及其废止——以〈刑法修正案（九）〉为视角》，《现代法学》2016 年第 1 期。

29. 张旭：《也谈〈刑法修正案（九）〉关于贪污贿赂犯罪的修改》，《当代法学》2016 年第 1 期。

30. 蒋太珂、彭文华：《量刑应实行定量与自由裁量并行——以贪污、受贿罪量刑标准的修改为视角》，《华东政法大学学报》2016 年第 2 期。

31. 于志刚：《单一数额犯的司法尴尬与调和思路——以〈刑法修正案（九）〉为切入点的分析》，《法律适用》2016 年第 3 期。

32. 王剑波：《我国受贿罪量刑地区差异问题实证研究》，《中国法学》2016 年第 4 期。

33. 刘宪权：《贪污贿赂犯罪最新定罪量刑标准体系化评析》，《法学》2016 年第 5 期。

34. 周光权：《论受贿罪的情节——基于最新司法解释的分析》，《政治与法律》2016 年第 8 期。

35. 王林林：《贪污、受贿犯罪后情节适用的规范化研究——基于 200 例贪污、受贿判决文本的实证分析》，《法律适用》2016 年第 9 期。

36. 梁云宝：《回归上的突破：贪贿犯罪数额与情节修正评析》，《政治与法律》2016 年第 11 期。

37. 裴显鼎、苗有水等：《〈关于办理贪污贿赂刑事案件适用法律若干问题的解释〉的理解与适用》，《人民司法（应用）》2016 年第 19 期。

38. 张明楷：《贪污贿赂罪的司法与立法发展方向》，《政法论坛》2017 年第 1 期。

39. 姜涛：《贪污受贿犯罪之量刑标准的再界定》，《比较法研究》2017 年第 1 期。

40. 刘艳红：《监察委员会调查权运作的双重困境及其法治路径》，《法学论坛》2017 年第 6 期。

41. 秦前红、石泽华：《监察委员会调查活动性质研究——以山西省第一案为研究对象》，《学术界》2017 年第 6 期。

42. 冯俊伟：《国家监察体制改革中的程序分离与衔接》，《法律科学

（西北政法大学学报）》2017 年第 6 期。

43. 汪海燕：《监察制度与〈刑事诉讼法〉的衔接》，《政法论坛》2017 年第 6 期。

44. 刘仁文：《贪污受贿定罪量刑的修改与评析》，《江淮论坛》2017 年第 5 期。

45. 胡冬阳：《贿赂犯罪"数额＋情节"模式运行实证研究——以 J 省 2016—2017 年的判决书为研究样本》，《湖北社会科学》2017 年第 10 期。

46. 裴显鼎、苗有水：《〈关于办理贪污贿赂刑事案件适用法律若干问题的解释〉的理解与适用》，载《刑事审判参考》，法律出版社 2017 年版。

47. 龙宗智：《监察与司法协调衔接的法规范分析》，《政治与法律》2018 年第 1 期。

48. 陈卫东：《职务犯罪监察调查程序若干问题研究》，《政治与法律》2018 年第 1 期。

49. 段阳伟：《受贿罪非数额情节"降格升档"之功能与重构》，《江西社会科学》2018 年第 1 期。

50. 张明楷：《刑修九后的行贿罪如何量刑？》，《现代法学》2018 年第 3 期。

51. 王彦强：《业务侵占：贪污罪的解释方向》，《法学研究》2018 年第 5 期。

52. 商浩文：《论受贿罪数额与情节定罪量刑标准之调和》，《政法论丛》2018 年第 6 期。

53. 雷一鸣：《构成要件知识本土化视角下受贿罪的数额与情节新解》，《法学评论》2018 年第 6 期。

54. 蔡道通：《论受贿罪加重情节的地位及其解释立场》，《法律适用》2018 年第 19 期。

55. 郭慧、牛克乾：《职务犯罪审判与国家监察工作有机衔接的若干建议》，《法律适用》2018 年第 19 期。

56. 于志强、王鼎：《情节要素的适用路径变革与探索——以情节与数额关系为着眼点》，《政法论坛》2019 年第 2 期。

57. 詹建红：《认罪认罚从宽制度在职务犯罪案件中的适用困境及其化解》，《四川大学学报（哲学社会科学版）》2019 年第 2 期。

58. 陈俊秀：《贪污罪和受贿罪法定刑并轨制的法治逻辑悖论——基于

2017 年公布的 2097 份刑事判决书的法律表达》，《北京社会科学》2019 年第 4 期。

59. 林维：《中国死刑七十年：性质、政策及追问》，《中国法律评论》2019 年第 5 期。

60. 徐永伟、王磊：《受贿罪之刑罚配置：现实症结、理念省思与体系重塑》，《湖南社会科学》2019 年第 6 期。

61. 石经海：《〈监察法〉与〈刑法〉衔接实施的基点、问题与路径》，《现代法学》2020 年第 1 期。

62. 瞿目：《职务犯罪调查阶段认罪认罚从宽的探讨——以〈监察法〉第 31 条为中心》，《华南理工大学学报（社会科学版)》2020 年第 1 期。

63. 汪海燕：《职务犯罪案件认罪认罚从宽制度研究》，《环球法律评论》2020 年第 2 期。

64. 董坤：《认罪认罚案件量刑建议精准化与法院采纳》，《国家检察官学院学报》2020 年第 3 期。

65. 孙国祥：《监察法从宽处罚的规定与刑法衔接研究》，《法学论坛》2020 年第 3 期。

66. 王刚：《新中国成立七十年来贪污受贿罪量刑标准立法反思与展望》，《云南师范大学学报（哲学社会科学版)》2020 年第 3 期。

67. 陈卫东：《认罪认罚案件量刑建议研究》，《法学研究》2020 年第 5 期。

68. 朱孝清：《认罪认罚从宽制度中的几个争议问题》，《法治研究》2021 年第 2 期。

69. 卞建林、李艳玲：《认罪认罚从宽制度适用中的若干问题》，《法治研究》2021 年第 2 期。

三、 案例来源网站

1. 中国裁判文书网：http：//wenshu. court. gov. cn/Index。

2. 北大法宝：http：//www. pkulaw. cn/。

3. 威科先行法律信息库：https：//law. wkinfo. com. cn。

附录一　"受贿行贿一起查"视野下行贿罪的立法完善

——《中华人民共和国刑法修正案（十二）（草案）》对贿赂犯罪的修改述评

张兆松

前　言

十八大以来，以习近平同志为核心的党中央领导集体，针对日益严重的腐败问题，不断出台反腐举措，切实加大打击腐败的力度，坚决查处腐败案件，坚持"老虎""苍蝇"一起打。为了适应惩治腐败犯罪的需要，体现"受贿行贿一起查"刑事政策，立法机关先后于2015年8月、2020年12月通过的《中华人民共和国刑法修正案（九）》和《中华人民共和国刑法修正案（十一）》对贪污贿赂犯罪作出重大修改。2023年7月25日，十四届全国人大常委会第四次会议初次审议的《中华人民共和国刑法修正案（十二）（草案）》，又对贿赂犯罪特别是行贿犯罪作出重要修改。随后，《中华人民共和国刑法修正案（十二）（草案）》（以下简称《刑法修正案（十二）（草案）》）在中国人大网公布征求意见。本文试在回顾"受贿行贿一起查"刑事政策历史演变基础上，对《刑法修正案（十二）（草案）》提出立法完善建议，供立法机关参考。

一、"受贿行贿一起查"刑事政策的历史演变

（一）改革开放前三十年"受贿行贿一起查"阶段（1949—1978年）

新中国成立后，我国高度重视反腐败斗争。1951年12月，一场声势浩大的"反贪污、反浪费、反官僚主义"运动（简称"三反"运动）在

全国展开。1952 年 2 月 10 日，"共和国反腐第一案"刘青山、张子善被执行死刑。1952 年 4 月 18 日，中央人民政府委员会第十四次会议批准《中华人民共和国惩治贪污条例》（以下简称《条例》），这是新中国第一部专门惩治腐败犯罪的法律。《条例》第 2 条规定："一切国家机关、企业、学校及其附属机构的工作人员，凡侵吞、盗窃、骗取、套取国家财物，强索他人财物，收受贿赂以及其他假公济私违法取利之行为，均为贪污罪。"可见新中国成立之初，贪污罪是一个比较宽泛的法律概念，索贿、受贿被纳入贪污罪的范围。《条例》第 3 条规定了贪污罪的处罚标准。时任中央人民政府政务院政治法律委员会副主任彭真在《关于中华人民共和国惩治贪污条例草案的说明》中指出："本条例中对于非国家工作人员的犯罪行为的处理，也做了规定。因为向国家工作人员行使贿赂或介绍贿赂，是一种恶劣的犯罪行为。"① 根据《条例》规定，对受贿罪、行贿罪（含介绍贿赂罪）实行同等处罚，表现在：

1. 两者自由刑、生命刑适用标准相同。《条例》第 6 条第 1 款中规定："一切向国家工作人员行使贿赂、介绍贿赂者，应按其情节轻重参酌本条例第三条的规定处刑"。

2. 两者财产刑适用标准相同。《条例》第 3 条第 3 款规定，犯贪污罪"其罪行特别严重者，并得没收其财产之一部或全部"。《条例》第 6 条第 1 款规定也规定，犯行贿罪"其情节特别严重者，并得没收其财产之一部或全部"。

3. 收受回扣同等论。《条例》第 7 条规定："在本条例公布前，曾因袭旧社会恶习在公平交易中给国家工作人员以小额回扣者，不以行贿论。但在本条例公布后，如在与国家工作人员交易中仍有送收小额回扣情事，不论送者收者，均分别以行贿、受贿治罪。"

从上述规定可以看到，《条例》对受贿罪、行贿罪体现了同等处罚原则。《条例》的颁布实施，有力地推动了"三反"运动的依法进行。1952年 10 月 25 日中共中央宣告"三反"运动胜利结束。这场运动，"它有力地抵制了资产阶级对革命队伍的腐蚀，清除了党内的一批腐败分子和蜕化变质分子，教育和挽救了一批干部，纯洁了党的肌体，加强了执政党的建

① 钟澍钦主编：《新中国反贪污贿赂理论与实践》，中国检察出版社 1995 年版，第 485 页。

设和改善了党的领导。"①

（二） 改革开放后"重受贿轻行贿"阶段（1979—2010 年）

1979 年新中国第一部刑法典颁布。刑法第 185 条将受贿罪、行贿罪、介绍贿赂罪规定在同一条文中，在法定刑的配置上，受贿罪的法定刑最高刑是 15 年，而行贿罪的法定刑为 3 年以下有期徒刑或者拘役。1982 年 3 月 8 日，全国人大常委会通过的《关于严惩严重破坏经济的罪犯的决定》对受贿罪的法定刑作出重大修改："国家工作人员索取、收受贿赂的，比照刑法第一百五十五条贪污罪论处；情节特别严重的，处无期徒刑或者死刑"，而行贿罪的法定刑则没有修改，受贿罪、行贿罪量刑悬殊。

1988 年 1 月 21 日，全国人大常委会通过的《关于惩治贪污罪贿赂罪的补充规定》（以下简称《补充规定》）对贪污贿赂罪作出全面修改，其中改变了行贿罪、受贿罪量刑严重失衡的现状。《补充规定》大幅度提高行贿罪的法定刑，即由原来的 3 年提高到无期徒刑。《补充规定》增设单位受贿罪和单位行贿罪，两者规定了相同的法定刑（单位判处罚金，其直接负责的主管人员和其他直接责任人员，处 5 年以下有期徒刑或者拘役）。但由于《补充规定》同时规定行贿犯罪"特别从宽制度"，即"行贿人在被追诉前，主动交代行贿行为的，可以减轻处罚，或者免予刑事处罚"，导致原本已提高的法定刑难以在反腐败中得到有效实现。

1997 年刑法专设"贪污贿赂罪"一章。受贿罪、行贿罪的法定刑维持原规定不变，而新增设对单位行贿罪和对公司、企业人员行贿罪，前者的法定刑是"三年以下有期徒刑或者拘役"；后者的法定刑是"数额较大的，处三年以下有期徒刑或者拘役；数额巨大的，处三年以上十年以下有期徒刑，并处罚金"。2006 年 6 月 29 日，全国人大常委会通过的《中华人民共和国刑法修正案（六）》在扩大公司、企业人员受贿罪主体的同时，也扩大对公司、企业人员行贿罪的主体。2009 年 2 月 28 日，全国人大常委会通过的《中华人民共和国刑法修正案（七）》增设利用影响力受贿罪，却没有同时规定对有影响力的人行贿罪。2011 年 2 月 25 日，全国人大常委会通过的《中华人民共和国刑法修正案（八）》，增设对外国公职人员、国际公共组织官员行贿罪。

---

① 吴珏：《"三反"、"五反"运动纪实》，东方出版社 2014 年版，第 337 页。

在这一阶段，由于深受"重受贿轻行贿"刑事政策思想影响，对行贿犯罪的社会危害性及其惩治没有得到应有的重视。如 1979 年刑法对行贿罪主观动机本无特别限制，但 1985 年 7 月 18 日"两高"《关于当前办理经济犯罪案件中具体应用法律的若干问题的解答（试行）》中却规定："个人为谋取非法利益，向国家工作人员行贿或者介绍贿赂的，应按刑法第一百八十五条第三款追究刑事责任。"这一限制解释不仅直接影响对行贿罪的查办，而且影响到后续行贿罪的立法，1988 年《补充规定》将行贿罪主观要件限定为"为谋取不正当利益"。这一立法规定一直保留至今。

（三） 新时代"受贿行贿一起查"阶段（2010 年至今）

1. "受贿行贿一起查"司法政策的提出

早在 1990 年代末、新世纪初，"两高"就已注意到行贿犯罪打击不力的问题。如 1999 年 3 月 4 日"两高"发布《关于在办理受贿犯罪大要案的同时要严肃查处严重行贿犯罪分子的通知》，但该《通知》只强调要严肃查处"严重行贿"犯罪分子，而且该《通知》体现的是"打击行贿服务于查处受贿"的司法政策。2000 年，全国检察机关共查办贿赂案件9872 件，其中行贿案件仅为 1367 件，占总数 13.8%。2000 年 12 月 21 日，最高检又发布《关于进一步加大对严重行贿犯罪打击力度的通知》。该《通知》发布后，仍然没有对行贿案件的查处产生积极效果。

回顾反腐败历史，明确提出"受贿行贿一起查"是在 2010—2011 年。

2010 年 3 月 11 日，最高检时任曹建明检察长在第十一届全国人民代表大会第三次会议上作工作报告时指出：2009 年，检察机关"加大惩治行贿犯罪力度，对 3194 名行贿人依法追究刑事责任"。[①] 这是在全国"两会"上最高检工作报告首提加大惩治行贿犯罪，并引起了代表、委员和社会各界的强烈共鸣。2010 年 5 月，最高检印发的《关于进一步加大查办严重行贿犯罪力度的通知》强调："要坚持查办行贿案件与查办受贿案件相统一，既要加强对行贿犯罪的严肃查办，又要确保查办受贿犯罪力度不减，做到同步部署，同步查处。"[②] 2011 年 5 月 11 日，在全国法院刑事审判工作座

---

① 曹建明：《最高人民检察院工作报告》，《法制日报》2010 年 3 月 19 日，第 1 版
② 张立：《高检院印发通知部署加大查办严重行贿犯罪力度》，《检察日报》2010 年 5 月 13 日，第 1 版。

谈会上专题研究部署了职务犯罪案件审判工作，最高法时任熊选国副院长在题为《全面提升审理职务犯罪司法能力，扎实推进反腐败斗争深入开展》的讲话中指出："牢固树立打击行贿与打击受贿并重的观念，从根本上扭转对行贿犯罪打击不力的局面。"① 这表明最高司法机关已对"行贿受贿一起查"形成共识。正是基于这种共识，"两高"于 2012 年 12 月 26 日联合出台《关于办理行贿刑事案件具体应用法律若干问题的解释》（以下简称《行贿罪解释》）。这是首个系统规定行贿罪的司法解释，该司法解释进一步明确行贿罪的认定标准，并对适用从轻、减轻、免除处罚以及缓刑、免予刑事处罚的条件作出了严格限定。

2. "受贿行贿一起查"刑事政策的确立

2012 年，党的十八大后，党中央反腐力度空前，我国治理贿赂的思路发生了重大转变，即更加注重标本兼治，从源头抓起，以查办行贿来遏制受贿。2013 年 12 月 25 日，中共中央印发的《建立健全惩治和预防腐败体系 2013－2017 年工作规划》强调："一方面，坚决有力惩治腐败，严肃查办商业贿赂案件，加大对行贿行为的惩处力度。另一方面，科学有效预防腐败，推进预防腐败工作"。2013 年的衡阳贿选案、2015 年的南充贿选案和 2016 年的辽宁省贿选案的发生，引起中央高度重视。2017 年 10 月，在党的十九大上，为了加快实现"反腐败斗争压倒性胜利"的战略目标，习近平总书记对反腐败斗争严峻复杂的形势进行了科学判断，也为未来一个时期反腐败斗争的重点作出新的部署。十九大报告指出："要坚持无禁区、全覆盖、零容忍，坚持重遏制、强高压、长震慑，坚持受贿行贿一起查，坚决防止党内形成利益集团。"至此，"受贿行贿一起查"的刑事政策得到党的最高文件的肯定。此后，十九届中央纪委历次全会都对坚持受贿行贿一起查作出部署。

2021 年 9 月，中纪委、国家监委与中央组织部、中央统战部、中央政法委、最高法、最高检联合印发了《关于进一步推进受贿行贿一起查的意见》，对进一步推进受贿行贿一起查作出更加具体的规定。2022 年 4 月 20 日，国家监委、最高检首次联合发布 5 起行贿犯罪典型案例。2022 年 10 月，党的二十大召开。二十大报告指出："腐败是危害党的生命力和战斗

---

① 参见《熊选国在全国法院刑事审判工作座谈会上要求，进一步加强职务犯罪案件审判》，《人民法院报》2011 年 5 月 12 日，第 1 版。

力的最大毒瘤，反腐败是最彻底的自我革命。……坚持受贿行贿一起查，惩治新型腐败和隐性腐败。""受贿行贿一起查"的刑事政策再次被强调。2022 年 12 月，最高检印发了《关于加强行贿犯罪案件办理工作的指导意见》。2023 年 1 月，二十届中央纪委二次全会公报强调："坚持受贿行贿一起查，加大对行贿行为惩治力度"。2023 年 3 月，中央纪委、国家监委、最高检再次联合发布 5 起行贿犯罪典型案例。2023 年 7 月，中央纪委、国家监委通报 2023 年上半年全国纪检监察机关监督检查、审查调查情况，其中"立案行贿人员 7657 人，移送检察机关 1401 人""进一步彰显纪检监察机关严肃惩处行贿犯罪的鲜明态度和坚定决心"。①

二、《刑法修正案（十二）（草案）》对行贿犯罪的重大修改

（一）《刑法修正案（十二）（草案）》对贿赂犯罪修改的内容

为了加强对贿赂犯罪的惩治，特别是加大对行贿犯罪的打击，《刑法修正案（十二）（草案）》对贿赂犯罪作出以下修改：

1. 提高单位受贿罪的法定刑。将刑法第 387 条第 1 款修改为："国家机关、国有公司、企业、事业单位、人民团体，索取、非法收受他人财物，为他人谋取利益，情节严重的，对单位判处罚金，并对其直接负责的主管人员和其他直接责任人员，处三年以下有期徒刑或者拘役；情节特别严重的，处三年以上十年以下有期徒刑。"即将单位受贿罪的法定刑由原来的 3 年提高到 10 年，由原来一档刑罚修改为两档刑罚。

2. 调整行贿罪的起刑点和刑罚档次，明确行贿罪从重处罚情节。将刑法第 390 条修改为："对犯行贿罪的，处三年以下有期徒刑或者拘役，并处罚金；因行贿谋取不正当利益，情节严重的，或者使国家利益遭受重大损失的，处三年以上十年以下有期徒刑，并处罚金；情节特别严重的，或者使国家利益遭受特别重大损失的，处十年以上有期徒刑或者无期徒刑，并处罚金或者没收财产。"具有下列情形之一的，依照前款的规定从重处罚：

---

① 曹溢：《首次公布半年立案细分数据，增加行贿人数据》，《中国纪检监察报》2023 年 7 月 22 日，第 4 版。

（一）多次行贿、向多人行贿的；（二）国家工作人员行贿的；（三）在国家重要工作、重点工程、重大项目中行贿的；（四）在组织人事、执纪执法司法、生态环保、财政金融、安全生产、食品药品、帮扶救灾、养老社保、教育医疗等领域行贿的；（五）为实施违法犯罪活动而行贿的；（六）将违法所得用于行贿的。行贿人在被追诉前主动交待行贿行为的，可以从轻或者减轻处罚。其中，犯罪较轻的，对调查突破重大案件起关键作用的，或者有重大立功表现的，可以减轻或者免除处罚。"对行贿罪的修改表现在：（1）调整行贿罪的起刑点和刑罚档次，即由原来的 5 年以下有期徒刑下调到 3 年以下，从而与受贿罪的刑罚相协调，体现受贿行贿并重处罚。（2）明确行贿罪应当从重处罚的六种情形，使近年来中央所确定的需要重点查处的行贿行为在立法上得到体现。（3）对犯罪较轻可以减免处罚条件之一的"对侦破重大案件起关键作用的"，修改为"对调查突破重大案件起关键作用的"，以便与监察体制改革后，监察机关享有职务犯罪调查权相对应。

3. 提高对单位行贿罪的法定刑。将刑法第 391 条第 1 款修改为："为谋取不正当利益，给予国家机关、国有公司、企业、事业单位、人民团体以财物的，或者在经济往来中，违反国家规定，给予各种名义的回扣、手续费的，处三年以下有期徒刑或者拘役，并处罚金；情节严重的，处三年以上七年以下有期徒刑，并处罚金。"即将对单位行贿罪的法定刑由原来的 3 年提高到 7 年，由原来的一档刑罚修改为两档刑罚。

4. 调整、提高单位行贿罪的刑罚。将刑法第 393 条修改为："单位为谋取不正当利益而行贿，或者违反国家规定，给予国家工作人员以回扣、手续费，情节严重的，对单位判处罚金，并对其直接负责的主管人员和其他直接责任人员，处三年以下有期徒刑或者拘役，并处罚金；情节特别严重的，处三年以上十年以下有期徒刑，并处罚金。因行贿取得的违法所得归个人所有的，依照本法第三百八十九条、第三百九十条的规定定罪处罚。"即将单位行贿罪刑罚由原来最高判处 5 年有期徒刑的一档刑罚，修改为"三年以下有期徒刑或者拘役，并处罚金"和"三年以上十年以下有期徒刑，并处罚金"两档刑罚。这一修改不仅加大了单位行贿罪的处罚力度，而且也使刑法第 393 条与第 164 条法定刑的不平衡性得到克服，保证了处罚的公平性。

三、《刑法修正案（十二）》（草案）对行贿犯罪修改的不足

（一）《刑法修正案（十二）》（草案）的立法思路

《刑法修正案（十二）（草案）》除了提高单位受贿罪的法定刑外，其他条文涉及的都是行贿罪条文。可见这次修法重点是为解决行贿罪立法中存在的问题，旨在实现"受贿行贿一起查"的刑事政策。但综观修改条文，笔者认为，《刑法修正案（十二）（草案）》仍然体现了《刑法修正案（九）》的修改思路，即通过修改刑法，不断加重行贿罪的刑罚。

我们可以看到，改革开放四十多年来，立法机关对行贿罪立法基本按照以下两条轨迹进行。第一，不断增加行贿罪名。从 1979 年刑法一罪（行贿罪）→《补充规定》二罪（新增单位行贿罪）→1997 年刑法的四罪（新增对单位行贿罪和对公司企业人员行贿罪）→《中华人民共和国刑法修正案（八）》后的五罪（新增对外国公职人员、国际公共组织官员行贿罪）→《中华人民共和刑法修正案（九）》后的六罪（新增对有影响力的人行贿罪）。第二，不断提高行贿罪刑罚处罚力度。《补充规定》将行贿罪的法定刑由原来的 3 年提高到无期徒刑。《中华人民共和国刑法修正案（九）》（以下简称《刑法修正案（九）》）旨在对"重受贿轻行贿"刑事政策予以纠偏，又对行贿罪、对非国家工作人员行贿罪、对单位行贿罪和单位行贿罪增设罚金刑。而《中华人民共和国刑法修正案（十一）》虽然又对职务犯罪作了重大修改，但没有涉及对行贿犯罪的完善。①

从上述《刑法修正案（十二）（草案）》内容看，这次立法机关对行贿罪的修改仍然是体现原来的立法思路，即提高行贿罪的刑罚量。如进一步明确行贿罪从重处罚情节，对单位行贿罪的法定最高刑由原来的 3 年提高到 7 年，单位行贿罪的法定最高刑由原来的 5 年提高到 10 年等。

笔者认为，多年来由于立法机关对行贿罪的修改重点一直放在提高行贿罪的刑罚量上，这种立法思路虽然在一定程度上克服了对行贿罪量刑偏

---

① 张兆松：《职务犯罪立法的新进展——〈刑法修正案（十一）〉对职务犯罪的修改和完善》，《山东警察学院学报》2020 年第 6 期。

轻的问题，但没有从根本上解决对行贿犯罪打击不力的问题。近年来，我国犯罪结构发生了重大变化，轻罪比例大幅上升，重罪比例大幅度下降，刑事犯罪已迈入"轻罪化时代"。从整个刑事立法趋势看，在积极主义刑法观的影响下，自 2011 年之后，刑法立法呈现出犯罪化门槛下降、轻罪数量增加的特点。但在行贿犯罪上，我国行贿罪犯罪构成过于严格的问题没有得到应有的重视，导致不少行贿行为难以成为刑法惩罚的对象。

（二）《刑法修正案（十二）（草案）》立法思路的重塑

立法机关要实现"受贿行贿一起查"刑事政策，必须转变立法思路，从提高行贿罪的法定刑转向行贿犯罪构成要件的修改上来，即废除所有行贿犯罪中的"谋取不正当利益"要件。

1998 年至 2002 年，全国检察机关立案查办贿赂犯罪案件 47895 件，而行贿犯罪只有 6440 件，[①] 行贿案占比仅 13.4%。即便 2010 年之后，"两高"开始重视对行贿罪的查办，但入罪比例仍然过低。2013 年 10 月 22 日，在第十二届全国人大常委会第五次会议上最高检时任曹建明检察长指出：2008 至 2012 年查处的受贿、行贿犯罪人数比前五年分别上升 19.5% 和 60.4%，其中立案侦查利用职权索贿受贿的国家工作人员 65629 人，故意拉拢腐蚀国家工作人员的行贿犯罪嫌疑人 23246 人，[②] 查办的行贿人只占受贿人的 35.42%。根据最高法统计：2009 年至 2013 年，全国法院受理一审行贿犯罪案件共计 12821 件，生效判决人数 12364 人；受理一审受贿犯罪案件共计 53843 件，生效判决人数 48163 人。行贿犯罪案件收案数仅为受贿犯罪案件的 24%，行贿犯罪案件的生效判决人数仅为受贿犯罪案件的 26%。[③]

从司法实践看，行贿人入罪比例低的主要原因在于主观要件的限制。现行的行贿罪、对有影响力的人行贿罪、对单位行贿罪、单位行贿罪、对外国公职人员、国际公共组织官员行贿罪的构成要件中均要求行为人是"谋取不正当利益"。行贿案件之所以入罪比例低，主要是因为大量行贿案件行为人不具有"谋取不正当利益"的目的或现有证据难以证明行为人具

---

① 资料来源：《中国检察年鉴》（2003），中国方正出版社 2004 年版。
② 曹建明：《最高人民检察院关于反贪污贿赂工作情况的报告》，《检察日报》2013 年 10 月 25 日，第 2 版。
③ 李少平：《行贿犯罪执法困局及其对策》，《中国法学》2015 年第 1 期。

有"谋取不正当利益"的目的。

为了切实解决行贿罪主观要件认定中的难题，"两高"对"不正当利益"作出扩张解释。2012 年《行贿罪解释》第 12 条规定："行贿犯罪中的'谋取不正当利益'，是指行贿人谋取的利益违反法律、法规、规章、政策规定，或者要求国家工作人员违反法律、法规、规章、政策、行业规范的规定，为自己提供帮助或者方便条件。违背公平、公正原则，在经济、组织人事管理等活动中，谋取竞争优势的，应当认定为'谋取不正当利益'"。这一扩张司法解释对司法实践确实发挥了积极作用。2015 年之后，司法机关、监察机关查办的行贿案件有所上升，行贿受贿犯罪人数比例在缩小。如 2012 年至 2017 年，全国检察机关查处涉嫌受贿犯罪 59593 人，行贿犯罪 37277 人，行贿人数已占受贿人数 62.55%。2014 年至 2019 年期间，全国审判机关共办理行贿案件 13189 起，受贿案件 35197 起，行贿案件与受贿案件的办理比例约为 1：3。但总体而言，行贿案件定罪处罚比例仍然过低。《刑法修正案（十二）（草案）》审议期间，全国人大常委会法工委刑法室负责人王爱立指出："从有关数据看，同期行贿受贿案件查处数量差距较大，从这些年法院一审新收案件数量看，行贿罪与受贿罪案件数的比例大概在 1：3，有的年份达到 1：4 或者更大比例。实践中一个受贿案件对应的行贿人通常为多人，如果考虑到这一情况，未被追究刑事责任的行贿人（次）比例会更高。"①

四、 完善《刑法修正案（十二）（草案）》行贿罪之建言

十四届全国人大常委会第四次会议初次审议了《刑法修正案（十二）（草案）》后，将草案公布征求意见。为了体现"受贿行贿一起查"刑事政策，进一步完善《刑法修正案（十二）（草案）》，笔者对行贿犯罪提出以下建议：废除行贿犯罪中的"为谋取不正当利益"要件，同时将该要件纳入从重处罚情节。

---

① 亓玉昆：《全国人大常委会法工委刑法室负责人就刑法修正案（十二）草案答记者问》，《人民日报》2023 年 7 月 26 日，第 4 版。

（一） 废除行贿犯罪中的 "为谋取不正当利益" 要件

即将现行行贿罪、对有影响力的人行贿罪、对单位行贿罪、单位行贿罪、对非国家工作人员行贿罪中的"为谋取不正当利益"和对外国公职人员、国际公共组织官员行贿罪中的"为谋取不正当商业利益"要件予以取消，把上述条文中的"为谋取不正当利益"和"为谋取不正当商业利益"修改为"为谋取利益"。这一修改的立法价值在于：

第一，有利于提高对行贿犯罪社会危害性的认识。行贿犯罪的社会危害性并不在于谋取的利益是否正当，而在于其"收买行为""围猎行为""腐蚀行为"，侵害了职务行为的廉洁性。行贿是一种社会丑恶现象，是诱发受贿犯罪、滋生腐败的直接根源。当前，行贿犯罪呈现形式多种多样、诱惑力和腐蚀性强等特点，一些行贿人通过各种手段和方式拉拢腐蚀国家工作人员，行贿数额越来越大，行贿手段更加隐秘，从办案实践看，一些干部就是在行贿人长期拉拢腐蚀下，走上受贿犯罪道路。而轻纵行贿犯罪现象，已经引起公众不满；行贿人有恃无恐，导致贿赂犯罪有增无减，并不断向多领域、多行业蔓延；对行贿人"无限宽宥"破坏了社会公平正义。[①] 行为人只要是"为谋取利益"而行贿，无论是合法利益还是非法利益，正当利益还是不正当利益，都应当构成犯罪。

第二，有利于提升贿赂犯罪治理效果。近年来，我国不断扩大犯罪附随后果，对于行贿人而言，是否追究刑责不仅事关个人自由、财产、声誉、前科留底等刑罚后果，而且事关子女、亲属升学、参军、考公、进入重要岗位等问题。2007 年，国家食药监局原局长郑筱萸因受贿被判处死刑，但涉案的 8 家企业及相关人员均未被追究刑事责任；浙江省杭州市原副市长许迈永因索取、收受 14 名企业负责人贿赂共计 1.45 亿余元被判处死刑，但主动向许迈永行贿数额高达数千万元的多名企业负责人均未被追究刑事责任。行贿行为出罪的主要事由就是"没有谋取不正当利益"，废除"为谋取不正当利益"要件，就会有更多的行贿案件进入刑事追究范围。确立"行贿受贿一起查"刑事政策，不是为了一起"查"（在"重受贿轻行贿"时期，行贿也是要查的），而是为了一并惩处。降低行贿罪的入罪标准，使行贿行为与受贿行为能进行同等入罪评价并受到同等刑事追

---

① 李少平：《行贿犯罪执法困局及其对策》，《中国法学》2015 年第 1 期。

附录一 "受贿行贿一起查"视野下行贿罪的立法完善

诉，就能最大限度地实现一般预防和特殊预防的刑罚目的，提升贿赂犯罪治理效果。

刑法第389条第3款规定："因被勒索给予国家工作人员以财物，没有获得不正当利益的，不是行贿。"在实践中确实存在行贿人被索贿的情形，对所有谋取利益行为一概入罪也有评价过于苛严之嫌，但基于"不正当利益"的模糊性，建议将本款中的"不正当利益"修改为"非法利益"。

总之，笔者建议《刑法修正案（十二）（草案）》将刑法第389条第1款和第3款修改为："为谋取利益，给予国家工作人员以财物的，是行贿罪。因被勒索给予国家工作人员以财物，未谋取非法利益的除外。"同时，其他涉及行贿犯罪的条文也同步作出修改。

（二） 废除行贿罪特殊减免处罚情节

根据刑法第67条规定，一般自首只能从轻或者减轻处罚，犯罪较轻的，才可以免除处罚。但1997年刑法第390条第2款规定："行贿人在被追诉前主动交待行贿行为的，可以减轻处罚或者免除处罚。"即对于行贿人自首的，不管情节轻重，都可以减轻或者免除处罚。司法实践中行贿之所以很少被追究刑事责任，与上述特殊减免制度的规定不无关系。

如何认识行贿罪中的特殊减免情节，学界多有争议，《刑法修正案（九）（草案）》审议时就曾引起热烈讨论。"在刑法修正案（九）草案的起草和征求意见过程中，也有意见担心，本条对刑法第390条第2款规定的修改，会增加对受贿等职务犯罪的侦办难度，甚至会促使行贿人与受贿人达成攻守同盟，不利于惩治腐败犯罪。但是，为减少和遏制行贿犯罪，推进惩治和预防腐败体系建设，有必要加大对行贿犯罪的惩处力度，解决司法实践中出现的对行贿犯罪失之于宽的情况。"[①] 最终立法机关仍然对行贿罪特殊减免制度作出了重大修改。修改后的刑法第390条第2款规定："行贿人在被追诉前主动交待行贿行为的，可以从轻或者减轻处罚。其中，犯罪较轻的，对侦破重大案件起关键作用的，或者有重大立功表现的，可以减轻或者免除处罚。"即严格限制特殊减免制度的适用。

《刑法修正案（九）》通过后，有的学者对这一立法修改提出质疑，并认为"在当前的现实条件下，为了走出腐败犯罪的困局，应当在立法层面

---

　① 王爱立主编：《中华人民共和国刑法释义》，法律出版社2021年版，第864页。

规定：行贿人在被追诉前主动交待罪行的，不追究其刑事责任；受贿人在被追诉前主动交待罪行，其中情节严重或特别严重的，应当减轻处罚，其他的应当免除处罚。"① 《刑法修正案（十二）（草案）》颁布后，行贿罪减免条款的存废再次引发争议。笔者不同意这一观点，并建议《刑法修正案（十二）（草案）》彻底废除行贿罪特殊减免处罚情节。理由是：

1. 从立法规定看，行贿罪减免处罚条件仍然过宽

有的学者认为，"《刑法修正案（九）》对原行贿罪减免条款修改后，只有对侦破重大案件起关键作用等情形下，追诉前主动交代行贿行为才能免除处罚，一般情况下被追诉前主动交待行为不再'免除处罚'。这实际上已经大大限缩了'免除处罚'的范围以及司法的裁量空间，并使得行贿罪特别自首的从宽幅度与普通自首的从宽幅度大体接近，因此也就没有必要废除了。"② 简单地从从宽处罚结果看，《刑法修正案（九）》对行贿罪特殊减免处罚情节作出限制后，对行贿人从宽处理的规定与刑法总则关于自首、立功的从宽规定相比，似乎已无差异。因为三者从宽的幅度都是"可以从轻或者减轻处罚"，其中自首"犯罪较轻的，可以免除处罚"，"有重大立功表现的，可以减轻或者免除处罚"，行贿罪也规定"犯罪较轻的"，"或者有重大立功表现的，可以减轻或者免除处罚"。但必须要注意的是：三者适用的前提条件是不同的。自首、立功适用的前提条件严格，自首必须是"犯罪以后自动投案，如实供述自己的罪行的"，立功必须是"犯罪分子有揭发他人犯罪行为，查证属实的，或者提供重要线索，从而得以侦破其他案件等立功表现的"；而行贿罪适用条件十分宽松，只要"行贿人在被追诉前主动交待行贿行为的"就符合从宽条件了。

不仅如此，《刑法修正案（九）》在对行贿罪从宽处罚情节作出限制时，又增加"对侦破重大案件起关键作用的"可以减轻或者免除处罚的规定。《行贿罪解释》第9条规定："行贿人揭发受贿人与其行贿无关的其他犯罪行为，查证属实的，依照刑法第六十八条关于立功的规定，可以从轻、减轻或者免除处罚。"这意味着行贿人揭发受贿人与其行贿有关的犯罪行为，可以直接依照刑法第390条的规定从轻、减轻或者免除处罚。

---

① 陈金林：《通过部分放弃刑罚权的贿赂犯罪防控——对〈刑法修正案（九）〉第45条的反思》，《法治研究》2017年第1期。

② 孙国祥：《"受贿行贿一起查"的规范化法治化路径》，《中国刑事法杂志》2023年第4期。

《刑法修正案（九）》通过后，"两高" 2016 年 4 月 18 日颁布的《关于办理贪污贿赂刑事案件适用法律若干问题的解释》（以下简称《解释》）第 14 条第 3 款规定："具有下列情形之一的，可以认定为刑法第三百九十条第二款规定的'对侦破重大案件起关键作用'：（一）主动交待办案机关未掌握的重大案件线索的；（二）主动交待的犯罪线索不属于重大案件的线索，但该线索对于重大案件侦破有重要作用的；（三）主动交待行贿事实，对于重大案件的证据收集有重要作用的；（四）主动交待行贿事实，对于重大案件的追逃、追赃有重要作用的。"再加之《解释》对"重大案件"又作了比较宽泛的解释，[①] 实践中只要行贿人如实交代行贿数额巨大或涉及的行贿对象是县处级甚至科（局）级以上领导干部等，一般就可以认定为"对侦破重大案件起关键作用"，从而得到减轻或者免除处罚。

2. 从司法实践看，保留论是过于迷信"囚徒困境"在查办贿赂案件中的作用

"所谓置贿赂者于囚徒困境，就是采取立法与司法措施，使行贿者、贿赂介绍者选择主动交待贿赂事实，使受贿者选择拒绝贿赂，从而减少贿赂犯罪。"[②] 孙国祥教授认为，"鉴于受贿行贿案的特殊性，适当运用'囚徒困境'的理论，对积极配合调查的行贿人从宽幅度大一些，以鼓励行贿人的揭发，该刑事政策有合理之处。"[③] 张明楷教授基于"囚徒困境"理论对《刑法修正案（十二）（草案)》中行贿罪的修改提出建议："如果将前述规定中的'可以'修改为'应当'，甚至规定'行贿人在被追诉前主动交待行贿行为的，免予追究刑事责任'，那么，行贿人与受贿人之间的信任关系将不复存在，行贿人随时可能在被追诉前主动交待贿赂事实。这样规定不仅有利于发现贿赂犯罪事实，而且同样有利于预防受贿犯罪，也符合'受贿行贿一起查'的刑事政策。"[④]

由于贿赂犯罪的侦破主要依赖口供，"囚徒困境"理论得到广泛的认同，也是行贿罪特殊减免处罚的重要依据之一。实践证明，这一理论不无

---

① 《解释》第 14 条第 2 款规定："根据犯罪的事实、情节，已经或者可能被判处十年有期徒刑以上刑罚的，或者案件在本省、自治区、直辖市或者全国范围内有较大影响的，可以认定为刑法第三百九十条第二款规定的'重大案件'。"

② 张明楷：《置贿赂者于囚徒困境》，《书摘》2004 年第 8 期。

③ 孙国祥：《"受贿行贿一起查"的规范化法治化路径》，《中国刑事法杂志》2023 年第 4 期。

④ 张明楷：《刑法修正的原则与技术——兼论〈刑法修正案（十二）（草案)〉的完善》，《中国刑事法杂志》2023 年第 5 期。

疑问。根据"囚徒困境"原理，在信息不对称的情况下，因为出卖同伙可为自己带来利益（免除刑责或缩短刑期），也因为同伙把自己招供可为他人带来利益，因此彼此出卖虽违反最佳共同利益，反而是自己最大利益所在。从实际情况看，调查（侦查）机构不可能总是设立如此情境来诱使所有贿赂者招供，因为腐败分子必须考虑刑责或刑期以外的各种因素。正如《刑法修正案（九）（草案）》审议时，立法机关要求的"实践中，办案机关应逐步提高侦破能力，以改变目前侦破受贿犯罪主要依靠行贿人揭发的侦破模式"。① 迷信"囚徒困境"，不仅违背"重证据、重调查研究、不轻信口供"的证据原则，而且促使办案机关又回到以口供为中心的落后时代。

《刑法修正案（九）》通过后，我国行贿案件的查处并没有受到限制特殊减免处罚条件的适用影响，行贿罪查办比例在不断上升。这足以说明，废除行贿罪特殊减免处罚情节会严重影响贿赂案件的查办是杞人之忧。再说，我国刑法除行贿罪外，其他对向犯都没有规定特殊减免处罚情节。我国现行刑法关于自首、立功和坦白的规定以及 2018 年刑事诉讼法认罪认罚从宽制度的确立，已为行贿犯罪的从宽处罚提供了足够的制度依据，不需要在这些制度之外另设特殊减免处罚情节，否则有违刑法平等原则。

（三） 进一步修正行贿罪从重处罚情节

根据《刑法修正案（十二）（草案）》第 5 条规定，犯行贿罪具有六种情形之一的应当"从重处罚"。这是我国刑法分则首次对行贿罪从重处罚情节作出规定。这一列举性规定对于提高行贿罪的惩治力度具有重要意义。

之前，为了加大对行贿犯罪的打击，"两高"出台的司法性文件或司法解释曾对一些应当从重或加重处罚的行贿行为作出过规定。如"两高"《关于在办理受贿犯罪大要案的同时要严肃查处严重行贿犯罪分子的通知》列举了要特别注意依法严肃惩处的七类严重行贿犯罪行为，最高检《关于进一步加大查办严重行贿犯罪力度的通知》将向国家机关及其工作人员行贿、国家工作人员为跑官买官行贿、危害民生的行贿等八类行贿犯罪案件，列为严肃依法查办的重点。根据《行贿罪解释》第 2 条的规定，因行

---

① 郎胜主编：《中华人民共和国刑法释义》，法律出版社 2015 年版，第 667—668 页。

赂谋取不正当利益，具有下列情形之一的，应当认定为刑法第 390 条第 1 款规定的"情节严重"或"情节特别严重"：向三人以上行贿的；将违法所得用于行贿的；为实施违法犯罪活动，向负有食品、药品、安全生产、环境保护等监督管理职责的国家工作人员行贿，严重危害民生、侵犯公众生命财产安全的；向行政执法机关、司法机关的国家工作人员行贿，影响行政执法和司法公正的；其他情节严重或情节特别严重的情形。《刑法修正案（十二）（草案）》将上述规定予以整合，将其纳入行贿罪应当从重处罚的情节，有助于提升从重处罚规范的法律效力，也是行贿罪立法科学化的表现。但这六项规定尚有值得进一步修改的地方，笔者建议：

1. 将《刑法修正案（十二）（草案）》第 5 条第 2 款第 2 项修改为"国家公职人员行贿的"。监察法作为国家反腐败立法的重要组成部分，与刑法一起共同发挥着打击职务犯罪、遏制腐败现象蔓延的作用。值得注意的是，监察法在监察对象的界定上采用了"公职人员"的表述。因监察法语境下的"公职人员"职务犯罪案件，最终需要严格依据刑法规范作出认定并追究相应刑事责任，故尽管"公职人员"与"国家工作人员"分属于监察法与刑法两个不同的话语体系，但二者之间的关系、范围上的对接却直接关系到两法的衔接问题，主体不协调致使监察法与刑法衔接不畅。随着国家监察体制改革的全面推进，刑法中的"国家工作人员"一词修订为"公职人员"势所必然，何况，《刑法修正案（十二）（草案）》已将原刑法规定的"对侦破重大案件起关键作用的"修改为"对调查突破重大案件起关键作用的"，这表明立法机关已关注到监察法、刑事诉讼法与刑法的衔接问题。

2. 将《刑法修正案（十二）（草案）》第 5 条第 2 款第 3 项、第 4 项合并修改为"向国家公职人员行贿的"。（1）第 3 项"在国家重要工作、重点工程、重大项目中行贿的"含义不清。刑法条文的明确性是罪刑法定原则的应有之义。"因为'重要工作'很不明确，任何单位与个人都有重要工作，此时的重要工作不一定是彼时的重要工作，反之亦然"。[①]（2）第 4 项"在组织人事、执纪执法司法、生态环保、财政金融、安全生产、食品药品、帮扶救灾、养老社保、教育医疗等领域行贿的"，这一规定，立

---

① 张明楷：《刑法修正的原则与技术——兼论〈刑法修正案（十二）（草案）〉的完善》，《中国刑事法杂志》2023 年第 5 期。

法旨意应该在于将行贿领域限制在组织人事、纪检监察行政执法司法及事关民生领域。但因为条文同时规定了"等领域",实践中容易引起等内还是等外的争议,这种限制并无太大意义,而且从国家管理角度难说只有这些领域才是最重要的。为了扩大对行贿罪的打击,建议将第 3 项、第 4 项合并统一修改为"向国家公职人员行贿的"从重处罚。一方面立法文字更加简洁明了,另一方面有利于扩大从重处罚的范围,符合"受贿行贿一起查"刑事政策。

3. 分解《刑法修正案(十二)(草案)》第 5 条第 2 款第 5 项关于"为实施违法犯罪活动而行贿的"规定。第一,将"为谋取非法利益"增设为从重处罚情节之一。上文所述,应当取消贿罪中的"为谋取不正当利益"的规定,而把谋取利益作为行贿罪主观条件。如此修改后将"谋取非法利益"纳入行贿罪从重处罚情节应是立法的不二选择。第二,"为实施违法犯罪活动而行贿的",实质上是关于行贿犯罪中牵连犯的规定。我国刑法关于牵连犯应当如何定罪处罚,相关条文规定并不统一。《行贿罪解释》第 6 条规定:"行贿人谋取不正当利益的行为构成犯罪的,应当与行贿犯罪实行数罪并罚。"但从近年刑法立法趋势看,"立法机关越来越多地倾向于对牵连犯按一重罪处罚"。有鉴于此,建议将这一规定修改为"为实施犯罪活动而行贿的,依照处罚较重的规定定罪处罚",并将其从从重处罚情节中分离出来单立一款。

4. 将谋取非法利益纳入行贿罪从重处罚情节。为谋取合法利益而行贿与谋取非法利益而行贿,毕竟社会危害性不同,将谋取利益作为行贿罪入罪条件后,宜将谋取非法利益纳入行贿罪从重处罚情节。

综上所述,建议将《刑法修正案(十二)(草案)》第 5 条第 2 款修改为:"具有下列情形之一的,依照前款的规定从重处罚:(一)多次行贿、向多人行贿的;(二)国家公职人员行贿的;(三)向国家公职人员行贿的;(四)为谋取非法利益行贿的;(五)将违法所得用于行贿的。"另增设第 5 条第 3 款:"为实施犯罪活动而行贿的,依照处罚较重的规定定罪处罚"。

结　语

党的十八大报告指出:"健全反腐败法律制度"。党的十八大以来,面对贪污贿赂犯罪的新特点、新态势，在党的领导下，立法机关及时修改刑法。2015 年《刑法修正案（九）》对贪污贿赂犯罪作出比较全面的修改，加大了对行贿犯罪的处罚力度。2020 年《中华人民共和国刑法修正案（十一）》又对非国家工作人员贪污贿赂犯罪作出重要修改。党的二十大报告强调："深化标本兼治，推进反腐败国家立法"。2023 年 1 月 9 日，习近平总书记在二十届中央纪委二次全会上发表重要讲话强调，"进一步健全完善惩治行贿的法律法规，完善对行贿人的联合惩戒机制。"① 目前，《刑法修正案（十二）（草案)》又将对行贿犯罪作出进一步的修改和完善。受贿与行贿是一对导致腐败的孪生兄弟，行贿是受贿的前提。从某种意义上说，没有行贿，就没有受贿，要彻底根除贿赂行为，就必须铲除行贿的"土壤"，行贿不除，受贿不止。保持反腐败斗争高压态势，受贿行贿必须一同打击。期待《中华人民共和国刑法修正案（十二）》对行贿犯罪作出更加科学、合理的修改。

---

① 《人民日报》2023 年 1 月 10 日，第 1 版。

附录二 贪污罪、受贿罪、行贿罪量刑标准（立法）专家建议稿

一、 贪污罪

第382条 国家工作人员利用职务上的便利，侵吞、窃取、骗取或者以其他手段非法占有公共财物的，是贪污罪。

受国家机关、国有公司、企业、事业单位、人民团体委托管理、经营国有财产的人员，利用职务上的便利，侵吞、窃取、骗取或者以其他手段非法占有国有财物的，以贪污论。

与前两款所列人员勾结，伙同贪污的，以共犯论处。

第383条 对犯贪污罪的，分别依照下列规定处罚：

（一）贪污数额较大的，处三年以下有期徒刑或者拘役，并处罚金。

（二）贪污数额巨大的，处三年以上十年以下有期徒刑，并处罚金或者没收财产。

（三）贪污数额特别巨大的，处十年以上有期徒刑或者无期徒刑，并处罚金或者没收财产。

二、 受贿罪

第385条 国家工作人员利用职务上的便利，索取他人财物的，或者非法收受他人财物，是受贿罪。

国家工作人员在经济往来中，违反国家规定，收受各种名义的回扣、手续费，归个人所有的，以受贿论处。

第386条 对犯受贿罪的，分别依照下列规定处罚：

（一）受贿情节较重的，处五年以下有期徒刑或者拘役，并处罚金。

（二）受贿情节严重的，处五年以上十年以下有期徒刑，并处罚金或者没收财产。

（三）受贿情节特别严重的，处十年以上有期徒刑或者无期徒刑，并处罚金或者没收财产。

犯前款罪，具有下列情节之一的，从重处罚：

（一）索贿的；

（二）违背职责，为他人谋取不正当利益的；

（三）为他人谋取职务提拔、调整的；

（四）司法工作人员或负有食品、药品、安全生产、环境保护等监督管理职责的国家工作人员收受贿赂的。

三、 行贿罪

第 389 条　为谋取利益，给予国家工作人员以财物的，是行贿罪。

在经济往来中，违反国家规定，给予国家工作人员以财物，数额较大的，或者违反国家规定，给予国家工作人员以各种名义的回扣、手续费的，以行贿论处。

因被勒索给予国家工作人员以财物，没有获得不正当利益的，不是行贿。

第 390 条　对犯行贿罪的，分别依照下列规定处罚：

（一）行贿情节较重的，处三年以下有期徒刑或者拘役，并处罚金。

（二）行贿情节严重的，处三年以上十年以下有期徒刑，并处罚金或者没收财产。

（三）行贿情节特别严重的，处十年以上有期徒刑或者无期徒刑，并处罚金或者没收财产。

犯前款罪，具有下列情节之一的，从重处罚：

（一）多次行贿的；

（二）为谋取不正当利益的而行贿；

（三）为谋取职务提拔、调整而行贿的；

（四）向司法工作人员或负有食品、药品、安全生产、环境保护等监督管理职责的国家工作人员行贿的。

附录三　贪污罪、受贿罪、行贿罪量刑标准（司法解释）专家建议稿

一、　贪污罪

贪污数额在 5000 元以上不满 10 万元的，应当认定为贪污"数额较大"；

贪污数额在 10 万元以上不满 200 万元的，应当认定为贪污"数额巨大"；

贪污数额在 200 万元以上的，应当认定为贪污"数额特别巨大"。

犯贪污罪，具有下列情节之一的，从重处罚：

（一）贪污救灾、抢险、防汛、优抚、扶贫、移民、救济、防疫、社会捐助等特定款物的；

（二）曾因贪污、受贿、挪用公款受过党纪、行政处分的；

（三）曾因故意犯罪受过刑事追究的；

（四）赃款赃物用于非法活动的；

（五）拒不交待赃款赃物去向或者拒不配合追缴工作，致使无法追缴的；

（六）造成恶劣影响或者其他严重后果的。

二、　受贿罪

凡具有下列情节之一的，属于受贿"情节较重"：

（一）受贿数额在 5000 元以上的；

（二）收受贿赂 3 次以上的；

（三）因受贿致使公共财产、国家和人民利益遭受损失 10 万元以上的；

（四）因受贿造成其他较重后果的。

凡具有下列情节之一的，属于受贿"情节严重"：

（一）受贿数额在 10 万元以上的；

（二）收受贿赂 10 次以上的；

（三）因受贿致使公共财产、国家和人民利益遭受损失 100 万元以上的；

（四）因受贿造成其他严重后果的。

凡具有下列情节之一的，属于受贿"情节特别严重"：

（一）受贿数额在 200 万元以上的；

（二）收受贿赂 20 次以上的；

（三）因受贿致使公共财产、国家和人民利益遭受损失 1000 万元以上的；

（四）因受贿造成其他特别严重后果的。

三、行贿罪

凡具有下列情节之一的，属于受贿"情节较重"：

（一）行贿数额在 5000 元以上的；

（二）行贿 3 次以上的；

（三）致使公共财产、国家和人民利益遭受损失 10 万元以上的；

（四）因行贿造成其他较重后果的。

凡具有下列情节之一的，属于受贿"情节严重"：

（一）行贿数额在 10 万元以上的；

（二）行贿 10 次以上的；

（三）致使公共财产、国家和人民利益遭受损失 100 万元以上的；

（四）因行贿造成其他严重后果的。

凡具有下列情节之一的，属于行贿"情节特别严重"：

（一）行贿数额在 200 万元以上的；

（二）行贿 20 次以上的；

（三）致使公共财产、国家和人民利益遭受损失 1000 万元以上的；

（四）因行贿造成其他特别严重后果的。

犯行贿罪，具有下列情节之一的，从重处罚：

（一）为他人谋取不正当利益的；

（二）为他人谋取职务提拔、调整的；

（三）司法工作人员或负有食品、药品、安全生产、环境保护等监督管理职责的国家工作人员收受贿赂的。

附录四 贪污罪、受贿罪、行贿罪量刑指导意见专家建议稿

一、 贪污罪

1. 构成贪污罪的，可以根据下列不同数额在相应的幅度内确定量刑起点：

（1）达到数额较大起点的，可以在一年以下有期徒刑、拘役幅度内确定量刑起点。

（2）达到数额巨大起点的，可以在三年至四年有期徒刑幅度内确定量刑起点。

（3）达到数额特别巨大的。可以在十年至十二年有期徒刑幅度内确定量刑起点。

2. 在量刑起点的基础上，可以根据贪污数额等其他影响犯罪构成的犯罪事实增加刑罚量，确定基准刑。

3. 对于具有法定从重处罚情节的，根据案件的具体情况，可以增加基准刑的10%—30%。

二、 受贿罪

1. 构成受贿罪的，可以根据下列不同情节在相应的幅度内确定量刑起点：

（1）情节较重的，可以在二年以下有期徒刑、拘役幅度内确定量刑起点。

（2）情节严重的，可以在五年至六年有期徒刑幅度内确定量刑起点。

（3）情节特别严重的，可以在十年至十三年有期徒刑幅度内确定量刑起点。

2. 在量刑起点的基础上，可以根据受贿的数额、次数、手段、后果等

其他影响犯罪构成的犯罪事实增加刑罚量，确定基准刑。

3. 对于具有法定从重处罚情节的，根据案件的具体情况，可以增加基准刑的 10%—40%。

三、 行贿罪

1. 构成行贿罪的，可以根据下列不同情节在相应的幅度内确定量刑起点：

（1）情节较重的，可以在一年以下有期徒刑、拘役幅度内确定量刑起点。

（2）情节严重的，可以在三年至四年有期徒刑幅度内确定量刑起点。

（3）情节特别严重的，可以在十年至十二年有期徒刑幅度内确定量刑起点。

2. 在量刑起点的基础上，可以根据行贿的数额、次数、手段、后果等其他影响犯罪构成的犯罪事实增加刑罚量，确定基准刑。

3. 对于具有法定从重处罚情节的，根据案件的具体情况，可以增加基准刑的 10%—30%。

附录五 《贪污贿赂犯罪量刑规范化研究》阶段性成果

1. 张兆松：《论〈刑法修正案（九）〉对贪污贿赂犯罪的十大重大修改和完善》，《法治研究》2016 年第 2 期。

2. 张兆松：《"前腐后继"现象的犯罪学思考》，《山东警察学院学报》2016 年第 2 期。

3. 张兆松、丁阿楠：《职务犯罪案件异地管辖之完善》，《浙江工业大学学报（社科版）》2016 年第 3 期。

4. 张兆松：《贪污贿赂犯罪定罪量刑标准的完善》，载刘仁文主编：《反腐败的刑事法治保障》，社会科学文献出版社 2016 年版，第 247 - 270 页。

5. 张兆松：《"边腐边升"现象的犯罪学思考》，《山东警察学院学报》2017 年第 1 期。

6. 张兆松、周淑婉：《非公有制财产刑事法律保护的缺陷及其完善——以职务犯罪为视角》，《浙江工业大学学报（社科版）》2017 年第 2 期。

7. 张兆松：《论当代中国"法治反腐"的路径选择》，载钱小平主编：《法治反腐的路径、模式与机制研究》，东南大学出版社 2017 年版，第 1 - 23 页。

8. 王瑞剑、张兆松：《贪污贿赂犯罪二元定罪量刑标准的情节适用问题——基于贪污贿赂犯罪司法解释的分析》，《天津法学》2017 年第 2 期。

9. 张兆松：《贪贿犯罪定罪量刑数额标准质疑》，《理论月刊》2017 年第 7 期。

10. 张兆松：《当代中国腐败犯罪预防策略省思——以"严而不厉"的刑法预防策略为中心》，《预防职务犯罪研究》2017 年第 2 期。

11. 张兆松：《二十年来我国腐败犯罪刑法立法的基本走向及展望》，载郎胜、朱孝清、梁根林主编：《时代变迁与刑法现代化（上卷）》，中国人民公安大学出版社 2017 年版，第 548 - 553 页。

12. 张兆松、王瑞剑：《实然与应然——我国腐败犯罪预防策略省思》，载赵秉志主编：《刑法论丛》2018 年第 3 卷，法律出版社 2018 年版，第 506 - 524 页。

13. 张兆松、王瑞剑：《贪贿犯罪终身监禁若干争议问题研究—与张明楷教授商榷》，《山东警察学院学报》2018 年第 1 期。

14. 张兆松、余水星：《贪贿犯罪量刑公正难题之破解——基于 100 例贪污受贿案件刑事判决文本的实证分析》，《浙江工业大学学报（社科版）》2018 年第 3 期。

15. 张兆松：《完善非公企业产权刑事保护的思考——以职务侵占罪为视角的分析》，载赵秉志、陈泽宪、陈忠林主编：《改革开放新时代刑事法治热点聚焦——中国刑法学研究会文集（2018 年度）》，中国人民公安大学出版社 2018 年版，第 525 - 531 页。

16. 王瑞剑：《监察与司法程序证据衔接的规范性考察》，《北京警察学院学报》2018 年第 4 期。

17. 张清、王瑞剑：《贪污罪自由刑量刑的地区差异实证研究——以全国 1400 份判决书为样本的分析》，《时代法学》2019 年第 1 期。

18. 张兆松：《贪贿高官量刑规范化研究——基于 2013 - 2017 年省部级以上高官刑事判决的分析》，《法治研究》2019 年第 2 期。

19. 张兆松、赵越：《论我国贪贿犯罪预防政策的调整：从刑罚的严厉性走向刑罚的确定性》，载严励、岳平主编：《犯罪学论坛（第五卷）》，中国法制出版社 2018 年版，第 75 - 95 页。

20. 张兆松、罗薇：《检察侦查管辖权七十年：回顾与反思》，《河南警察学院学报》2019 年第 5 期。

21. 张兆松、邱敏焰：《职务侵占罪"利用职务上的便利"要件再研究——以杨某被控盗窃宣告无罪案为例》，《山东警察学院学报》2019 年第 4 期。

22. 王瑞剑：《量刑程序改革的辩护视角：误区与辩正》，《汕头大学学报（人文社会科学版）》2019 年第 6 期。

23. 张兆松：《十八大以来我国惩治腐败犯罪检视：成就、问题及前瞻》，《廉政学研究》2019 年第 2 辑，社会科学文献出版社 2020 年版，第 113 - 137 页。

24. 张兆松：《新中国贪污贿赂犯罪立法 70 年：历程、反思与前瞻》，《法治研究》2020 年第 2 期。

25. 张兆松：《当前我国惩治腐败犯罪面临的挑战和应对》，《河南警察学院学报》2020 年第 5 期。

26. 张兆松：《职务犯罪立法的再检讨与完善——〈刑法修正案（十一）（草案）〉对职务犯罪的修改评析》，《法治研究》2020 年第 5 期。

27. 张兆松：《职务犯罪立法的新进展——论〈刑法修正案（十一）〉对职务犯罪的修改和完善》，《山东警察学院学报》2020 年第 6 期。

28. 张兆松：《认罪认罚从宽视野下贪污贿赂犯罪量刑"两极化"现象之反思》，《山东警察学院学报》2021 年第 2 期。

29. 张兆松：《论挪用资金罪的修改完善和司法适用——以〈刑法修正案（十一）〉为视角》，《河南警察学院学报》2021 年第 4 期。

30. 张兆松、赵越：《行贿罪量刑规范化研究——以 191 份判决书为样本的分析》，载《北大法宝文粹》，北京大学出版社 2021 版，第 3 – 25 页。

31. 张兆松、张孟春：《认罪认罚司法解释的冲突及其破解——以量刑建议调整程序为视角》，《山东警察学院学报》2021 年第 4 期。

32. 常磊：《受贿犯罪量刑平衡实证研究——基于 2019～2020 年刑事生效判决文本的分析》，浙江工业大学 2017 级法律硕士论文。

33. 孙妍：《受贿罪"数额＋情节"量刑模式研究——基于 120 份浙江省受贿罪判决书的实证分析》，浙江工业大学 2017 级法律硕士论文。

34. 池莉莉：《独立量刑程序研究——以贪污贿赂犯罪为视角》，浙江工业大学 2017 级法学硕士论文。

35. 张兆松、赵璐：《论非国家工作人员贪污贿赂定罪数额标准的重大修改——新〈立案追诉标准（二）〉评析》，《山东警察学院学报》2022 年第 3 期。

36. 张兆松、赵璐：《贪污贿赂犯罪认罪认罚：困境及其破解》，《河南警察学院学报》2022 年第 5 期。

37. 张兆松：《建党百年来反腐败犯罪立法：历程、经验及完善对策》，《廉政文化研究》2023 年第 3 期。

后　记

　　本书是本人主持的国家社科基金项目《贪污贿赂犯罪量刑规范化研究》（立项编号：16BFX078）最终研究成果。

　　本课题研究在系统梳理我国贪污贿赂犯罪量刑标准的立法沿革的基础上，阐述了现行贪污贿赂犯罪量刑规范化的进步及其不足之处，并认真分析贪污贿赂犯罪量刑失范的原因，在此基础上提出了完善贪污贿赂犯罪量刑规范化之路径。同时，还根据当前认罪认罚从宽制度实施的需要，分析了贪污贿赂犯罪认罪认罚从宽的现状及存在的问题，并提出了贪污贿赂犯罪适用认罪认罚制度之完善的建议。

　　本课题以实证分析法为主，兼采规范分析法、文献研究法、价值分析法和比较研究法等研究方法，对贪污贿赂犯罪量刑规范化加以系统研究。各种研究方法相互渗透、印证，事实判断和价值判断融为一体，使研究结论更具科学性、合理性和说服力。本课题研究的特色在于：（1）本课题研究将实体法与程序法融为一体，既立足刑法，又关注刑事诉讼法，注意从实体和程序的双重视角，审视当前贪贿犯罪量刑存在的问题及其未来规范化的路径选择。（2）本课题研究将立法与司法融为一体，既立足刑事立法，又关注刑事司法，注意从立法和司法的双重视角，探讨贪污贿赂犯罪量刑存在的问题及其规范化的路径。

　　本课题研究历经四年。申请结题时，承蒙五位国家社科基金评审专家厚爱，结项最终被评定为"良好"等级。专家们在充分肯定结题报告的同时，提出了不少修改意见。之后，我又对研究报告作了进一步的修改，形成本专著。

　　在四十年的刑事法研究中，我最关注的领域是腐败犯罪。反腐败斗争是人类共同的正义之战。当今世界反腐败经验告诉我们：通过系统化的制度预防以减少腐败发生的机会或铲除腐败滋生的土壤，是取得反腐败成功的关键战略。反腐败运动的最终目标，是要确立一套新的能够预防腐败和保障清廉的制度体系，而腐败犯罪惩治与控制是该制度体系的重要组成部分。在文集交付出版后，2023 年 7 月，十四届全国人大常委会第四次会议提请审议的《中华人民共和国刑法修正案（十二）（草案）》，又对腐败犯罪特别是行贿罪作出重大修改。会后，又将草案条文在中国人大网公布征求意见。有鉴于此，我又撰写了《"受贿行贿一起查"视野下行贿罪的立法完善——〈中华人民共和国刑法修正案（十二）（草案）〉对贿赂犯罪的修改述评》一文，供立法机关参考，现附录于卷。

感谢我所指导的研究生丁阿楠、余水星、胡寒、邱敏焰、常磊、孙妍、赵越、谷心蕙、罗薇、葛梦军等同学，在资料收集、文字校对等方面提供的帮助。

特别感谢王瑞剑同学。瑞剑在浙江工业大学法学院就读本科时，我是他的《刑事诉讼法学》授课老师。由于成绩优异，本科毕业后他被保送至北京师范大学法学院，成为攻读刑事诉讼法方向的硕士研究生，硕士毕业后又考取北京大学法学院陈瑞华教授的博士。他学习努力、专一，基础扎实，勤于笔耕。本科毕业后，他北上求学，但本课题从申报至结项，他全程参与，不仅提出许多有价值的意见、建议，而且直接撰写发表了多篇与课题有关的论文，为课题的如期结项作出重要贡献。

感谢中国民主法制出版社将本专著纳入本人的《刑事司法研究系列》，感谢责任编辑逯卫光先生为之付出的努力和辛勤劳动。

本作品的出版获浙江工业大学研究生教材建设项目资助（项目编号：20210112）和国家社科基金项目（16BFX078）经费上的支持。

张兆松
2023 年 8 月 5 日于杭州良渚蓝郡华庭